Richard Goedeke

DER DEUTSCHE KLETTERATLAS

Fels- und Klettergebiete Deutschlands

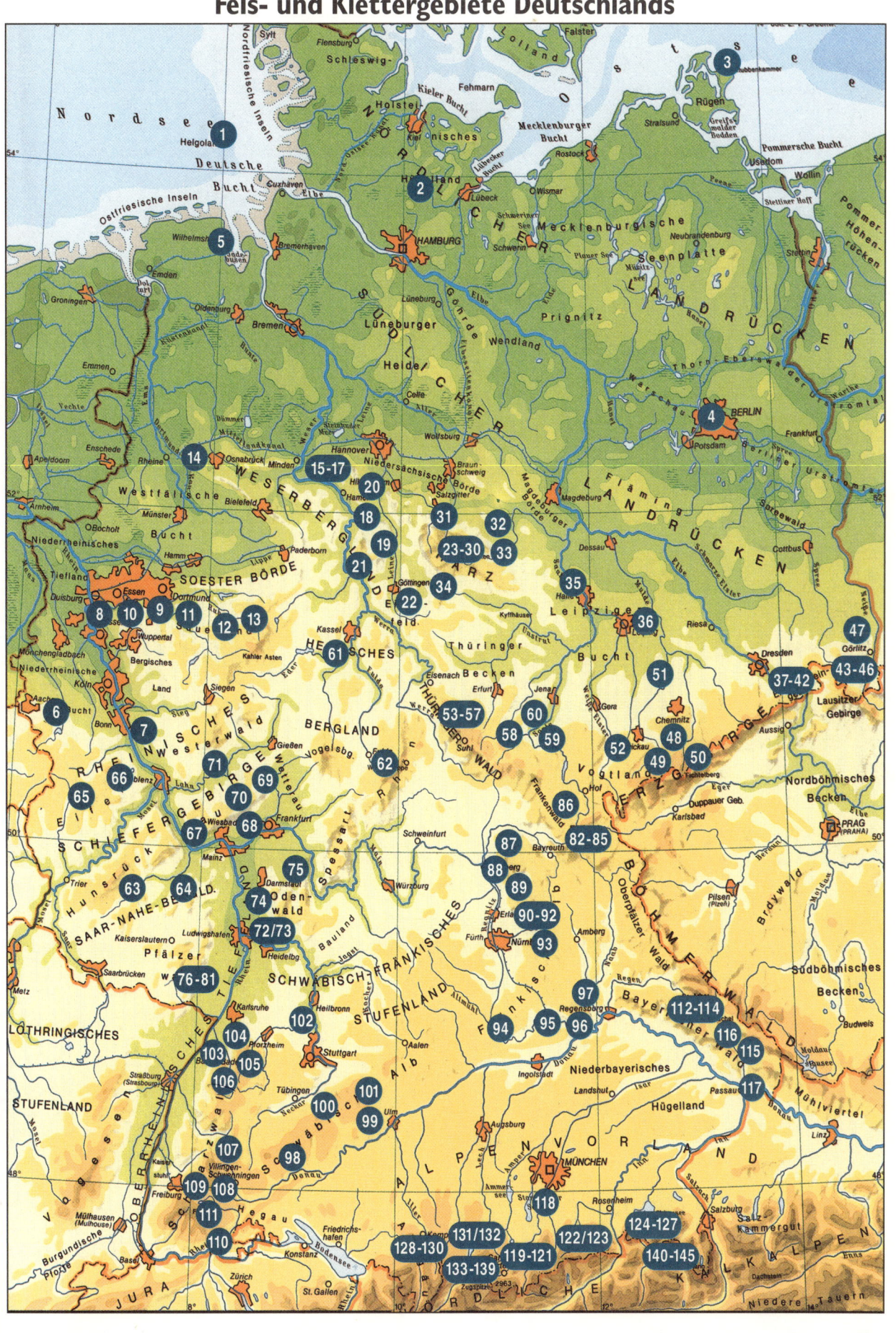

Richard Goedeke

DER DEUTSCHE KLETTER ATLAS

Alle Felsgebiete Deutschlands
von Helgoland und Rügen
bis zum Karwendel und
Watzmann

Verlag J. Berg

Dies ist ein Buch über das Klettern in Deutschland,
über diesen königlich selbstbestimmten Sport,
der neben Sport auch Meditation ist und Einatmen von Landschaft.

Dies ist ein Buch über die Vielfalt unserer Felsen
und über die Menschen, die an ihnen leben und aufleben
und die diese Felsen lieben als ihre Heimat.

Dieses Buch wirbt für das Erhalten
der Schönheiten unserer Felslandschaften,
für den behutsamen Umgang mit ihnen,
für Respekt vor den dort lebenden Pflanzen und Tieren.

Deshalb ist es kein Buch gegen den Schutz der Natur,
auch wenn es sich an manchen unverhältnismäßigen Akten reibt,
die im Namen von Naturschutz vollzogen werden.

Denn zugleich wirbt dieses Buch auch für das Erhalten
des faszinierenden Spiels Klettern darin,
maßvoll, rücksichtsvoll, sanft.

Inhalt

Vorwort

Im festen Granit des Harzes.

Dieses Buch ist kein Kletterführer, sondern eine Sammlung von Portraits der Felsgebiete unseres seit kurzem wieder zusammenwachsenden Landes. So versteht es sich auch als ein Beitrag zum Umdenken in dessen neue Dimensionen.

Es stellt die einzelnen Felsgebiete in Bild und Wort vor – mit ihrer Einbettung in die Landschaft, aber auch mit den Konflikten, die sich durch Ansprüche verschiedener Interessengruppen entzünden.

Bei den Informationen über die einzelnen Gebiete wurde nicht versucht, vollständige Listen der lohnendsten Felsen und Routen zu bringen und auch nicht Listen der aktuellen Höchstleistungen, sondern es werden lediglich einige besonders typische, „klassische" Beispiele angeführt. Und zwar solche aller Schwierigkeitsbereiche. Denn schließlich gibt es nicht nur olympiareife Superkletterer, sondern auch Normalextreme, Anfänger, Gelegenheitskletterer, Rekonvaleszenten und Älterwerdende. Sie alle haben in gleicher Weise Recht auf ihr Erlebnis Fels. Obendrein genießen viele Leute, deutlich unter ihrer Leistungsgrenze zu bleiben und deshalb die Schwierigkeiten wirklich souverän zu beherrschen.

Neben der landschaftlichen Vielfalt der Felsgebiete werden bewußt die jeweiligen lokalen Besonderheiten des Spiels Bergsteigen und Klettern herausgestellt. Denn wir wären arme Wichte, würden wir diese gewachsenen Strukturen und Regeln nicht jeweils pflegen und respektieren. Der Reiz des Spiels kann dadurch nur gewinnen. Vor allem jedoch ist das friedliche Miteinander der verschiedenen Interessen der Menschen des jeweiligen Raumes nur dann möglich, wenn der dort jeweils gefundene Kompromiß zwischen Kletterern und Einheimischen und Naturschutz für alle gilt. Auch für Gäste, die sich ihrer Gastrolle immer bewußt sein sollten. Denn ein großer Teil dieser Regeln ist gerade im Bemühen um die Erhaltung von Natur und Landschaft – und um die Erhaltung der Freiheit zu klettern – begründet.

Die Vielfalt unserer Felsgebiete ist beachtlich. Ich habe sie zwar schon fast alle selbst besucht, aber ich werde mich hüten, zu behaupten, ich kenne sie alle. Viele andere Felsbegeisterte haben durch Auskünfte, Überlassung von Bildern, kritische Anmerkungen und sonstige Unterstützung zum Entstehen dieses Buches beigetragen. Dafür möchte ich danken.

Natürlich wird auch geschimpft werden über dieses Buch. Weil es zu manchen Felsen mehr Leute locken könnte. Aber ich halte es trotzdem für einen sinnvollen Beitrag zur Erhaltung von Natur und Umwelt. Einmal, weil mehr Kenntnis über etwas Wertvolles mehr Rücksichtnahme bewirkt. Zum anderen, weil ich überzeugt bin, daß die mit dem Klettern verbundenen Erfahrungen auch immer wieder in Bereitschaft zur Erhaltung der Natur einmünden. Und ehe die Kritiker beklagen, dieses Buch rege die Reiselust an, mögen sie sich fragen, ob es nicht eher anregt zur Neugier auf die näheren Ziele. Weil jedoch jede unterlassene Fernreise zugleich weniger Abgase und Lärm und Rohstoffverbrauch bedeutet, ist ein größeres Interesse am Nähergelegenen auch ökologisch vorteilhaft. Wenn dieses Buch also dazu beiträgt, in den Kurzurlauben etwas weniger oft ins Verdon oder nach Finale, nach Montserrat oder Meteora zu düsen, dann wäre das schon ein nicht zu unterschätzender Gewinn für Natur und Umwelt.

Richard Goedeke

Felsen nebenan

Die kleinen Felsen nebenan, die bei den großen Städten,
hatten für Bergsteiger schon immer eine größere Bedeutung,
als ihre Größe ahnen ließ.

Sie sind den gebirgsfernen Gebirgsbegeisterten der Raum, wo sie ihre Begeisterung wachhalten,
wo sie sich treffen, um von den fernen hohen Bergen zu träumen,
und wo sie sich auf die Tage vorbereiten, an denen sie wieder dorthin unterwegs sind.

Und es waren schon immer die kleinen Felsen nebenan,
an denen neue Aufgaben gefunden und neue Techniken entwickelt wurden,
lange bevor auch in den großen Gebirgen die Zeit dafür reif war:
die Verwendung des Seils zum Sichern, zum Abseilen, zur Rettung,
die Nutzung von Haken, Karabiner, Trittleiter, Knotenschlinge,
Bohrhaken, Rurp, Klemmkeil, High-tech-Reibungssohle, und was immer es war.

Aber zugleich war Klettern an den kleinen Felsen nahe den großen Städten schon immer auch Selbstzweck,
Naturbegegnung und Selbsterfahrung am Gegenüber vollkommener Landschaft.
Erlebt nicht nur mit den Augen, sondern ebenso mit Händen und Fingerspitzen,
im Ertasten der feinsten Oberflächenstrukturen,
im Lauschen auf Klang und Vibration des Gesteins beim Prüfen der Griffe und Tritte,
im Zusammenspiel von Augen, Hirn, Muskeln und Gleichgewichtssinn,
beim Erspüren der günstigsten Kombinationen
und beim Kräftemessen mit diesem seelenlosen Stück Stein,
das wir beseelen und das uns Anlaß wird
für Ängste und Mut, für Kämpfe, Siege und Niederlagen, und für Demut,
die unserer Erlebnisfähigkeit ungeahnte Weite gibt.

Und die nach der Konzentration des Kletterns,
beim Warten am Standplatz oder bei der Rast am Gipfel,
die Welt mit neuen Augen zu sehen erlaubt.
Die Spielzeugwelt der Dörfer zu unseren Füßen im Tal.
Den Bruder Raubvogel dort drüben segelnd im Blau.
Die Blüte im Polster am Fels oder am Busch nebenan.
Die Flechtenmuster am Stein.
Den Käfer im Gras.
Den Kristall.

Die mit heißen Herzen erlebten Kleindramen an diesen Türmen und Wänden,
auf der sich stetig mit Uhrzeit und Wetter wandelnden und zugleich mitspielenden Bühne Fels,
sie verbinden uns ebenso wie das ruhige Einatmen der kleinen Eindrücke
mit dieser so sinnlich erlebten Landschaft
und machen sie uns zur Heimat,
die wir erhalten und behalten wollen,
weil wir sie brauchen wie der Fisch das Wasser und wie der Vogel die Weite.

Naturschutz wohin?

Felsen – das Ödland schlechthin,
wo man nicht einmal Holz ernten konnte,
bestenfalls nutzbar als Sockel einer Burg.

An Felsen durfte wachsen, was konnte,
während anderswo die Menschen das Land umkrempelten
mit Axt und Pflug und Bagger und chemischer Keule bis zum letzten Winkel.
Die Felsen blieben übrig als Refugien und Rückzugsgebiete
so mancher Pflanzen und Tiere.

Und irgendwann kamen Kletterer
und freuten sich an den Felsen, die vorher nur störten.
Natürlich knickten sie auch Halme
beim Zugang, am Wandfuß, auf dem Gipfelplateau,
in den Steilwänden kaum.
Denn selbst in den einzelnen Routen
wählt man immer wieder die günstigsten Griffe und Tritte
und betritt und begreift nur immer die gleichen Quadratzentimeter Stein,
nur winzige Bruchteile der Felsfläche,
je schwieriger die Routen sind, desto weniger . . .

Natürlich haben auch Kletterer Pflanzen geschädigt und Tiere gestört,
hier und da, ein wenig, nebenher, ebenso wie Wanderer und Spaziergänger,
und nur dort deutlich erkennbar, wo sie häufig kamen
und wo viele sich drängten.

Aber am Klettern nur die Trittschäden zu betrachten, die es verursachen kann,
das ist, als ob man an einer Sinfonie von Mozart oder Beethoven
nur die Lautstärke diskutiert.
Nie haben die Kletterer Felsen gesprengt und abgetragen,
wie Steinebrecher und Straßenbauer.
Und nie haben sie dort unbedingt etwas anpflanzen wollen,
wie Bauern und Forst- und Agraringenieure.
Und nie haben sie Gifte versprüht,
wie Förster und Landwirte DDT und Tormona und Atrazin und Lindan,
wie die Großindustrie flächendeckend die Schwefelsäure
und schweflige Säure und Salpetersäure und salpetrige Säure
und Chlor und Dioxine und Furane und welches Teufelszeug sonst noch.

Und wenn auch die Kletterer zahlreicher geworden sind
und an den Felsen auch mal Hard Rock zu hören ist statt Kirchenglocken,
ist es deshalb wirklich nötig, gegen sie große Siege zu feiern für Naturschutz,
wie gegen Kanuten und Jogger und Radfahrer und andere kleine Leute?
Wäre es nicht besser, hier das Augenmaß zu wahren,

und statt einseitiger Dekrete gemeinsam mit all diesen natursuchenden Menschen
Lösungen zu finden, die die Natur schützen *und* den Menschen Raum in ihr lassen,
und sie als Verbündete zu pflegen
im Kampf gegen die großen Naturzerstörer?

Aber weil die Kletterer wenige sind und kleine Leute ohne das große Geld
und weil damit leicht Tätigkeitsnachweise zu erbringen sind und
große Siege zu feiern,
ohne sich mit den wirklich Mächtigen anzulegen,
beginnt der Naturschutz nicht selten,
dünne Bretter bohrend,
mit dem Kletterverbot.

„. . . ohne sich mit den wirklich Mächtigen anzulegen, beginnt der Naturschutz nicht selten, dünne Bretter bohrend, mit dem Ketterverbot . . .“

Spielformen des Kletterns

Sylvia Lücke im „Göttner-Gedächtnis-Weg" (VIII–) an den Bärenschluchtwänden im Frankenjura.

Klettern ist Sport. Immer. Ganz gleich, nach welchen Regeln und mit welchen Hilfsmitteln es betrieben wird. Insofern ist der oft benutzte Begriff „Sportklettern" zur Charakterisierung einer bestimmten Spielform an sich herzlich nichtssagend.

Die heute am meisten verbreitete Spielform des Kletterns ist das *Freiklettern*. Dabei wird ohne Verwendung künstlicher Hilfsmittel zur Fortbewegung geklettert. Bei genauerem Hinsehen gibt es jedoch Unterschiede, je nachdem, ob auch die unauffälligen Hilfsmittel Reibungskletterschuhe und Magnesia verwendet werden oder ob man die Sicherungsmittel auch zum Ausruhen oder durch Sturz belastet. Bei Zuhilfenahme der Sicherungsmittel als Griff oder Tritt ist dann der Übergang zur *künstlichen Kletterei* (A-Kletterei, vgl. frz. „artificiel") vollzogen. Auch wenn diese heute als sportlich weniger wertvoll gilt, wird sie – vor allem als Hilfstechnik für das Klettern im Hochgebirge – durchaus noch als besondere Spielform ausgeübt.

Sowohl bei der künstlichen wie auch bei der freien Kletterei sind die *Sicherungsbedingungen* von erheblicher Bedeutung. Besonders wichtig ist, ob die Sicherungsmittel schon vorgefunden werden (Bewertung p0) oder ob man sie in Form von Keilen, Sanduhrschlingen usw. (p1–3) erst selbst anzubringen hat. Letzteres ist deutlich anspruchsvoller als die Wiederholung einer eingerichteten, präparierten Route. Aber natürlich bleibt auch die Begehung einer präparierten Route von unten weit anspruchsvoller als eine Toprope-Begehung, bei der die Kletternden sich sowohl den Streß als auch die Kraft und Konzentration zum Einhängen der Sicherungsmittel sparen und die Breite der Anforderungen so erheblich reduzieren.

Andererseits gibt es auch beim Vorsteigen große Unterschiede je nachdem, wieviel *Vorinformation* man über die Route hat. Klettern ist eben nicht nur das Vollziehen eines Bewegungsablaufs, sondern ganz wesentlich auch das Lösen eines Entschlüsselungsproblems, „ein Orientierungslauf unter besonders schwierigen Bedingungen" (Güllich).

Im Grunde ergibt jede Kombination von jeweils einer Leistungsebene aus den Anforderungsbereichen Vorausinformation, Sicherungsbedingungen und Durchführung eine besondere Spielform des Klettersports. Und dabei wird rasch deutlich, daß nicht bloß der gekletterte Schwierigkeitsgrad, sondern oft noch mehr das Wie der Begehung ihren sportlichen Wert bestimmt. Die anschließende Übersicht von Begriffen und Abkürzungen bietet diese Elemente als Herausforderung für die bewußte Wahl der Spielform, die den eigenen momentanen Wünschen und Fähigkeiten am besten entspricht.

Beim Spiel Klettern wählt jeder selbst seine Regeln . . .

. . . für das Erreichen der – gleichfalls selbst zu wählenden – Ziele. Auch wie lange die selbst gewählten Regeln zu beachten sind. Und auch, ob wir dann, wenn uns ein Begehungsstil zu gefährlich oder anstrengend wird, den Begehungsversuch abbrechen oder in einem anderen Begehungsstil fortführen. Beides gehört zur herrlichen Freiheit dieses Spiels Klettern, und beides ist sportlich legitim, solange wir dabei ehrlich bleiben – uns selbst und anderen gegenüber. Und solange wir Natur und Mitmenschen respektieren.

Diese Freiheit der Wahl der sportlichen Regeln kann allerdings nicht für die Regeln gelten, die zum Erhalt der Natur nötig sind. In Verwirklichung des Kletterns als Natursportart (als die allein es eine Existenzberechtigung in der Landschaft haben kann), bitten wir nach dem Motto „Spaß am Klettern, aber verantwortlich handeln für die Natur" dringend um die Einhaltung der umseitig angeführten Regeln.

Wolfgang Güllich in „Sportfest" (Xb); Elbsandsteingebirge.

Abkürzungen zur Beschreibung des Begehungsstils

Vorausinformation:

o.s. – *on sight*, auf bloßes Ansehen hin, ohne vorherige Detailinformation.

fl. – *flash*, mit Vorinformation, aber ohne eigene Kenntnis der Route, in einem Zuge durchstiegen.

m.a. – *many attempts*, nach einigen Versuchen, Route z.T. einstudiert.

rep. – *repetition*, Wiederholungsbegehung, gesamte Route vorher bekannt.

Sicherungs-bedingungen (bei Vorstieg):

free solo – *im Alleingang, völlig ungesichert.*

up – *unprotected*, in der Seillänge ungesichert, Fixpunkte nur am Stand.

cl – *clean*, ohne Spuren zu hinterlassen, hakenfrei, aber mit selbst angebrachten Klemmkeilen, Schlingen u. ä. als Sicherung.

np – *normal pegs*, mit Normalhaken, im Vorstieg selbst angebracht.

b – *bolts* mit Bohrhaken, im Vorstieg selbst angebracht.

mit Zusatz **-prep**, *(preprotected* = präpariert), z.B. cl-prep, np-prep, b-prep, für Begehung mit Nutzung vorher angebrachter Sicherungsmittel.

Durchführung der Kletterei:

RPX – *Rotpunkt extrem.* Hilfsmittelfreie Durchsteigung im Vorstieg, ohne Belastung der Sicherungspunkte, ohne Magnesia, ohne Schuhe (RPx mit Stiefeln o. ä.).

RPI – *Rotpunkt ideal.* Wie RPX, aber mit Reibungsschuhen, ohne Magnesia.

RP – *Rotpunkt.* Durchsteigung mit Sicherung von unten, ohne Belastung der Sicherungspunkte; mit Kletterschuhen und Magnesia (übliche Definition).

RK – *Rotkreis.* Mit Sicherung von unten und Ruhen an Sicherungspunkten durch Versuche/Stürze, vom letzten No-hand-rest aus wieder ohne Belastung der Sicherungsmittel.

PP = EL – *Pink Point; en libre.* Wie RP, aber mit vorweg eingehängten Karabinern.

AF – *All free.* Alles frei, im Vorstieg, mit Ruhen an Sicherungspunkten, aber Fortbewegung ohne deren Zuhilfenahme.

A0 – *Artificiel.* Mit Stellen künstlicher Kletterei. Im Vorstieg, mit Zuhilfenahme von Sicherungspunkten als Griff/ Tritt oder über Seilzug, jedoch ohne Leiter.

A1, A2 usw. – Künstlicher Kletterei, im Vorstieg mit Leiterbenutzung.

TR – *toprope* (auch Rotkreuz) – Freie Durchsteigung mit Sicherung von oben.

Sanft klettern

- **Nur dafür zulässige Park- und Lagerplätze benutzen**.
- **Wiesen und Felder respektieren**. Fahrverbote beachten. Keine Abkürzer.
- **Im Felsbereich übliche Zu- und Abstiegswege wählen**. Wo am Ausstieg zur Schonung der Felskopfvegetation eingerichtet, Umlenkhaken für den Abstieg benutzen.
- **Sperrzeiten und Sperrbereiche akzeptieren** (z.B. Schilder zur befristeten Sperrung von Felsen wegen Brut des Wanderfalken respektieren).
- **Lärm vermeiden**. Sprechen statt brüllen. Keine Musikkulisse.
- **Magnesiaverbote beachten**. Sie können wegen optischer Beeinträchtigung von den Felsbesitzern ausgesprochen werden, und ihre Beachtung ist dann der einzige Weg zur Vermeidung von Totalsperrungen.
- **Vegetation respektieren**. Keine Routen ausputzen. Keine Erstbegehungen, wenn vorher Pflanzen und Erdreich entfernt werden müßten.
- **Felsen nicht bemalen**. Keine Routennamen an die Wände pinseln.
- **Keine Spuren hinterlassen.** Abfälle mitnehmen, Exkremente vergraben.

Wo die „Bevölkerungsdichte" am Fels etwas größer wird, haben sich außerdem im Interesse des ungefährdeten und friedlichen Zusammenlebens folgende, zuerst im Rheinland formulierten zusätzlichen Regeln bewährt:

Fair klettern

- **Hinunterwerfen von Seilen, Material usw. nur mit Rücksichtnahme** auf unterhalb Kletternde oder Stehende und nur nach vorheriger Ankündigung.
- **Überholen in einer Route nur bei Zustimmung** der zu überholenden Seilschaft und nur bei getrennt bleibender Sicherung.
- **Nicht über Routen abseilen, in denen jemand klettert.**
- **Nach einigen vergeblichen Versuchen eine Route für andere Seilschaften freigeben** statt sie stundenlang zu blockieren.
- **Große Gruppen in mehrere kleinere aufteilen** und an verschiedene Felsen gehen.
- **Keine unerbetenen Kommentare** an andere Kletternde.

Wir Kletterer sind in der Gesellschaft nur eine Minderheit. Nur wenn wir uns sowohl vernünftig als auch solidarisch verhalten, können wir bestehen!

Der Teufelsturm über dem Elbtal.

Hinweise zur Benutzung

Bunte Seilvielfalt, gesehen im Harz.

Dieses Buch unternimmt den Versuch einer Gesamt-schau, aller Fels- und Klettergebiete in Deutsch-land, kann und will also vom Maßstab her nicht einen Kletterführer ersetzen. Weil man zum Klettern viel herumkommt und der Orientierungssinn obendrein beim Klettern selbst dauerndes Training erfährt, wird es den interessierten Felshungrigen jedoch auch mit diesen knappen Angaben und den dazugehörigen Kartenskizzen allemal möglich sein, die Felsen aufzu-finden – notfalls mit einer zusätzlichen Frage bei den Einheimischen.

In den **Regionalübersichten** werden für die Haupt-gebiete, neben einer allgemeinen Charakterisierung, zusammen mit einem Kartenausschnitt die wichtigsten Informationen zu Anreise (mit Hinweis auf die nächste Bahnstation), Unterkunftsmöglichkeiten und den aktuellen Kletterführern gebracht. Genaue bibliographi-sche Angaben zu den einzelnen Kletterführern finden sich im Literaturverzeichnis im Anhang.

In den Ausführungen zu den einzelnen **Gebieten** sind dann folgende Einzelheiten behandelt:

Lage Hier finden sich neben reinen Lageangaben auch Tips für den günstigsten Zugang, bei den wichtig-sten Klettergebieten mit detaillierten Kartenskizzen versehen.

Felsen In diesem Abschnitt werden Angaben sowohl zu Gesteinart und -qualität als auch zur Zahl der

Felsobjekte der betreffenden Felsgruppen und über ihre Gestalt (Türme, Massive) und Höhe gebracht.

Ökologie Unter diesem Stichwort finden sich sowohl Hinweise auf ökologische Besonderheiten als auch auf die zu ihrer Erhaltung festgelegten Verhaltensregeln. Gleichzeitig dokumentiert dieser Absatz den aktuellen Stand der Naturschutzdiskussion.

Kletterregeln Soweit ein besonderes lokales Regelwerk gilt, wird es unter diesem Stichwort extra umrissen. Darüber hinaus sind allemal die Regeln „Sanft klettern" dringendes Gebot.

Routen Hier wird eine Auswahl besonders markanter gebietstypischer und klettersportlich bedeutender Felsen und Routen vorgestellt. Dabei wurden nach Möglichkeit Beispiele aus allen Schwierigkeitsbereichen berücksichtigt. Der Schwierigkeitsgrad nach UIAA-Bewertung wird in runden Klammern angegeben, der nach sächsischer Bewertung in eckigen Klammern. Für genaue Routenbeschreibungen muß aus Platzgründen auf die genannten lokalen Kletterführer oder den Rat anwesender Kletterer verwiesen werden. In vielen Fällen ist der Routenverlauf auch offensichtlich oder die Routennamen stehen am Felsen angeschrieben. Und wenn man erst einmal an den Felsen ist, ergibt sich das weitere meist ganz von selbst . . .

Karten Jedes Kapitel ist zur besseren Orientierung mit einem Straßenkartenausschnitt im Maßstab 1:1 Million versehen; in diesem Ausschnitt werden die Kletterge-biete kenntlich gemacht. Zusätzlich sind alle wichtigen Klettergebiete mit Detailkärtchen im Maßstab 1:100 000 versehen, die Ausgangspunkte, Parkmöglichkeiten, genaue Lage der Felsen und Zugangswege vermitteln. Freistehende Türme werden auf der Karte mit ▲ gekennzeichnet, Massive mit ◣ .
Das Elbsandsteingebirge, die Schwäbische Alb, die Pfalz, der Frankenjura und die Alpen werden in diesem Buch notgedrungen pauschaler dargestellt als nach der Fülle der Kletterziele an sich angemessen. Eine gewisse Rechtfertigung für dieses Vorgehen ergibt sich jedoch aus der weitgehenden Homogenität des Gesteins und des Formenschatzes der Felsen dieser Regionen. Und davon abgesehen, läßt sich nur so die ganze Vielfalt der Felsgebiete unseres Landes überhaupt zwischen zwei Buchdeckel pressen.

Norddeutschland

Altmoränenlandschaft in der Lüneburger Heide.

Die Weiten des norddeutschen Tieflandes sind durch die mächtigen Ablagerungen der eiszeitlichen Gletscher geprägt, mit den Kiefernwäldern, Heiden und sumpfigen Niederungen der flachwelligen Altmoränenländer und den saftigeren, etwas hügeligeren und von unzähligen Seen belebten Jungmoränengebieten.

Dies ist ein Land für Wattläufer und Segler und Bootsfahrer und Wanderer und Radfahrer.

Kletterer dagegen sind hier in der Diaspora, wecken meist nur kopfschüttelndes Unverständnis, manchmal sogar Aggressionen, die sich dann gern in der Verhängung von Bußgeldern. Wer das Pech hat, ausgerechnet in Norddeutschland dem Klettern zu verfallen und deshalb nicht gleich auswandern oder dauernd fernreisen will, der muß sich schon etwas einfallen lassen.

Aber solche Leute sind eigentlich in guter Gesellschaft mit allen denen, die auch anderswo gebirgsfern in den großen Städten wohnen und die Felsen genausowenig um die Ecke haben. Das öffnet die Augen für bescheidene Angebote in der Landschaft, und wenn es nur eine Tonkuhle ist oder ein Steinbruch. Oder auch nur eine Mauer oder ein Baum oder ein Heldendenkmal. Not macht erfinderisch.

Der Monte Pinnow in Wilhelmshaven . . .

und im „Weg der nickenden Rostnippel".

Künstliche Klettermöglichkeiten in Norddeutschland

(Die nur für bestimmte Gruppen offenen KKAs sind durch * gekennzeichnet, inoffizielle Möglichkeiten eingeklammert)

Berlin	Teufelsberg-Turm, Spritzbeton; Alter Bunker Humboldthain in Wedding; Bunker Pallasstraße; Stößenseebrücke, Granit-Bruchstein.
Braunschweig	Alter Schießstand LSG Buchhorst; TU Turnhalle Beethovenstraße; Unisport*, Turnhalle Hoffmann-von-Fallersleben-Schule*; (Sockel des Freizeit- und Bildungszentrums Bürgerpark, Kalkstein); (Kennelbrücke, Sandstein); (Albrecht-Denkmal im Prinzenpark, Granit); Bouldersteine im Westpark.
Bremen	Alpenvereinskletterwand in der Halle des Turnvereins 1866*; (Granitpfeiler der Autobahnbrücke Hemelingen); (Denkmal bei Worpswede, Backstein).
Göttingen	(Leinebrücke am Rosdorfer Weg); (Ruinenreste auf dem Hainberg).
Hamburg	(Bismarckdenkmal am Hafen); (diverse Brücken).
Hameln	Alpenvereinskletterwand.*
Hannover	Pfeiler der Südtangente bei Ricklingen, Buntsandstein; Turnhalle der Waldorfschule am Maschsee.*
Helmstedt	(Lübbensteine am westlichen Ortsrand nördlich der B1).
Hildesheim	Alpenvereinskletterwand in Turnhalle.*
Lübeck	Alte Bunker Slut up; (Puppenbrücke, Granit).
Paderborn	Alpenvereinskletterturm.*
Gebiet Rinteln	(Pfeiler der Autobahnbrücke südlich Kleinenbremen).
Wilhelmshaven-Sande	Alpenvereinskletterturm Monte Pinnow, Beton und Granit, innen* und außen bekletterbar.

Bad Segeberger Kalkberg

Am Bad Segeberger Kalkberg – Gedränge in der „Dachlroute" (historische Aufnahme).

Ebenso untypisch wie die rote Insel in der Nordsee ragt diese isolierte, felsige Kuppe aus dem flachwelligen holsteinischen Land auf.

Lage In Bad Segeberg, auf halber Strecke zwischen Hamburg und Kiel.

Felsen Die Erhebung besteht entgegen der irreführenden Bezeichnung nicht aus Kalk, sondern aus dem Gipshut eines im Zechstein fußenden Salzstockes, der die eiszeitlichen Sedimente völlig durchbrochen hat. Der lange betriebene Gesteinsabbau hat den Berg bis zu einer Tiefe von über 20 m zur Hälfte aufgezehrt, ehe der Bruch stillgelegt und in eine Freilichtbühne umgewandelt wurde. Der im Bruch freigelegte Fels ist weitgehend fester, fingerabschleifend rauher Anhydrit, der allerdings an der Oberfläche durch Wasseraufnahme im Laufe der Jahre allmählich zu ordinärem und schauderhaft brüchigem Gips umgewandelt wird. Entsprechend finden sich prächtige Wand- und Überhangskletterei en sowohl auf kompakten Platten als auch an scherbigem oder bröseligem, nicht selten deutlich veränderlichem Gestein.

Geschichte Der Bruch wurde in den 50er Jahren von Hamburger und Schleswig-Holsteiner Kletterern erschlossen und bot vielfältige Übungsmöglichkeiten, die mit Hingabe genutzt wurden. Allerdings gab es auch einige nachdenklich stimmende Ereignisse, die selbst bei positiver Einstellung zur Brüchigkeit etwas dämpfend auf den alpinen Tatendrang wirken. Mit wenig stimmigen Begründungen kam es 1983 zu einem Kletterverbot. Obwohl die gar nicht zimperlichen Eingriffe durch den Betrieb der Freilichtbühne den Stellenwert der Ökologie hier ohnehin niedrig definieren, ist es bisher noch nicht wieder aufgehoben. Das mag sich ändern, denn vielleicht begreifen die lokalen Politiker und Behörden auch hier eines Tages, daß ein so interessantes Sportangebot wie das Klettern gerade in einer derartig felsarmen Landschaft die Attraktivität eines Fremdenverkehrsortes deutlich steigern könnte.

Routen Im linken Wandteil die klassische *Lange Route* (25 m, IV und III). Weiter rechts die hübschen Platten der *Sprengkammer links* (IV) und *Sprengkammer rechts* (IV–), die Überhänge der *Kellerkante* (V+/A0) und die *Brunnenroute* (III). Rechts die *Gerrensroute* (V), das *Dachl* (IV) und die kernigen Überhänge der *E 605* (A3/V), in der Haken und Fels heftig konkurrieren, wer wohl unzuverlässiger ist, sowie die *Schneppelroute* (V+/A0).

Weitere Klettermöglichkeiten Natürlich wurden brauchbare Baulichkeiten schon früh entdeckt und auch schon vor der Kreation der neudeutschen Bezeichnung „Buildering" gern bezwungen. So sind z. B. in Hamburg das Bismarckdenkmal am Hafen und in Lübeck der Holstentorquergang und die Verschneidungen der aus Granit gebauten Puppenbrücke echte Classics. Genauso wie auch vor Lübeck die Hakenkletterei an den alten Bunkern von Slut up.

Historisches Foto von der Erstbesteigung der Langen Anna auf Helgoland im Jahre 1965. Die Südverschneidung (A2/IV) blieb die einzige Route an diesem Felswunder an der Nordseeküste – denn schon die Erstbegeher bekamen Schwierigkeiten mit den Ordnungshütern: Das Klettern ist dort verboten.

Helgoland

Die Insel mit den roten, schroffen Sandsteinkliffs über den Nordseewellen, völlig untypisch für die deutsche Nordseeküste und doch real, ein Exot von Fels.

Lage Vor der Elbe- und Wesermündung. Fast 100 km muß man schon hinausschippern zu dieser Insel, von Cuxhaven 3 Stunden, von Bremerhaven 3 bis 4 Stunden.

Felsen Daß es sie überhaupt gibt, ist einem Salzstock zu verdanken, der hier ein großes Paket roter, weißgebänderter Buntsandsteinschichten um viele hundert Meter heraufgedrückt hat. Das Gestein ist schon von Natur aus weitgehend mürbe und bröselig und wird teilweise von den Kolonien der Seevögel bewohnt und verschissen. Obendrein haben es die Sprengversuche und Übungsbombardements zerrüttet, die die Engländer nach dem Zweiten Weltkrieg an dieser ehemaligen Flottenbasis durchgeführt haben. Der Fuß der Felswände wird weitgehend durch Mauern vor einer Erneuerung der Brandungskehle geschützt. Insgesamt nicht gerade Kletterers Traumgelände.

Geschichte Der auf der Abrasionsplattform vor der eigentlichen Insel stehende mächtige Felsturm, die Lange Anna, wurde im Jahre 1965 durch Kieler und Hamburger Kletterer in zweitägiger Arbeit bestiegen. Mit einem Wandbiwak, von unten bewacht von Ordnungshütern, die zuerst Sprungtücher anboten und sich später sogar zur Androhung von Schußwaffeneinsatz verstiegen haben sollen. Und die hinterher dreistellige Geldbußen verhängten, obwohl damals noch gar kein öffentlich bekanntgegebenes Kletterverbot bestand. Im September 1991 durfte eine Seilschaft ausnahmsweise klettern, um einen in Plastikmüll verhedderten jungen Seevogel zu retten (mit gemischtem Ergebnis: Kletterer leben, Vogel tot).

Routen LANGE ANNA, *Südwestverschneidung* (58 m, A2/IV).

Künstliche Kletteranlagen gegen Naturfels – 1:3

Nachdem andere Länder – z. B. Großbritannien – mit künstlichen Kletterwänden Schrittmacher waren, gibt es sie inzwischen auch bei uns. Sei es als (sündhaft teure) Extrabauten, sei es als (preiswertere) Umnutzungsprojekte, sei es als Sporthallenextras oder neuerdings sogar als „Kunst am Bau".

Einen deutlichen ökologischen Vorteil haben sie allemal: Sie entstehen dort, wo die Menschen wohnen. Damit provozieren sie besonders wenig von der ökologisch problematischsten Nebenwirkung des Kletterns, nämlich der Autofahrerei. Wegen der kurzen Wege erlauben sie auch rasch mal eine Stunde kletterischer Ganzkörpergymnastik nach Feierabend. Und das ist immerhin eine Menge wert. Aber jene Zeitgenossen, die daraus raschrasch und überschlau ableiten, nun seien die Naturfelsen ja für den Klettersport überflüssig, vernachlässigen dabei doch einige harte Fakten:

Da ist einmal die Dimension. Verglichen mit Zahl und Größe von Naturfelsen sind die künstlichen Kletteranlagen (KKAs) winzige Objekte. Und rechnet man einmal durch, was es kosten würde, entsprechend große Klettertürme künstlich zu erstellen, dann wird rasch deutlich, daß das Zig-Milliarden-Projekte wären . . .

Außerdem können alle Bemühungen um Vielseitigkeit und Variabilität der Klettermöglichkeiten nach dem ersten Reiz der Neuheit nicht darüber hinwegtäuschen, daß diese Kunstgebilde bei der unvermeidlichen Begrenztheit ihres Angebots eben doch bloße Trainingskrücken sind, an denen die Öde der Langeweile rasch aus den Winkeln kriecht, weil sie mit der Vielseitigkeit der sportlichen Herausforderungen an Naturfelsen nicht mithalten können.

Und dann ist da noch die Atmosphäre von Naturbegegnung, diese über den bloßen Sport hinausgehenden Erfahrungen des direkten, hautnahen Umgangs mit der Natur. Diese Erfahrung, daß überall Leben ist, Pflanzen und Tiere, überall der oft sehr kleinräumige Wechsel der Bedingungen durch Wetter und Beleuchtung, überall Variation in Kleinklima und Gesteinszusammensetzung, überall Individualität, in die wir uns einzufühlen haben, an die wir uns anpassen müssen. Eben keine genormte Wettkampfbahn. Klettern ist und bleibt in seiner Essenz doch eine Natursportart. Und die wirklich ganzheitlich denkenden und die ökologischen Probleme in ihrer Gesamtheit erfassenden Naturschützer wissen diese sensibilisierende Wirkung des Felskletterns sehr wohl zu schätzen.

Berliner Teufelsberg

Der erste künstliche Kletterturm im Norden, konzipiert vom Kletterer und späteren Berliner Sektionshäuptling Hannes Meier. Dieses 10 m hohe, mit Spritzbeton überzogene Objekt war nach Konstruktion, Konzeption und Realisierung eine Pionierleistung. Auch daß das viele Geld dafür schon in den 60er Jahren aus öffentlichen Mitteln lockergemacht wurde. Aber es war ja auch ein Politikum, das in der Zeit des Kalten Krieges den Überlebenswillen der eingemauerten Stadt demonstrieren sollte. Allerlei Routen von III–IX.

Rügen

Ganz schön hoch sind sie, die grandios anzusehenden leuchtend weißen Kreidekliffs der Stubbenkammer (Königsstuhl, 117 m). Klettereraugen beginnen dort fast automatisch, mögliche Linien auszugucken. Aber ebenso wie die weißen Kliffs der britisch-französischen Kanalküste haben sie sich schon früh gründlich als Anti-Kletterfelsen erwiesen. Die mit Feuersteinknollen durchsetzten Kreideschichten sind einfach zu weich und bröckelig, um sich daran hinaufzuschaffen, von der Naturschutzproblematik einmal ganz abgesehen. Dies sind, ebenso wie die Sandsteinkliffs auf Helgoland, Felsen nur zum Anschauen.

Monte Pinnow in Wilhelmshaven/Sande

Der durch einen mißlungenen Sprengversuch schiefgestellte und angerissene, über 20 m hohe Marinebunker der Alpenvereinssektion Wilhelmshaven (benannt nach ihrem rührigen Vorsitzenden, der das Projekt 1981 eingefädelt hat) ist das wohl eindrucksvollste Beispiel, eine Kletteranlage durch Umnutzung vorhandener Bauwerke zu erstellen. Immerhin bleiben solche Umnutzungsprojekte erheblich kostengünstiger als Neubauten, weil die Baumassen bereits vorhanden sind. In der phantasievollen Profilierung ehemals glatter Oberflächen, durch Ausfräsen künstlicher Haltepunkte, Aufschrauben von Holzteilen, Natursteinen oder Kunstharzgreiflingen, wie auch durch Anbau von Natursteinmauerwerk und Innenraumnutzung wurde hier gleichfalls Pionierarbeit geleistet.

Lage Direkt beim Bahnhof Sande, 4 km südlich von Wilhelmshaven.

Ökologie Ein Beispiel für vorbildliche Sanierung eines Kriegsrelikts, mit Reservaten für Spontanvegetation und einem hübschen Feuchtbiotop.

Routen Von einem Stück *Via Ferrata* und bodennahen Boulderquergängen über den holzigen *Normalweg* (III+) und das großgriffige *Findlingswandl* (III und IV) bis hin zu in raffinierter Trickserei mit abgebundenen, in Risse geklopften Minihaken, Nutzung umgebogener Verschalungsdrähte usw. völlig bohrhakenfrei erstbegangenen, originellen Technos wie dem *Weg der nickenden Rostnippel* (A3/a1/V) und zu mit Klebehaken perfekt abgesicherten Freikletterereien wie *Scharfe Ritze* (VI) und *Heiße Platte* (VI–) oder den weit überhängenden Dauerpowermasos wie *Nordwand* (ca. IX) ist eine beachtliche Palette an Klettermöglichkeiten geboten. Die auch in liebevoller Kleinarbeit weiterhin gepflegt, bereichert und verfeinert wird.

Weitere Klettermöglichkeiten Von dieser Art gibt es inzwischen Entsprechendes in vielen Orten, je nach Tatkraft, Organisationstalent und Beharrlichkeit der jeweils am Klettern interessierten Leute (siehe Übersicht über künstliche Kletteranlagen in Norddeutschland auf Seite 19).

▷ **Die Lange Anna auf Helgoland steht auf der weiten Fläche der Abrasionsterrasse und wird heute von einer Mole vor der Erosion durch die natürliche Brandung geschützt. 1965 erstmals bestiegen, ist sie heute ein Fels nur zum Anschauen.**

Eifel, Sauerland und Teutoburger Wald

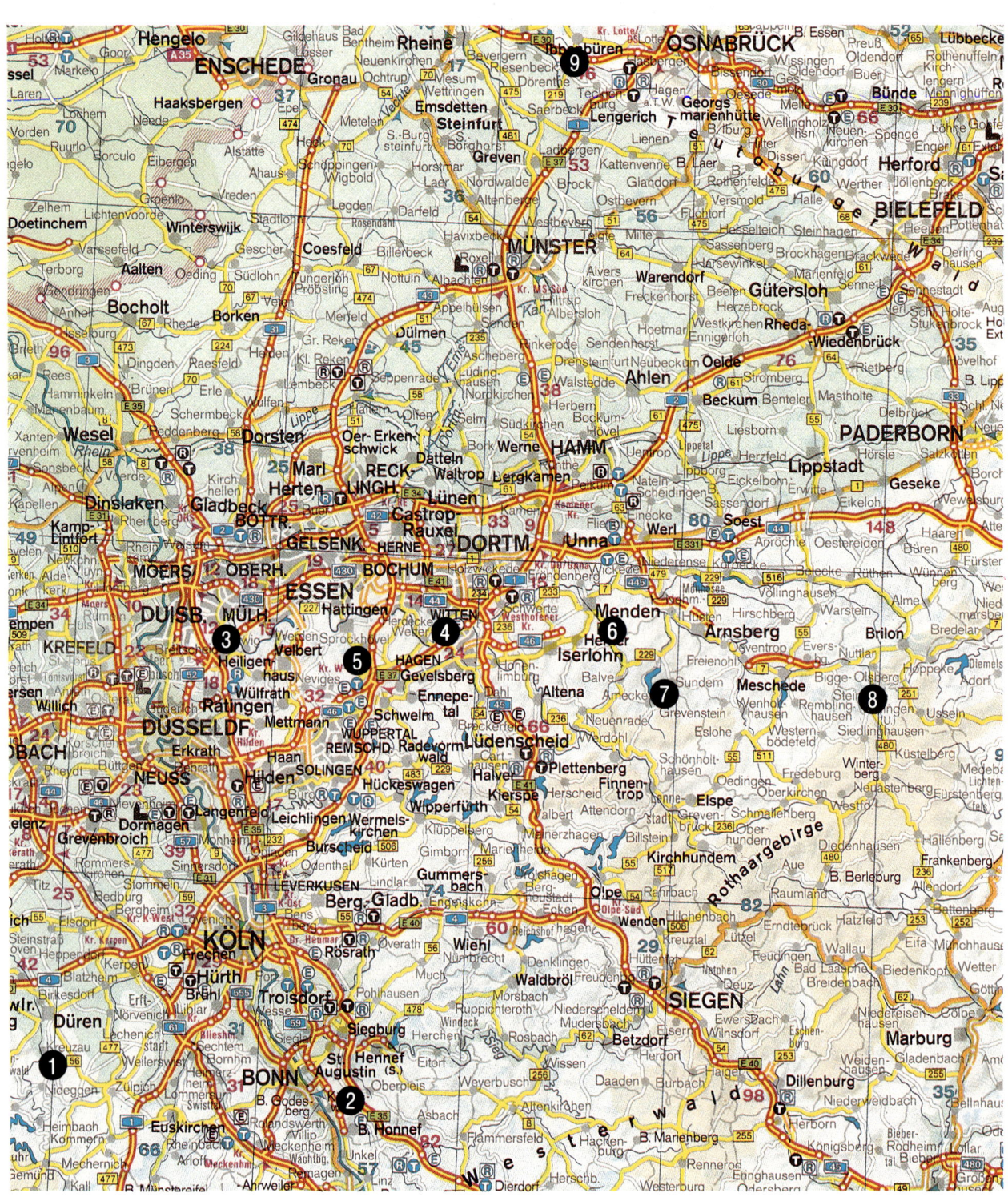

Die Externsteine im Teutoburger Wald.

Unterkunft

Nordeifel:
Krefelder Hütte bei Hausen, Kölner Hütte und Aachener Hütte in Blens, Düsseldorfer Hütte und Mülheimer Hütte in Abenden bei Blens, Rheydter Hütte bei Kleinhau. Jugendherberge in Nideggen, Pensionen und Hotels in Hausen, Blens, Abenden, Nideggen und Rath.

Hönnetal:
Hütte der Interessengemeinschaft Hönnetal IGH unterhalb vom Klusenstein an der Straße.

Bruchhauser Steine:
In Bruchhausen befindet sich das Sauerlandheim der Alpenvereinssektion Dortmund. Hütten der Alpenvereinssektion Essen in Bruchhausen und Messinghausen. Außerdem Zimmervermittlung im Verkehrsverein Olsberg-Bruchhausen.

Führer

Goswin Kühn: Kletterführer Nordeifel.
Wolfgang Heckmann: Die Felsen des Hönnetals.
Paul Steinacker: Die Bruchhauser Steine.
Thomas Fischer: Topo-Führer Ruhrgebiet.

Als nördlicher Rand des Rheinischen Schiefergebirges grenzen die Höhen von Eifel und Sauerland ebenso wie des Teutoburger Waldes an die Weiten des niederländischen und norddeutschen Tieflandes. Hier stehen überwiegend Gesteine des Erdaltertums an, teilweise überdeckt durch die jüngeren Braunkohleschichten, aber auch durch verfestigte Schotterablagerungen in Flußtälern und durch Vulkangesteine.

Das Land Nordrhein-Westfalen mit den Rosinenpuddingmassiven der Eifel und den Karbonkalkwänden und Vulkanfelsen des Sauerlandes, das war einmal ein Eldorado für Kletterbegeisterte – bevor sich dieses Bundesland als Land exzessiver Kletterverbote profilierte. Obendrein werden hier gleichzeitig auch die teilweise durchaus brauchbaren Steinbrüche unzugänglich gehalten oder gar mit Abfällen verfüllt. Dies alles führt zu der Absurdität, gerade in dem am dichtesten bevölkerten und industrialisierten Raum der Republik im Namen des Naturschutzes allwochenendlichen Autoferntourismus zu erzeugen. Daß dies auf die Dauer keine ökologisch sinnvolle Lösung sein kann, liegt auf der Hand. Und daß diese Einsicht sich durchsetzt und schließlich zu einer Wiederfreigabe eines Teils der heute gesperrten Felsen führt, ist zu hoffen.

1: Nordeifel, 2: Stenzelberg, 3: Hofermühle, 4: Hohensyburg, 5: Steinbruch Isenberg, 6: Hönnetal, 7: Sunderner Steinbruch, 8: Bruchhauser Steine, 9: Dörenther Klippen, 10: Halleluja-Steinburch.

Nordeifel: Mit dem Auto über die A4/E40 bis Düren und von dort 17 km nach Süden über Kreuznau nach Nideggen.
Mit der Bahn Linie Köln–Aachen und das Rurtal aufwärts bis nach Nideggen.
Sauerland: Zum Hönnetal mit dem Auto vom Kamener Kreuz (A44) oder von Iserlohn (A46) über Hemer nach Menden und von dort die B515 das Hönnetal 8 km aufwärts. Bahnstation in Menden.
Bruchhauser Steine: Mit dem Auto von Menden die B7 über Arnsberg nach Olsberg und über Gierskopp und Elleringhausen oder über Assinghausen jeweils 5 km nach Bruchhausen. Bahnstation in Olsberg.
Sunderner Steinbruch: Von Arnsberg weiter nach Sundern.
Teutoburger Wald: Zu den Dörenther Klippen auf der A30/E37 bis zur Ausfahrt Lengerich/Tecklenburg und weiter nach Ibbenbüren.

Nordeifel

Im typischen Eifelfels – hier an der „Hubertuskante" (IV+) an der Breidelsley.

Als nordwestlichste Felsen der Republik liegen diese „senkrechtgestellten versteinerten Kartoffeläcker" an den Waldhängen des mit Talmäandern eingetieften Rurtales, nahe vor dessen Mündung in das flache Vorland der Eifel.

Lage Zwischen Aachen und Köln, etwa 15 km südlich von Düren im Rurtal zwischen Üdingen und Blens. Ausgangsort ist Nideggen.

Felsen Die über 20 Felsen sind überwiegend breite Massive, nur an einigen Stellen auch abgespaltene Türme. Die größten Wandhöhen liegen bei 40 m. Das Gestein ist ein Konglomerat der Buntsandsteinzeit mit eingebackenen Quarzitgeröllen unterschiedlicher Größe, von vorzeitlichen Flüssen aus den Gesteinen der Hocheifel und der Ardennen herangeschleppt und abgelagert. Es dominieren hier Wandklettereien an herausgewitterten Kieseln. Wo die Wände überhängend und die Kiesel kleiner werden, geht das ganz kompromißlos auf die Kraft. Und gerade, wenn man anfangen will, Vertrauen zur Einbettung der Kiesel in die feinere rote Sandstein-Grundmasse zu fassen, wird wieder einmal einer von ihnen anhänglich und bricht heraus. So ist es kein Wunder, daß der Trend weg von nach guter alter Tradition geschlagenen Mauerhaken hin zu den einzementierten Bohrhaken hier schon zu Mitte der 60er Jahre einsetzte.

Ökologie Die Eifel ist Naturpark, im Bereich der Felsen des Rurtales auch Naturschutzgebiet. Die Nähe zu den Ballungsräumen Köln/Düsseldorf und Aachen bedingt extrem starken Andrang von Erholungssuchenden. Entsprechend verstopft sind die Verkehrswege. Und entsprechend beachtlich ist die Belastung der Landschaft durch Touristik aller Art. Felssperrungen während der Brutzeit der Wanderfalken gab es schon seit vielen Jahren. Diese wurden von den Kletterern respektiert, jedoch im Laufe der Zeit von den Behörden trotzdem schrittweise ausgeweitet. Der Kletterbetrieb in der Eifel wurde verstärkt durch die von der Natur schändlich benachteiligten holländischen Bergsteiger

und nochmals durch die Sperrung des Hönnetals. Weitere Kletterverbote in der Eifel haben obendrein zusätzliche Überlastungserscheinungen an den freigebliebenen Felsen bewirkt, die auch durch kostspielige Wegebauten nur teilweise aufgefangen werden können und die wiederum als Argument gegen das Klettern benutzt werden – eine unerquickliche Spirale . . .

Kletterregeln An einigen auf Privatgrund gelegenen Felsen gilt striktes Magnesiaverbot (z.B. Nideggen). Darüber hinaus sind als Zugang und Abstieg an den Felsen ausschließlich die vorhandenen Zustiegspfade schonend zu benutzen, um Erosionsschäden zu vermeiden. Auch müssen die zeitlich befristeten Sperrungen aus Gründen des Vogelschutzes genau eingehalten werden. Die aus der Überfüllung des Gebietes resultierenden Konflikte unter Kletterern führten dazu, daß hier erstmals zusätzlich zu den zum Schutz der Natur festgelegten Regeln „Sanft klettern" auch mit dem Ziel

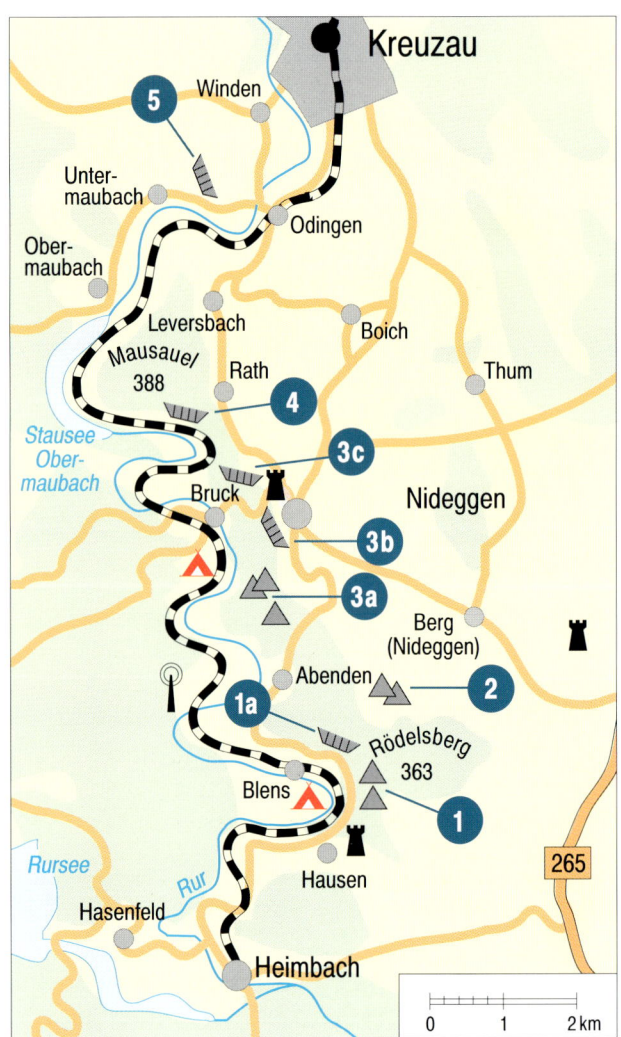

I: Hausen/Blens, Ia: Breidelsley, 2: Abenden, 3: Nideggen, 3a: Effels, 3b: Burgwand, 3c: Hirtzley, 4: Kickley, 5: Untermaubach.

Steilstufen werden mit Treppen stabilisiert.

Wege

Menschen haben einen Hang zum ökonomischen Prinzip. Zur Erreichung des jeweils verfolgten Zweckes hat immer die Methode die besten Chancen, die am wenigsten Mühe bereitet. Diese Weisheit nutzen jene, die eine vielbesuchte Landschaft vor allgemeiner Zertrampelung bewahren wollen. Und darum auch natursensible Kletterer, um an vielbesuchten Felsen den Konflikt mit der Natur so klein wie möglich zu halten. Natürlich ist der Bau eines Weges erst einmal ein Eingriff. Aber weil vor dem Wegebau gewöhnlich bereits ein Trampelpfad – und oft mehr als einer – da war, ist dieser Eingriff meist zu verschmerzen. Außerdem werden im Weg Steilstufen befestigt oder mit Treppen stabilisiert und damit Erosion gestoppt. Und durch die Schaffung eines Angebots von bequemen Wegen wird dazu eingeladen, nur diese zu gehen. So wird, eine intelligente Wegführung entsprechend dem Verkehrsgefälle vorausgesetzt, die Fläche zwischen den Wegen ohne Riskieren von vermeidbaren Trotzreaktionen wirkungsvoll ruhiggestellt.

einer friedlicheren Atmosphäre unter den Kletternden die Regeln „Fair klettern" formuliert wurden (s. S. 16) **Geschichte** Die ersten sicher belegten Routen wurden im Rurtal 1908 durch Hager, Homann und Rodenkirchen eröffnet. Nachdem es lange Zeit nur Toprope-Erschließung gab, wurden erst nach dem Zweiten Weltkrieg wieder Neutouren sportlich einwandfrei von unten und jetzt auch unter Zuhilfenahme von (zunächst nur geschlagenen) Felshaken durchgeführt, und zwar vor allem von Herrmann Herweg, B. G. Terhöven, Robert Bechem, Hannes Schneider und Sigurd Herbst. Ab 1965 ersetzte man alte geschlagene (und in dem Gestein oft unsichere) Haken systematisch und zahlenmäßig reduziert durch Bohrhaken und verschärfte damit zugleich die Freikletterschwierigkeit. **Routen** Insgesamt über 400, von denen allerdings

schon 120 gesperrt sind und für weitere 140 ein Totalverbot geplant wird. Besonders markant sind die Felsen bei Nideggen, so die gewaltigen BURGWÄNDE, u.a. mit *Alte Burgwand* (V+), *Herwegriß* (V+), *Trichterkante* (VI+) und *Direkte Burgwand* (VI+). Der HAGERTURM mit *Normalweg* (III) und *Verschneidung* (III). Die HIRZLEY mit *Weg der Jugend* (V–), *Düsseldorfer Weg* (VI–) und *Eichhörnchenriß* (VI) und die CHRISTINENLEY mit *Schwabenhansel* (II), *Muschkante* (IX–) und *Christinenkante* (A2 oder VIII). Bei Rath an der KICKLEY besonders schön *Rather Quergang* (IV), *Falkenverschneidung* (V–), *Karnevalsriß* (V) und *Weg der 61er* (VI–). Bei Blens ragt als mächtigste Massivwand die BREIDELSLEY empor mit u.a. *Stuttgarter* (IV–), *Herweg* (IV+), *Hubertuskante* (IV+), *Schleierkante* (IV+) und *Spinne* (V+) – aber derzeit total gesperrt.

Übersicht über die Felsen Nordrhein-Westfalens

Gebiet/Felsen	Höhe	Routen (ca.)	Einschränkungen
Nordeifel/Rurtal			
Gruppe Hausen/Blens			
Krefelder Hüttenfels	bis 15 m	5 Routen	ganzjährig verboten
Hausberg	bis 10 m	5 Routen	ganzjährig verboten
Adam und Eva	bis 15 m	10 Routen	ganzjährig verboten
Lippley	bis 20 m	15 Routen	ganzjährig verboten
Fuchsley	bis 15 m	10 Routen	ganzjährig verboten
Engelsley	bis 30 m	15 Routen	ganzjährig verboten
Breidelsley	bis 30 m	40 Routen	ganzjährig verboten
Jufferley	bis 25 m	15 Routen	ganzjährig verboten
Gruppe Abenden			
Raffelsley	bis 25 m	10 Routen	z. Z. verboten
Hondjesberg	bis 15 m	5 Routen	frei
Mönch und Nonne	bis 20 m	10 Routen	frei, Verbot geplant
Gruppe Nideggen			
Effels	bis 20 m	60 Routen	frei
Teufelsley	bis 10 m	10 Routen	frei
Hagerturm	bis 15 m	12 Routen	frei
Burgwände	bis 30 m	30 Routen	frei
Brüder	bis 15 m	10 Routen	frei
Familienglück	bis 10 m	5 Routen	frei
Hirzley	bis 30 m	15 Routen	frei
Riesentor	bis 15 m	10 Routen	frei, Verbot geplant
Christinenley	bis 20 m	25 Routen	frei, Verbot geplant
Gruppe Rath	Kickley	bis 35 m	50 Routen	frei, Verbot geplant
Gruppe Untermaubach	Hochkoppel	bis 35 m	40 Routen	frei, Verbot geplant
Siebengebirge	Stenzelberg	bis 15 m	80 Routen	verboten (mit Ausnahmen)
	Drachenfels	bis 40 m	5 Routen	ganzjährig verboten
Sauerland			
Nördliches Randgebiet			
Hofermühle	bis 10 m	20 Routen	ganzjährig verboten
Hohensyburg	bis 15 m	20 Routen	ganzjährig verboten
Letmathe-Schauwand	bis 25 m	2 Routen	ganzjährig verboten
Hönnetal			
Sirenenpfeiler	bis 50 m	5 Routen	ganzjährig verboten
Uhuwand	bis 80 m	25 Routen	ganzjährig verboten
Uhuturm	bis 45 m	12 Routen	ganzjährig verboten

Der stillgelegte Steinbruch Stenzelberg bietet kurze, aber hübsche Klettereien; derzeit ist er leider – bis auf wenige Ausnahmen – gesperrt.

Gebiet Stenzelberg

Lage Im Siebengebirge, östlich des Rheins gegenüber Bonn/Bad Godesberg, zwischen Königswinter-Niederdollendorf und Oberpleis.

Felsen Aufgelassener Steinbruch in Quarz-Latit vulkanischen Ursprungs mit Felshöhen bis 15 m.

Kletterregeln Klettern nur zulässig für Mitglieder der Alpenvereinssektionen Bonn und Siegburg, an bestimmten, genau festgelegten Tagen.

Routen Etwa 80.

Weitere Felsen DRACHENFELS (über 100 m hoch; NSG mit Kletterverbot). Gegenüber Remagen die ERPELERLEY (aus Schiefer herausgearbeiteter Basalt).

Gebiet/Felsen	Höhe	Routen (ca.)	Einschränkungen
Eulenwand	bis 15 m	2 Routen	ganzjährig verboten
Tafelstein	bis 18 m	2 Routen	ganzjährig verboten
Kanzelstein	bis 20 m	2 Routen	ganzjährig verboten
Mooswand	bis 30 m	2 Routen	ganzjährig verboten
Kreuzturm	bis 20 m	8 Routen	ganzjährig verboten
Löwenstein	bis 25 m	7 Routen	ganzjährig verboten
Schluchtsteine	bis 30 m	20 Routen	ganzjährig verboten
Burg Klusenstein	bis 50 m	6 Routen	ganzjährig verboten
Dohlenstein	bis 50 m	25 Routen	ganzjährig verboten
1. Jungfrau	bis 50 m	6 Routen	ganzjährig verboten
2. Jungfrau	bis 50 m	15 Routen	ganzjährig verboten
3. Jungfrau	bis 40 m	4 Routen	ganzjährig verboten
4. Jungfrau	bis 35 m	3 Routen	ganzjährig verboten
5. Jungfrau	bis 50 m	6 Routen	ganzjährig verboten
6. Jungfrau	bis 40 m	2 Routen	ganzjährig verboten
7. Jungfrau	bis 40 m	5 Routen	ganzjährig verboten
8. Jungfrau	bis 25 m	5 Routen	ganzjährig verboten
Feldhofstein	bis 25 m	20 Routen	frei
Binolerwand	bis 40 m	8 Routen	frei
Messergrat	bis 35 m	3 Routen	frei
Haustadtfelsen	bis 20 m	5 Routen	frei
Gnom	bis 10 m	4 Routen	frei
Waldstein/Bärenstein	bis 20 m	25 Routen	frei
Bruchhauser Steine Bornstein	bis 92 m	66 Routen	ganzjährig verboten
Ravenstein	bis 70 m	33 Routen	ganzjährig verboten
Goldstein	bis 60 m	40 Routen	ganzjährig verboten
Feldstein	bis 40 m	32 Routen	ganzjährig verboten
Kleinere Wände	bis 15 m	50 Routen	ganzjährig verboten
Teutoburger Wald Dörenther Klippen	bis 20 m	200 Routen	15 Felslein frei, 4 verboten
Externsteine	bis 40 m	10 Routen	ganzjährig verboten
Ostfels	bis 20 m	3 Routen	frei

Der ehemalige Sandstein-bruch Isenburg ist heute mit einem dichten Netz an einigen längeren Routen und kurzen, definierten Bouldern überzogen.

Steinbruch Isenberg

Lage Aufgelassener Steinbruch bei Sprockhövel, zwischen Bochum und Wuppertal, Besitz der Alpenver-einssektion Essen.

Felsen Bis 12 m hohe, fast 100 m lange Wand aus Sandstein.

Ökologie Die als Steinbruch entstandene Wand hat sich leider teilweise als instabil erwiesen, so daß z.T. aufwendige Baumaßnahmen nötig geworden sind, um sie vor dem Einsturz zu bewahren.

Routen Dicht bei dicht, neben einigen längeren Routen (bis VIII) auch viele definierte Boulderklettereien (bis IX+).

Hönnetal

So weit im Norden ist dies ein Wunder an Felsgebiet. Wie extra von der Natur geschaffen, um auch hier noch einen Hauch von Kalkgebirge erleben zu können, wie sonst erst wieder jenseits der belgischen Grenze.

Lage Am nordwestlichen Rand des Sauerlandes, 8 km südöstlich von Menden.

Felsen Mächtige, bis 80 m hoch aus dem bewaldeten Hang des engen Tales hervortretende Massive und Felskanzeln aus festem, verkarsteten Karbonkalk, mit Karrenrillen auf seinen Oberflächen, mit Rissen und Verschneidungen und Kaminen und dem ganzen reichen Formenschatz der natürlich von der mechanischen und chemischen Verwitterung angenagten Kalkschichten.

Ökologie Siehe Kasten S. 31.

Geschichte Geklettert wurde im Hönnetal erst ab 1955, wobei besonders Wolfgang Heckmann und Gerhard Sander als Erschließer hervortraten. Nach wechselvoller Entwicklung besteht jetzt bereits seit Jahren ein fast völliges Kletterverbot (siehe Kasten S. 31). Wer nach dem Motto „Sich unauffällig anziehen und dann *climb and run*" dagegen verstoßen will, weil bei so kompromißlos betriebenem Naturschutz für die Kletterer

nicht viel zu verlieren ist, sollte wissen, daß das Sicherwischen-lassen ein teurer Spaß werden kann.

Routen Herrliche Platten- und Rißkletterereien in Superfels. Es gibt über 200 Routen. Davon sind jedoch über 150, darunter alle langen, besonders lohnenden Anstiege, gesperrt. Die alten, teilweise einzementierten Haken rosten still vor sich hin, waren allerdings durch die Erfindung der Klemmkeile ohnehin überflüssig geworden. Für die Wiederfreigabe dieser Felsen lohnt sich wahrhaft zu streiten. Als höchste Wand ragt am unteren Ende des Tales die 80 m hohe UHUWAND auf, mit u.a. *Dahler Weg* (III), *6-Haken-Weg* (V), *L'Amour* (V/A2 oder VII+), *Märidisima* (V–/A1 oder VII), *Dachlweg* (VIII–). Gleichfalls besonders lohnend sind UHUTURM mit *Diagonalriß* (IV+), KREUZTURM *Kante* (IV), LÖWENSTEIN mit u.a. *Löwenwand* (IV), SCHLUCHTSTEIN mit u.a. *Schluchtsteinkamin* (IV/A0), *Englischer Riß* (VI–) und *Überhangroute* (V/A0), DOHLENSTEIN u.a. mit *Hagener Weg* (IV), *Sauriß* (V/A0), *Buhl-Gedächtnisführe* (V+/A0), *Dohlensteinverschneidung* (V–), *Alte Ost* (V–) und *Neue Ost* (VI–) sowie die SIEBEN JUNGFRAUEN mit u.a. *Fahrstuhlriß* (IV/A0), *Dirndlverschneidung* (V/A0) oder *Falkengrat* (III).

Sunderner Steinbruch

Zwar nach Vielfalt und Höhe bei weitem nicht mit dem Hönnetal vergleichbares, aber doch beachtliches Potential in diesem seine Bergsteiger so herb behandelnden Bundesland. Über dauerhaften Zugang zu dem Objekt wären noch Vereinbarungen zu treffen.

Lage Im nördlichen Sauerland, südlich von Arnsberg, am südöstlichen Ortsrand von Sundern.

Felsen Schon lange stillgelegter Steinbruch, in dem eine 50 m hohe, über 60° steile Schichtfläche von festem Karbonkalk herauspräpariert ist, die phantastische Reibungskletterei bietet.

Routen Die 1980 (von unten, RPI, on sight) eröffneten Routen *Großes Puzzle* (VI+) und *Panikrunzel* (VI+ oder so) lassen noch Raum für weitere Anstiege.

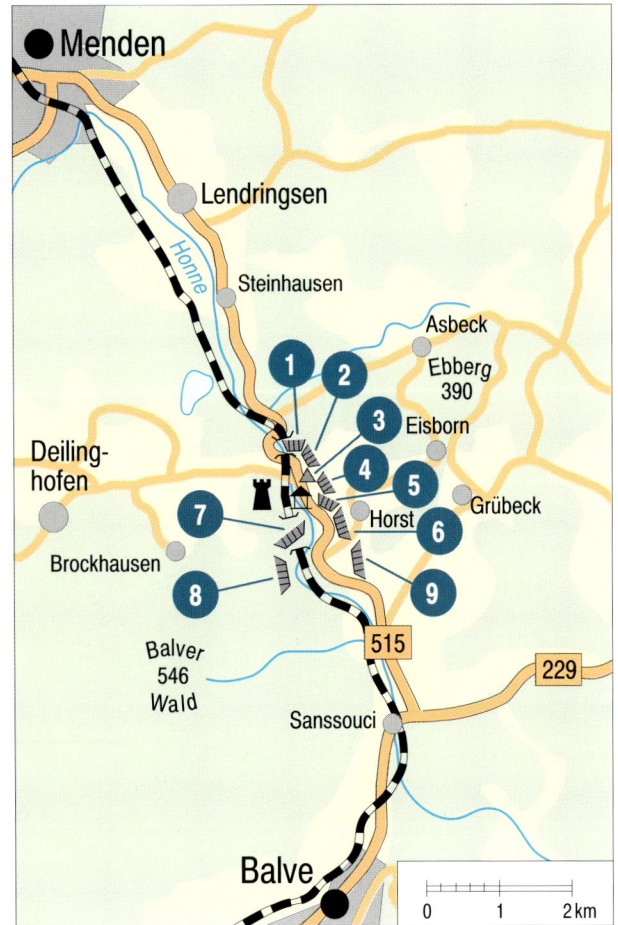

1: Uhuwand, 2: Uhuturm, 3: Kreuzturm, 4: Löwenstein und Schluchtstein, 5: Dohlenstein, 6: Sieben Jungfrauen, 7: Feldhofstein, 8: Binoler Wand, 9: Waldstein.

Hönnetal – Naturschutz ohne Augenmaß

Vor Beginn aller menschlichen Einwirkungen wucherte hier Wald auch auf den Hochflächen, da floß im engen Tal der Hönnebach, bei geringer Wasserführung versickernd in den unterirdischen Höhlensystemen, bei reichlicher Wasserführung oberirdisch. Da herrschte Ruhe, und die Luft war rein.

Die Eingriffe der Wirtschaft sind inzwischen vielfältig gewesen: Die Wälder wurden auf den Flächen für Ackerland beseitigt und auch an den Talhängen gelichtet. Und die Massen an Abgasen aus den Schornsteinen des nahen Ruhrgebietes, jahrein jahraus, die tun den Pflanzen und Tieren genausowenig gut wie den Menschen. Aber nicht genug damit, wurden dann auch die Äcker der Hochflächen aufgezehrt von riesigen Steinbrüchen, so daß das hübsche Hönnetal streckenweise nur noch eine Kulisse ist und seine natürlichen Wassersysteme zerstört sind.

Auch im Tal blieb nicht alles, wie es gewesen war. Dort wurde – nur teilweise in Tunneln – eine Bahnlinie gebaut. Und eine Straße, immer am Ufer entlang, und immer wieder verbreitert.

In den 60er Jahren wurde diese Talstraße zur Bundesstraße erklärt und nochmals ausgebaut, verbreitert und abgesichert. Dazu sprengte man Felsen, einen riesigen Überhang oben am Uhufelsen zum Beispiel, obwohl die Kletterer die Straßenbauer anflehten, dieses herrliche (und stabil gelagerte) Naturobjekt zu verschonen. Als es – mit größeren Mühen als erwartet – beseitigt war, begannen die Straßenbauer auf die Kletterer zu hören, die offensichtlich über die Felsen besser Bescheid wußten. Und sie machten den Deal, daß die Kletterer die Felsen zur „Verkehrswegesicherung" von lockerem Gestein befreien sollten und daß dafür nicht weiter gesprengt werden sollte. Und daß sie – seit 1967 als Interessengemeinschaft Hönnetal (IGH) zusammengeschlossen – weiter klettern könnten.

Auf dieser Basis ging es einige Jahre gut. So gut, daß 1972 sogar bundesweit zu einem „Marathonklettern" (wahlweise über 500 oder 1000 Klettermeter; erfreulich spielerisch organisiert) eingeladen wurde. Und der Autoverkehr toste täglich durch das Tal, denn schließlich gab es dort jetzt eine flotte, von monumental-dekorativen Steinschlagfanggittern flankierte Straße. So weit, so gut.

Bis die Mendener Lokalzeitung und einige Lokalpolitiker die Kletterer anläßlich von zwei Unfällen als unverantwortliche Hasardeure ausmachten. Und dann auch als die großen Naturschädlinge. Daß sie erst durch ihre Überzeugungsarbeit und durch ihren körperlichen Einsatz bei der Absicherung der Straße die schon zur Sprengung vorgesehenen Felsen gerettet hatten, das hatten diese Menschen gar nicht wahrgenommen oder längst verdrängt.

Schließlich war inzwischen Ökologie ein Thema. Und es war politisch opportun, sich ein grünes Mäntelchen umzuhängen, um die echten Grünen aus den Parlamenten zu halten. Und wenn man öffentlichkeitswirksam auf so ein paar Buhmänner einhauen kann, dann braucht man nicht auf die großen Probleme einzugehen, wie die Luftvergiftung oder den Gesteinsabbau oder die Wasserfragen oder den Autoverkehr – und dann braucht man auch nicht gegen einflußreiche Gruppen zu streiten.

Der Alpenverein engagierte sich. Ein als Autorität seines Faches allgemein anerkannter Geobotaniker erstellte ein Gutachten. Es erbrachte, daß nur an einigen wenigen Felsen seltene Pflanzen wuchsen und daß auch diese in den Wänden kaum gefährdet waren. Aber die Klettergegner wechselten flugs das Thema und erklärten nunmehr die Dohlen und Tauben für gefährdet, um sich ihre Buhmänner zu erhalten und einen großen Sieg für den Naturschutz zu erringen. Was dann schließlich auch gelang.

Fast alle Felsen wurden gesperrt, lediglich ein paar ziemlich mickrige blieben frei. Und dort herrscht nun regelmäßig an jedem halbwegs schönen Tag ein unerquickliches Gedränge.

Und darum fährt man denn aus dem Kohlenpott zum Klettern noch mehr mit dem Auto, zum Ith, in die Pfalz, nach Belgien oder sonstwohin . . .

Bruchhauser Steine

Neben Eifel und Hönnetal das dritte, ihnen ebenbürtige Gebiet, auf den oft feuchten Kuppen des Hochsauerlandes gelegen. Derzeit ist allerdings nunmehr auch dieses Felsparadies der westdeutschen Bergsteiger zu einem Stück verbotener Kletterheimat gemacht worden.

Lage 15 km südlich von Brilon, bei Bruchhausen, nächste Bahnstation Bigge-Olsberg.

Felsen Die 4 bis fast 100 m hohen Felsen der Bruchhauser Steine liegen in über 700 m Meereshöhe. Während ihre Umgebung aus Schiefern der Devonzeit besteht, sind die Felsen selbst die wegen ihrer größeren Festigkeit herauspräparierten Reste von vulkanischen Ergüssen. Die Grundmasse des sehr harten, glatten, oft kleingriffigen Gesteins ist ein von Quarzadern durchzogener Porphyr (Quarz-Keratophyr). Außerdem enthält er rötlichen oder glasigen Feldspat. Die Steine wurden in der frühen Eisenzeit zum Bau einer Burganlage genutzt.

Ökologie Die geologische Sonderstellung der Steine bedingt auch eine besondere Flora und Fauna. Da die Kletterrouten nur bestimmte, dafür günstige Bereiche der Felsen durchziehen, kann jedoch von einer Gefährdung der seltenen Lebensgemeinschaften in den Wänden selbst nicht gesprochen werden, zumal seit eh und je während der Brutzeit des Wanderfalkens die entsprechenden Felsbereiche nicht beklettert werden. Eher schon gibt es Tourismusprobleme in der Umgebung der Felsen, und zwar eigentlich erst, seit zu Beginn der 70er Jahre extra eine – gegen Zahlung einer Maut allgemein befahrbare – Autostraße bis in die unmittelbare Nähe der Steine gebaut wurde. Wie wenig stimmig die Argumentationen des behördlichen Naturschutzes sind, zeigt sich daran, daß die neueren Verschärfungen der Sperrungen – in jüngster Zeit bis hin zum totalen Kletterverbot – nicht mit einem Befahrungsverbot dieser Straße verbunden wurden!

Kletterregeln Die bisher üblichen Forderungen auf Einhalten der Wege, Magnesiaverbot und Beachtung der jahreszeitlichen Sperrungen aus Gründen des Vogelschutzes dürften auch bei einer hoffentlich bald wieder erfolgenden Freigabe die zur Erhaltung der

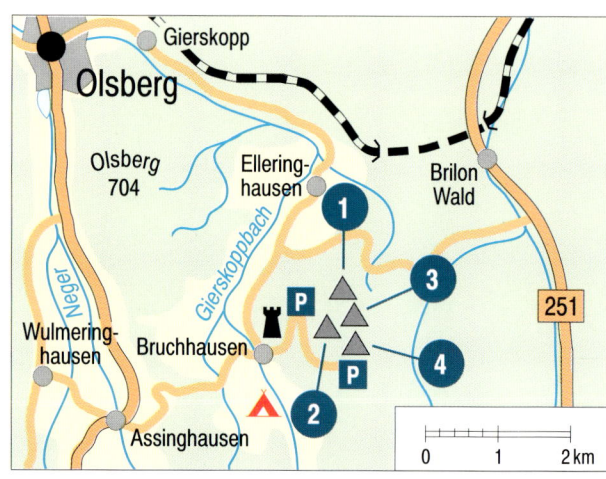

1: Bornstein, 2: Ravenstein, 3: Goldstein, 4: Feldstein.

Natur nötigen Einschränkungen sein. Näheres ist vor Ort oder bei der Alpenvereinssektion Dortmund zu erfragen.

Routen Mit Varianten insgesamt über 200, darunter viele sehr lohnende, derzeit alle gesperrt. Die längsten und eindrucksvollsten am BORNSTEIN, so u.a. in der Westseite *Pfeilerweg* (V), *Höhlenweg* (VI–) sowie *Bornsteinkante* (VI/A1 oder VII) und in der mächtigen bis 90 m hohen Nordwand als Glanznummern *Kleine Verschneidung* (V–), *Große Verschneidung* (V+/A0 oder VI+) und *Superdirekte* (VI/A2). Am bis 60 m hohen RAVENSTEIN besonders lohnend *Fabiolakante* (III), *Mittagsroute* (V–), *Bruchhauser Weg* (V+) und der mit einem 15-m-Dach beginnende *Gemeinschaftsweg* (A3/A2/VI). Am bis 60 m hohen GOLDSTEIN u.a. *Normalweg* (II), *Südwand* (III+), *Sauriß* (IV), *Katzenquergang* (= SW-Wand; V+/A1) und *Goldsteinkante* (IV). Am mit einem großen Gipfelkreuz versehenen FELDSTEIN u.a. *Schiefes Band* (IV), *Schweinekamin* (IV+) und *Jubilate* (V+).

Weitere Felsen Bei Brilon-Wald noch einige große Kalksteinbrüche, z.B. bei Messinghausen, z.T. mit Mülldeponie . . . Verhandlungen um Freigabe von einigen zum Klettern geeigneten Brüchen sind bereits am laufen.

Steinbruch Hofermühle

Lage Am nördlichen Rand des Sauerlandes, südlich von Essen, bei Kettwig.

Felsen Aufgelassener Steinbruch mit bis 10 m hohen Wänden.

Ökologie Typisches Sekundärbiotop. Kletterverbot (siehe Kasten S. 33).

Routen Etwa 20; ganzjährig gesperrt.

Gebiet Hohensyburg

Lage Bei der Hohensyburg am Südrand des Stadtgebietes von Dortmund, am nördlichen Rand des Ruhrtales ideal verkehrsgünstig gelegen.

Felsen Bis 15 m hohe, nach Süden gerichtete Sandsteinfelsen.

Routen Einige gute Dutzend, die derzeit leider alle ganzjährig gesperrt sind.

Stefanie Schreiber in der „Muschkante" (IX–) an der Christinenley/Nordeifel.

Hofermühle – Naturschutz absurd

Als der Steinbruch Hofermühle von Kletterern entdeckt wurde, war er eine wilde Müllkippe. Die überwiegend jugendlichen Kletterer räumten auf, legten Kletterrouten und Wege an, die Vegetation erholte sich, es entstand eine richtige kleine Idylle. Diese Idylle wurde von „Naturschützern" entdeckt, als gefährdet erklärt, behördlich als Schutzgebiet ausgewiesen und eingezäunt. Und das Klettern verboten. Aber diese komplette Abschirmung bekam der seltenen, als schützenswert definierten Vegetation dieses Sekundärbiotops gar nicht gut. Sie wurde nämlich von banalerem und vitalerem Gebüsch, das nicht mehr durch die Kletterer zurückgehalten wurde, überwuchert. Das sollte nicht sein. Deshalb wurde für teures Geld mit schwerem Gerät – weil doch Arbeitskräfte noch teurer sind – in den Bruch hineingefahren, um darin kräftig „Pflegemaßnahmen" durchzuführen. Danach sah es wieder so ähnlich aus wie nach dem Wegräumen des Mülls . . .
Der Bruch ist weiterhin gesperrt.

Dörenther Klippen

Lage Am nordwestlichen Ende des Teutoburger Waldes, zwischen Ibbenbüren und Brochterbeck (bei BAB-Ausfahrt Lengerich/Tecklenburg).

Felsen Etwa 20 natürliche, bis 25 m hohe Felsen aus oft mürbem Sandstein der Kreidezeit, mit Wabenverwitterung.

Kletterregeln Neuerdings einige Kletterverbote, so am HOCKENDEN WEIB. Einzelheiten vor Ort erfragen. Im Brumleytal Magnesiaverbot.

Routen Über 200, viele mit Bohrhaken abgesichert. Am lohnendsten sind die im PLISSEETAL, u.a. *Kante* (III), *No Name* (V), *Monster* (VII+), *Brüllmaschine* (VIII+). Am DREIKAISERSTUHL u.a. *Alien* (IX). Im Sundermannschen Privatklettergarten Steinbruch BRUMLEYTAL u.a. *Osterhase* (III), *Treppe verkehrt* (IV), *Sonnenuntergang* (VI–) *und Katze* (VII–). Grausig überdosiert verbohrhakt ist der Steinbruch der OSNA-BRÜCKER WAND.

△ **1: Brumleytal, 2: Plisseewand, 3: Wolfsschlucht, 4: Drei-kaiserstuhl und Königstein, 5: Osnabrücker Wand.**

◁ **Kletterhochbetrieb an den Sandsteinfelsen der Dörenther Klippen im Plisseetal.**

Externsteine

Lage Im östlichen Teutoburger Wald, südlich von Detmold, westlich oberhalb von Horn.

Felsen Bis über 35 m hohe Felstürme aus teilweise gut verfestigtem Kreidesandstein, mit allerlei Treppen und Brücken stark verbaut. Hier hat es schon manchen Kletterer in den Fingern gejuckt. Die in nationalsozialistischer Zeit dort behaupteten altgermanischen Kultstätten werden von durchaus ernstzunehmenden Historikern bestritten. Immerhin besteht Denkmalschutz und ein Kletterverbot und ohnehin starker Fußgängerverkehr.

Weitere Felsen Östlich der Externsteine am Bergrücken ein weiterer Fels (Kante IV), ebenso bei Velmerstod.

Hallelujasteinbruch

Lage Südlich von Bielefeld bei Bethel.

Felsen Bis 15 m hohe, lokal beliebte und häufig besuchte Sandsteinwand.

Routen Etwa 15 längere Routen (von V bis VIII) und viele Varianten sowie einige noch extremere Boulder. ⭣

▷ **Bei der Erstbegehung der Route „Großes Puzzle" (VI+) im Sunderner Steinbruch. Die Karbonkalkwände dort bieten vorwiegend Reibungskletterei.**

Kletterers Wunschzettel für Steinbrüche

Ebenso wie bei Kiesgruben der Wassersport und die Naherholung sollte bei Steinbrüchen auch die spätere Nutzungsmöglichkeit Klettern schon in den Rekultivierungsplänen berücksichtigt werden. Adressaten für solche Vorschläge sind die Betreiber und Genehmigungsbehörden für Steinbruchbetriebe bei den Landkreisen oder Bezirksregierungen. Unterstützung von lokalen Politikern, Verwaltungsmenschen usw. ist hilfreich. Besonders zu beachten:

1. Das Gestein soll in der Substanz fest sein. Nur dann ist Klettern überhaupt ohne übermäßige Gefahren möglich.
2. Der Abbau soll in den letzten Phasen durch „schonendes Sprengen" mit Schwarzpulver oder besonders kleinen Ladungen in einer Weise erfolgen, daß im Gestein vorhandene Kluftflächen als endgültige Oberfläche unzerstört stehenbleiben.
3. In den letzten Abbauphasen sollten auch die nach Bergbauvorschriften vorgesehenen Terrassen („Bermen") zumindest teilweise unterbrochen werden und der Bruch sollte eine unregelmäßige, natürlichen Landschaftsformen ähnliche Großform erhalten.
4. Die Wanderschuttdecken der Oberkante sollen so weit abgeräumt werden, daß vom Regen kein Lehm in den Bruch geschwemmt werden kann (seitliche Ableitung des Regenwassers von den Oberkanten weg).
5. Der Bruch sollte vor der Auflassung von allem alten Gerät und Abfällen gereinigt hinterlassen werden.
6. Rekultivierungsmaßnahmen mit Reihenpflanzungen von Bäumen und ähnliches sollten zugunsten einer spontanen Wiederbegrünung unterbleiben.
7. Derartige (seltene!) Steinbrüche sollten vorrangig dem Klettern zur Verfügung gestellt werden – und nicht verfüllt oder anderweitig in einer Weise genutzt werden, die das Klettern unmöglich macht.
8. Steinbrüche sollten fairerweise nicht als „Ersatz" für Naturfelsen angeboten werden – denn das können sie wegen des bescheideneren Formenschatzes so gut wie nie sein – sondern nur als Zusatzangebot. Aber wo es zustandekommt, schafft es neue Ziele und offene Horizonte.

Vergleich von natürlichen Felsen und Steinbrüchen

Natürliche Felsen sind Gesteinspartien, die aufgrund ihrer höheren Widerstandsfähigkeit stehengeblieben und noch nicht von den Einflüssen der mechanischen und chemischen Verwitterung zerstört worden sind. Diese Einflüsse arbeiten jedoch an allen Felsflächen und verändern sie.

Die mechanische Verwitterung greift besonders an den durch Klüfte und Risse feingegliederten Bereichen an. Vor allem der Spaltenfrost führt zu einer weiteren Zerrüttung und Auflösung des Gesteinsverbandes. Aber auch die Sprengwirkung von Baumwurzeln ist nicht zu unterschätzen.

Die chemische Verwitterung dagegen verändert die Felszusammensetzung selbst. Auf den Felsoberflächen herrscht wegen des raschen Wasserabflusses und der besonderen Ausgesetztheit gegenüber Wind und Sonneneinstrahlung fast immer ein sehr trockenes (arides) Mikroklima. Es bewirkt in den Poren des Gesteins überwiegend eine Wasserbewegung von innen nach außen. Diese transportiert gelöste Mineralien (u.a. Mangan) an die Oberfläche. Wenn das Wasser verdunstet, bleiben sie an der Oberfläche zurück und führen dort zur Bildung einer härteren Kruste. Da das aride Mikroklima auf den Südseiten besonders ausgeprägt ist, sind die Vorgänge der Krustenbildung dort gewöhnlich intensiver als an den Nordseiten.

Eine weitere Form der chemischen Verwitterung sind die – oft selektiv wirkenden – Lösungsvorgänge im Kalk mit Karren- und Löcherbildung. Der durch die chemische Verwitterung geprägte Formenschatz kommt vor allem in den massigeren Gesteinen zum Tragen, in denen die mechanische Verwitterung nicht so erfolgreich ansetzen kann und die deshalb nicht die Freilegung immer neuer Felsoberflächen bewirkt. Auch kann die chemische Verwitterung durch ihre Mineralverlagerung unter günstigen Bedingungen ursprünglich von der mechanischen Verwitterung zerrüttete Felspartien nachträglich wieder verkitten.

Das Ergebnis des Zusammenspiels von mechanischer und chemischer Verwitterung sind Felswände und Felstürme, deren Gestalt jeweils nach den feinen Unterschieden in der Zusammensetzung der

Im „Herweg" (IV+) an der Breidelsley/Nordeifel.

Ausgangsgesteine und der in der Umgebung entstandenen Großformen variiert. Es gibt zwar einige strukturelle Grundmuster, aber im Detail hat jeder natürliche Fels, ja sogar jede einzelne Felspartie, ihre individuelle, unverwechselbare Form. Es ist obendrein eine Welt mit einer Ästhetik ohne Lineal und rechten Winkel und mit der den natürlichen Strukturen eigenen Harmonie. Diese Harmonie mit allen Sinnen zu erfahren, sich darin in ständiger Anpassung an die natürlichen Strukturen zu bewegen und sie damit bewußt oder unbewußt aufzunehmen und zu verinnerlichen, das prägt unser Denken und Fühlen wesentlich.

Steinbrüche bestehen zwar – im Gegensatz zu künstlichen Kletterwänden – aus natürlichem Gesteinsmaterial. Auch haben sie teilweise beachtliche Dimensionen. Beides macht sie den künstlichen Kletteranlagen überlegen. Sie weisen allerdings einen Formenschatz auf, der mit seiner üblichen Ausrichtung an rationellen Abbauverfahren in der Regel gestalterische Negativlösungen produziert, sowohl was die Plazierung im Gesamtgefüge der Landschaft angeht als auch die Ausformung entsprechend einer verinnerlichten Geometrie. Deshalb wirken solche Objekte meist als Wunde in einer ausgeplünderten Landschaft. Dies gilt selbst dann, wenn sie von Pioniervegetation reizvoll wiederbesiedelt werden und gewissermaßen vernarben. Obendrein sind Steinbrüche gewöhnlich mit verrottendem Geräteschrott, verfallenden Gebäuden, Gerümpel und Müll Orte, die Verwahrlosung signalisieren. Dies alles macht verständlich, daß viele Menschen dort nicht klettern wollen.

Der ganzen Anlage der Steinbrüche entspricht, daß ihr Formenschatz im Vergleich zu natürlichen Felsen meist außerordentlich begrenzt und monoton ist. Dies gilt sowohl für die Großformen als auch für den Kleinformenschatz, der erst in langen Zeiträumen von der chemischen Verwitterung geschaffen werden kann. Daraus ergeben sich gewöhnlich weniger interessante Routen. Würde man beim Abbau vor vornherein Kluftflächen und Schichtflächen herauspräparieren und damit eine an die natürlichen Felsstrukturen angepaßte Gestaltung anstreben, wären hier positivere Lösungen denkbar – es gibt sie allerdings nur selten.

Selbst wenn Leute in Steinbrüchen klettern wollen –

z.B. wegen der dort oft noch vielfältig möglichen Kreation von neuen Kletterrouten – so stehen dem meist auch handfeste praktische Probleme entgegen: weil nur ein Teil der Steinbrüche in zum Klettern geeigneten Gesteinen angelegt werden. Und selbst dort, wo es sich um geologische Formationen handelt, die natürliche Felsen bilden können, ist das Gestein von Steinbrüchen oft zum Klettern ungeeignet, weil die Oberfläche nicht durch Vorgänge der Krustenbildung verfestigt wurde. Die Zerrüttung des Gesteins durch die heute üblichen Zertrümmerungssprengungen (durch die man sich die Zerkleinerung in Brechern gern erspart), machen die Wände nur zu oft schauderhaft brüchig. Aber selbst dort, wo in den letzten Phasen des Abbaus mit kleineren Ladungen gesprengt wird oder wo sogar bewußt Kluftflächen herauspräpariert werden, ist durch die Vorgänge der Druckentlastung noch für mehrere Jahrzehnte mit zusätzlichen Rißbildungen und Lockerung von Gesteinspaketen zu rechnen, die nicht zu unterschätzende Gefahrenpotentiale bedeuten. Ein weiteres Problem sind die Oberkanten. Da an den Steinbruchrändern gewöhnlich die eiszeitlichen Wanderschuttdecken mit hohem Feinerde- oder Lehmanteil angeschnitten sind, wird durch das Regenwasser meist noch viele Jahrzehnte lang Feinmaterial auf die Gesteinsoberflächen abgeschwemmt, das diese dann bei feuchtem Wetter als Schmierfilm und bei trockenem als Staubhaut überzieht – was das Klettervergnügen nicht erhöht.

Als rechtliches Problem stellt sich noch die unterschiedliche Behandlung von Naturfelsen und Steinbrüchen, die den Besitzern von künstlich geschaffenen Objekten eine Sicherungspflicht aufbürdet. Dieses Problem ist jedoch durch Verträge mit Bergsteigervereinen und -verbänden (z.B. Sektionen des Alpenvereins) und durch Abschluß von Versicherungen lösbar.

Fazit: Unter günstigen Bedingungen (!) können Steinbrüche zusätzliche Angebote für Kletterer sein. Sie sind jedoch auch im seltenen(!) günstigsten Fall in mehrfacher Hinsicht weniger geeignet und reizvoll als Naturfelsen.

Weser-Leine-Bergland

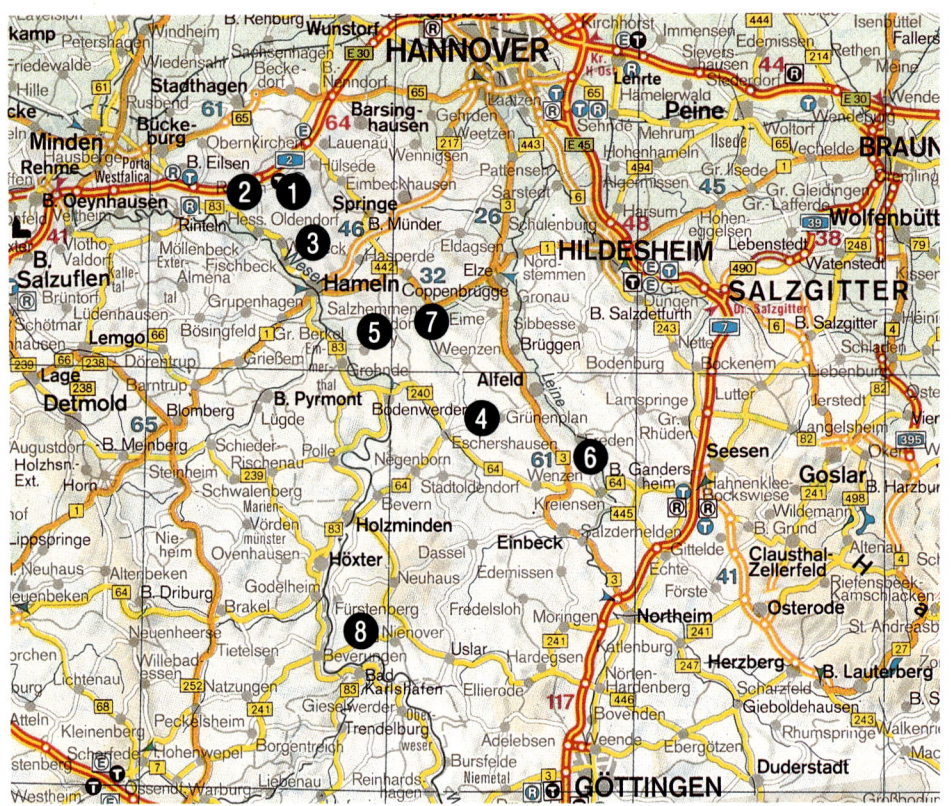

Die kleinteilige Landschaft zwischen den beiden munter mäandrierenden Flüssen Weser und Leine ist eine Versammlung von bewaldeten Höhenzügen und weitgespannten, beackerten Mulden. Die harten Gesteine des Erdmittelalters sind als Schichtkämme und Schichtstufen herausgearbeitet. Zum Klettern werden vor allem die hellen Kalke und Dolomite des Jura und die Sandsteine der Buntsandsteinzeit aufgesucht. Die in den Wald gekuschelten Klippen erlauben meist nur vom Gipfel einen Blick in die Weite. Und außer an ihren höchsten Massiven und an Lichtungen gibt es Sonne und Luftigkeit nur in den Jahreszeiten, in denen die Bäume ihre Blätter nicht aufgehängt haben.

1: Hohenstein, 2: Paschenburgwand, 3: Pötzener Wand, 4: Südlicher Ith, 5: Nördlicher Ith, 6: Selter, 7: Kanstein, 8: Hannoversche Klippen.

Süntel und Wesergebirge: Mit dem Auto über die A2/E 30 bis zur Ausfahrt Rehren. Zum Hohenstein auf der B38 nach Hessisch-Oldendorf und 7 km weiter Richtung Zersen/Pappmühle. Bahnstation in Hessisch-Oldendorf.

Paschenburgwand: Von der Ausfahrt Rehren 5 km bis zum Gasthaus Paschenburg. Zur Pötzener Wand weiter nach Pötzen.
Südlicher Ith: Mit dem Auto über die A7 bis zur Ausfahrt Seesen und über die B64 41 km nach Eschershausen. Von dort 1 km weiter Richtung Hameln nach Scharfoldendorf und nun 4 km Richtung Gronau bis auf den Ithkamm. Bahnstation in Stadtoldendorf (9 km).
Selter: Auf der B64 von Seesen nach Naensen. Bahnstation in Kreiensen (5–7 km).
Kanstein: Auf der B1 von Hildesheim nach Oldendorf und 4 km südlich weiter nach Ahrenfeld. Bahnstation in Osterwald (7 km südlich).

Unterkunft

Südlicher Ith:
DAV-Jugendzeltplatz Ith (Lüerdisser Klippen) am Bergkamm oberhalb Scharfoldendorf, nahe der Straße in Richtung Gronau gelegen. Jugendherberge in Eschershausen. Von der Ausfahrt Rehren 5 km bis zum Gasthaus Paschenburg. Treffpunkt: „Café im Wald" in Holzen. Ith-Hotel.

Nördlicher Ith:
Naturfreundehaus bei Lauenstein.

Kanstein:
Alpenvereinshütte der Sektion Hannover oberhalb von Ahrenfeld. Zimmer in Salzhemmendorf.

Süntel:
Hohensteinhütte der Alpenvereinssektion Hamburg und Pension Pappmühle bei Zersen.

Führer

Richard Goedeke: Weser-Leine-Bergland. Kletterführer.
Götz Wiechmann: Leben in den Felsen. Topo-Auswahlführer.
Peter Brunnert/Hans Weninger: Hoch im Norden. Topo-Auswahlführer.

In der „Dreiecksvariante" (VI–) am Hohenstein.

Hohenstein

Die bis zu 50 Meter hohe Südwestwand des Hohenstein.

Die alpinste und höchste natürliche Wand des Weser-Leine-Berglandes, für Wanderer ein beliebtes Ausflugsziel mit Blick auf die Weser, für die alpenfern beheimateten Hochgebirgskletterer/innen ein Juwel, jedoch von den eingefleischten Akrobatikkletterern auffällig gemieden – natürlich nur, weil es keine ganz schwierigen Routen gibt und nicht etwa wegen des anspruchsvollen Gesteins . . . Auf jeden Fall herrscht hier Weite mit reiner Waldluft und Naturgeräuschen. Und abgesehen von Förstern und Waldarbeitern, laufen hier nur Menschen herum, die schon durch das Fegefeuer eines halbstündigen Aufstiegs zu Fuß gegangen sind.

Lage Zwischen Bückeburg und Hameln, nördlich der Pappmühle/Hohensteinhütte bei Zersen, 6 km von der Bahnstation Hessisch-Oldendorf.

Felsen Die insgesamt mehrere hundert Meter langen und bis 50 m hohen Südwände des Hohensteinplateaus (331 m) sind als Bergrutschwände entstanden. Der Charakter des Juragesteins wechselt je nach Höhenlage rasch – vom grobscherbigen Sockel über die weiße Plattenzone und die etwas bröckelnden Korallen- und Muschellagen zum markante Dächer bildenden, braunen, mit Eisenkrusten besetzten Kalksandstein und dem kleinteiligen Sandstein der Oberkante. Die Festigkeit reicht von gutmütig abgeklettert bis bedenklich.

Ökologie Der Hohenstein ist Kern eines relativ großen Naturschutzgebietes. An den Felsen wächst eine eiszeitliche Reliktflora. Der Ende der 60er Jahre laufende Streit zwischen Naturschutzbehörden und Kletterern wurde nach Jahren mit einem seither gut bewährten Kompromiß beendet: Im Hauptverbreitungsgebiet der Reliktflora, von der Hirschkuppe bis zur Saugasse und auf den waldfreien Halden, wurde ein eingezäuntes Banngebiet eingerichtet, das von niemandem betreten werden darf. Dagegen bleiben die Wände von der Saugasse bis zum Grünem Altar zum Klettern frei.

Kletterregeln Für die Zugänge besteht striktes Wegegebot. Nur an den freigegebenen Wandbereichen klettern. Die nötigsten historischen Sicherungshaken sind durch Bohrhaken ersetzt und damit saniert. Klemmkeilverwendung wird vorausgesetzt. Keine weiteren Bohrhaken anbringen (nur zulässig nach vorheriger behördlicher Genehmigung). Absolutes Neutourenverbot!

Routen Freigegeben sind noch 55 Routen. Bereits vor 1900 wurden die prächtigen Stemmkamine begangen wie *Eibenkamin* (III+), *Schweinekamin* (IV–) und *Clementkamin* (III). Kurz vor 1939 auch die Risse wie *Spiralriß* (IV+), *Piaz-Riß* (V) und *Mummery-Riß* (IV). In die offenen Wände wagte man sich erst nach 1945. Dabei wurden die Routen grundsätzlich ohne Erkundungen von oben und ohne Verwendung von Bohrhaken eröffnet. Die ersten freien Begehungen wurden jedoch meist erst während der Renaissance des Freikletterns in den späten 60er und den 70er Jahren (noch vor der Akzeptierung der Bohrhaken) gemacht. Klassische Paraderouten der Wandkletterei sind *Freiburger Weg* (V+), *Dreiecksvariante* (VI–), *Stotterweg* (V+), *Uhrmacher-Quergang* (V), *Weiße Wurzel* (VI+), *Pfeilerverschneidung* (VII–), *Weserlandverschneidung* (VI), *Hummelweg* (frei VII–) und *Hohenstein-Quergang* (jetzt noch 220 m Kletterstrecke freigegeben, bis VI). Anspruchsvoller Fels in *Horst-Schneppel-Weg* (VI), *Existentialistenweg* (VI), *Fledermauskante* (VI), *Falkenweg* (VII), *Leisetreter* (VII–), *Hannemannweg* (VI–) und *Schotterweg* (V). Nur in Toprope und mit vorher angebrachten Bohrhaken eröffnet wurde bisher allein *Schweine in Weltall* (VII+).

Weitere Felsen An allen anderen Wänden des Naturschutzgebietes, so auch an der beeindruckenden Nordwand (mit dem größten Überhang Norddeutschlands) herrscht ein ganzjähriges Kletterverbot.

I: Hohenstein.

Hohenstein – Streit und konstruktiver Kompromiß

Zu Beginn des Jahres 1969 brachte die Nachricht von einem bevorstehenden Kletterverbot am Hohenstein die norddeutschen Kletterer auf die Beine. Ausgerechnet der um einen Aufkauf der Hohensteinhütte bemühte Wirt der benachbarten Pension hatte als erster die Nachricht verbreitet, und offenbar war etwas dran. Das Kletterverbot lag auch nur zu rasch vor.

In einem behördlichen Gutachten wurde mit Abbruchgefahr der markanten Felskanzel der Hirschkuppe und mit einer Gefährdung der eiszeitlichen Reliktflora argumentiert. Beides hatte noch niemand von den Kletterern wahrgenommen. Aber die Recherchen des rasch gegründeten Aktionsausschusses erbrachten, daß zumindest das erstgenannte Argument nicht stimmen konnte, weil die Haken in den Rissen zwischen Kanzel und Massiv nicht locker geworden waren. Die Existenz der Reliktflora war dagegen nicht so einfach zu widerlegen. Immerhin waren die Kletterer sich keiner Ausrottungsaktionen bewußt. Und da die seltenen Pflanzen echte Felspflanzen sein sollten, den Kletterern jedoch geläufig war, daß auch in den Routen weiterhin Pflanzen gediehen, wurde zu einer ersten Pressekonferenz mit einer Kletterdemonstration eingeladen. Gemeint war, vorzuführen, wie die Durchsteigung einer Route abläuft. Aber der Regierungspräsident hatte nur „Demonstration" gelesen und rot gesehen und ein Verbot der geplanten Demonstration im Naturschutzgebiet verfügt. Die Pressekonferenz mit Verteilung der Zeitung „Der Hohenstein" fand trotzdem statt und brachte den norddeutschen Blätterwald zum Rauschen.

Mit einem Besuch bei Professor Dr. Dr. Tüxen, dem Begründer der Pflanzensoziologie und Ersteller des Gutachtens, wurde versucht, mehr über die Pflanzen zu erfahren. Er lag gerade mit einem Rippenbruch im Bett, weil er an einer Klippe bei Pflanzenerkundungen mehrere Meter runtergefallen war, wurde jedoch nach anfänglichen Aggressionen rasch gesprächsbereit. Erstmals hörten Kletterer von der Westfälischen Brillenschote *(Biscutella laevigata guestphalica)* mit dem haploiden Chromosomensatz, die es bereits 1916 nur noch in höchstens 20 Exemplaren gegeben hatte. Und von der schon damals als ausgestorben erklärten Österreichischen Rauke *(Sysimbrium austriacum),* während die hübsche Felsennelke immerhin bekannt war. Mit den erhaltenen Informationen wurde eine Kartierung der Pflanzenstandorte durchgeführt. Sie erbrachte, daß die Zahl der Brillenschoten trotz einem halben Jahrhundert Klettern zumindest nicht abgenommen hatte, daß die Österreichische Rauke in Dutzenden von Exemplaren vorkam und daß von einer Gefährdung der Reliktflora überhaupt keine Rede sein konnte. Dies wurde dann auch bei einem ausgiebigen Besuch in der Lobby des Landtages möglichst vielen Abgeordneten gesteckt.

Bei einer gemeinsamen Ortsbegehung bestätigte Professor Tüxen die Korrektheit der Kartierung, war jedoch zugleich außer sich über die von der Forstverwaltung seit seinem letzten Besuch betriebenen Veränderungen, über die Betontreppe auf dem Waldweg, über eine entgegen der Naturschutzverordnung errichtete Betonhalle, über den entgegen der Naturschutzverordnung betriebenen Kahlschlag . . .

So ließ er sich zu der Kommentierung hinreißen, von den Schäden im Naturschutzgebiet gingen „höchstens 1%" auf das Konto der Kletterer. Und dazu stand er auch gegenüber der Öffentlichkeit. Woraufhin die Obere Naturschutzbehörde plötzlich kein Interesse mehr an dem Verfahren beim Verwaltungsgericht verspürte und es sehr eilig hatte, Ausnahmegenehmigungen zu erteilen.

Es folgten zwei Jahre auf dieser Ebene, mit Durchführung einer „Hohensteinwacht" und Warten auf ein genaues Gutachten. Und als das vorlag, wurde der historische Kompromiß einer Zonierung (Banngebiet westlich der Saugasse und Klettergebiet östlich davon) festgelegt – und auf Wunsch des Alpenvereins auch in die Naturschutzverordnung aufgenommen. Damit können alle Seiten leben: die Kletterer, die Naturschutzbehörden und die Reliktflora sowieso. Und daran hat seither niemand mehr rühren mögen.

Paschenburgwand

Ein Aschenputtel unter den Kletterwänden des Gebietes, verschrieen wegen seiner recht gemischten Felsqualität und drum nur etwas für Allroundkönner. Etwas Besonderes.

Lage Am Kamm des Wesergebirges westlich unterhalb vom Gasthaus Paschenburg (336 m). Von der Bahnstation Hessisch-Oldendorf zu Fuß über Welsede–Schaumburg 5 km. Zufahrt von der BAB-Ausfahrt Rehren 5 km.

Felsen 100 m lange, nach Süden gerichtete Bergrutschwand, bis 30 m hoch und im westlichen Teil von einigen kurzen, aber romantischen Klufthöhlen durchzogen. Jurakalke und -dolomite unterschiedlichster Qualität, von eisenfest Spitze über haarsträubend auf scherbenbrüchig und krümelnd bis zu schlicht einsturzgefährdet.

Ökologie Der hohe Laubwald verschattet die Wand im Sommer. Klettern ist im Rahmen der Regelungen des Biotopschutzparagraphen zulässig. Die östlichen Bereiche könnten bei weniger Vermüllung reizvoller sein. Und gelegentliche Sammelaktionen sind ein gutes – und nötiges! – Werk.

Kletterregeln Keine besonderen, aber naturschonendes Verhalten Ehrensache.

Routen Insgesamt 10 längere Routen, alle von unten eröffnet. Genußvoll *Das Wunder* (VI+) und *Tam-Tam* (VI), originell *Damokles* (IV+) und *Ruinen von Athen* (V), makaber der *Abriß* (V).

Weitere Felsen Von lokaler Bedeutung die PORTA-WAND bei Hausberge am Westende des Wesergebirges, der KÖNIGSBERG-STEINBRUCH bei Lohfeld, die MESSINGKLIPPEN oberhalb der Westendorfer Landwehr und die SCHANZENWAND am Ostende des Wiehengebirges.

Biotopschutzparagraph in Niedersachsen

Die Umsetzung des Biotopschutzparagraphen bezüglich der Felsen soll in Niedersachsen nach einer Erklärung des niedersächsischen Umweltministeriums (1992) nicht über eine unbegrenzte Freigabe bestimmter Felsen für das Klettern laufen, sondern indem alle bekletterten Felsen naturnah gehalten werden. Dies bedeutet, daß an jedem Felsbiotop (= Felsgruppe) Ruhebereiche ohne Klettern bleiben sollen, daß jedoch viele Felsen offen bleiben. Im einzelnen wird auf der Basis eines ökologischen Fachgutachtens ein räumlich differenziertes Konzept erarbeitet. Eine faire Lösung.

Pötzener Wand

Ein Hauch von Dro im Norden, eine Neuentdeckung der letzten Jahre. Plattenschwindel auf schiefer Ebene von ungewöhnlich sonniger Lage und für die Gegend unerhört großen Dimensionen, wenn auch mit kleinen Schönheitsfehlern.

Lage Auf der Südseite des östlichen Süntels, 2 km nordöstlich von Pötzen.

Felsen Die aufgelassene, 200 m lange, bis 50 m hohe geneigte Steinbruchwand aus Jurakalk ist überwiegend eine beim Gesteinsabbau herausgearbeitete natürliche Kluftoberfläche. Die kleinen Schönheitsfehler liegen in der Tatsache begründet, daß einige dünne Schichten von mürbem Fels die Wand horizontal gliedern und krümelnd auswittern, und in dem Ärgernis, daß über der Wand noch eine gut 10 m hohe Mergelböschung aufragt. Deshalb wird üblicher- und ratsamerweise nur bis zu den unterhalb davon angebrachten, gebohrten Abseilhaken geklettert. Dafür entschädigen die großzügigen, langen und genußvollen Routen aber reichlich.

Ökologie Der aufgelassene Steinbruch ist eine in absehbarer Zeit verheilende Wunde in der Landschaft. Botanische Raritäten gibt es nicht. Auf den Steinbruchflächen könnten sie sich erfahrungsgemäß bei der spontanen Wiederbesiedelung einstellen, wenn ihnen Raum gelassen würde.

Kletterregeln Verzicht auf den Ausstieg über die Mergelböschung, weil dadurch nur Mergel in die Routen gekrümelt wird. Wenn auf der Böschung Vegetation Fuß faßt, wird sie den Mergel noch besser binden und die Platten davon freihalten. Bitte keine zusätzlichen Haken schlagen.

Routen Bisher bestehen 22 Routen (IV bis VI–), die alle von unten eröffnet wurden. Die erste Linie war 1981 *Fingerübung* (III+), besonders hübsch sind *Triangel* (IV+), *Großer Paukenschlag* (V+) und *Kleiner Paukenschlag* (VI–), zugleich ernsthafter *Rassel* (VI–) und *Adagio* (VI–). Die prächtige *Große Oper,* die immer entlang dem oberen Rand der Platten verläuft, und die tiefer verlaufende, etwas leichtere, aber sparsamer gesicherte *Operette* sind mit je 4 bis 5 Seillängen die großzügigsten Plattenquerungen, die Norddeutschland zu bieten hat (je fast 200 m Kletterstrecke, bis V, teilweise mit langen Run-outs).

Klettergebiets-Patenschaften

Bei einer Sitzung des Norddeutschen Sektionen-verbandes des Alpenvereins wurde sie 1983 geboren, die Idee der Patenschaften für Kletter-gebiete. Sie sollten den unreflektierten Besuch der sektionsnächsten Kletterfelsen, aus dem oh-nehin schon von selbst Wertschätzung und Hei-matgefühle erwachsen, durch eine bewußte Be-treuung ergänzen.

Als Aufgaben wurden formuliert:

1. Möglichst oft im Gebiet anwesend sein (unauf-fällig, leise).

2. Abfälle und Müll wegsammeln (auch den von anderen Leuten). Mit Förster und Gemeinde abstimmen, wohin er gebracht werden kann.

3. Sicherungsmaßnahmen durchführen (u. a. Hakensanierung, mit Notfalldiensten Rettungs-wege durchsprechen).

4. Informationen über Besonderheiten des Ge-biets sammeln (geologisch, botanisch, zoolo-gisch, historisch). Wo zur Erhaltung von Rari-täten nötig, auch selbst Kletterbeschränkungen ausrufen.

5. Kontakt zu lokalen Eigentümern halten, dort um Verständnis für den Klettersport werben, auf eventuelle Unzufriedenheiten und Be-schwerden eingehen sowie Kontakt und Zu-sammenarbeit mit den lokalen Naturschutzor-ganisationen (z. B. BUND usw.) suchen.

6. Konzentration der Zugänge und Abstiege auf möglichst wenig Fläche, eventuell Wegebau (nach vorheriger Abstimmung mit Förstern, Eigentümern und Naturschutzbehörden).

Die Idee setzte sich durch. Und sie erwies sich als wichtig nicht nur zur Erhaltung der Kletterge-biete selbst, sondern auch für die Erhaltung des Zugangs zu den Felsen. Innerhalb des Alpenver-eins führte sie nach einigen Jahren zur formellen Aufnahme der Betreuung von Klettergebieten als reguläre Arbeitsgebiete der Sektionen. Daß diese bisher nicht überall befriedigend verläuft, hat z.T. zur Bildung von „Interessengemeinschaften Klettern" geführt. Damit die Interessenvertre-tung der Kletterer gegenüber der Öffentlichkeit und Behörden gelingt, ist es allerdings nötig, daß zwischen diesen und den Alpenvereinssektionen keine Rivalitäten kultiviert werden, sondern daß an einem Strang gezogen wird.

Susanne Hornburg in der „Großen Oper" (V) an der Pötzener Wand.

Ith

Das Schatzkästlein der norddeutschen Kletterer. An dem langen Schichtkamm stehen besonders die Lüerdisser und Holzener Klippen für verschwenderisch griffigen Luxusfels an originell geformten Türmen und Massiven, steil, sonnig, mit der ausgezeichneten Infrastruktur des DAV-Jugendzeltplatzes Ith als Treffpunkt und Unterkunft. Letzterer wurde mit sechsstelligen staatlichen Zuschüssen eingerichtet, um den Schwerpunkt der Kletteraktivitäten vom Hohenstein weg zum Ith zu verlegen. Dies gelang voll, nicht zuletzt weil der Fels hier nach Regen rasch wieder abtrocknet. Aber auch, weil die Felsen so verwöhnend nahe am Zeltplatz liegen.

Lage 4 km nördlich bzw. östlich von Eschershausen, oberhalb von den namensgebenden Dörfern. Der Zeltplatz liegt am Kamm dicht oberhalb von den südöstlichen Lüerdisser Klippen, nordwestlich vom Paß der Straße Eschershausen–Gronau. Nächste Bahnstation Stadtoldendorf (9 km; Rad!).

Felsen Die Lüerdisser Klippen mit 27 Türmen und Massiven bis 30 m Höhe, die Holzener Klippen mit 10 Türmen und Massiven bis 25 m Höhe. Der löchrige Juradolomit ist als kaum zu überbietender Genußfels verschrieen, in dem man oft auch ganz unglaublich erschröckliche Überhänge bei erträglichen Schwierigkeiten frei überwinden kann. Oft, nicht überall. Es gibt auch spartanische Platten mit fingeraufrollend kleinen Griffchen, an denen die Masochisten der obersten Grade voll auf ihre Kosten kommen.

Ökologie Die meisten größeren Felsen sind als Naturdenkmale ausgewiesen. Die für die höchsten Jurafelsen typischen Blaugrasgesellschaften haben sich an den auf Wunsch der Kletterer von der Forst freigestellten Felsen bis zum Wandfuß ausgedehnt. Außergewöhnliche Raritäten sind nicht bekannt, diese Pflanzengesellschaft gilt jedoch allgemein als schutzwürdig. Die am nördlichen Ithbogen gelegenen Coppenbrügger und Bessinger Klippen mit seltener Schluchtwaldvegetation sind als Teil eines Naturwaldreservates mit einem ganzjährigen Kletterverbot belegt. Ebenso wie alle Felsen des bei Springe gelegenen Kleinen Deisters.

Kletterregeln Die alten Haken der Pioniergeneration sind inzwischen an den Lüerdisser und Holzener Klippen weitgehend durch Bohrhaken ersetzt. Wo Klemmkeile oder verläßliche Sanduhrschlingen gelegt werden können, wird dies jedoch vorausgesetzt. Und dabei soll es bleiben, damit das Klettern an diesen Naturdenkmalen nicht in die Schußlinie kommt. Wegen der beängstigenden Beliebtheit der Felsen sind als Zugang zum Fels die zur Reduzierung von Trittschäden liebevoll angelegten Klippenwege genau einzuhalten und pfleglich zu benutzen. Um auch einige Bereiche ganz im Urzustand zu halten, wird an den nördlich benachbarten Dielmisser Klippen und den abgelegene-

△ 1: Dielmisser Klippen (derzeit gesperrt), 2: Lüerdisser Klippen, 3: Scharfoldendorfer Klippen, 4: Holzener Klippen.

◁ **Das Kamel in den Lüerdisser Klippen – Wahrzeichen des Südlichen Ith.**

Andrea Geile in der Zwillingsturm-Nordwestwand (V).

ren der Scharfoldendorfer Klippen auf das Klettern freiwillig verzichtet. Im Zuge der Umsetzung des neuen Biotopschutzparagraphen werden an fast allen Felsen Tabubereiche ausgewiesen und direkt am Fels mit dem Zeichen x markiert. In diesen Bereichen darf künftig nicht mehr geklettert werden. Außerdem besteht seit Frühjahr 1992 an allen Naturfelsen Niedersachsens ein striktes Neutourenverbot.

Geschichte Geklettert wird am Ith seit der Jahrhundertwende, intensiver allerdings erst seit der größeren Verbreitung der Seuche Autofahren. Die Haupterschließung der klassischen Routen erfolgte in den 50er und 60er Jahren, die Freikletterererschließung im Gefolge der Definition der UIAA-Skala und unter dem Einfluß von Elbsandsteinbesuchen seit 1967. Das Pushen höherer Schwierigkeitsgrade begann um 1977. Wenn es zuerst auch weiter mit Erstbegehungen von unten verbunden war – besonders bravourös 1979 am KROKODIL mit *Anaconda* (VII) durch Milan Sykora – degenerierten diese allerdings bald weitgehend zu Toprope-Erschließung.

Routen An den Lüerdisser Klippen 330, an den Holzener Klippen 303 Routen – womit eigentlich die erträgliche Routendichte schon überschritten ist. Außergewöhnlich lohnende Routen zu nennen, erübrigt sich, denn eigentlich sind alle Sonderklasse, darunter auch viele leichtere. Eine besonders breite Auswahl an Genußklettereien um IV bis V bieten ZWILLING mit *Südwestwand* (IV+) und *Nordwestwand* (V), MITTAGS-FELS, u. a. mit *Westkante* (IV+) und *Kesselweg* (V–), HADERTURM mit *Westkante* (IV+), *Nordwestverschneidung* (IV) und *Nordwestwand* (V–), TEUFELSTRICHTER mit *Nordwestwand* (IV–), *Mittelweg* (IV), *Nasenweg* (V–), *Südwand* (IV+) und der erst kürzlich durch Felsausbruch schwieriger gewordene *Dachweg* (jetzt VI–). Besonders ruppig die BUCHENSCHLUCHTFELSEN mit *Amselweg* (VII–), *Steifer Bock* (VII+) und *Dachriß* (VIII–), der MAUERHAKENTURM mit *Südwestwand* (VI), der WECHSELSTEIN, u. a. mit dem Idealo *Wechselverschneidung* (VI+) und dem Brutalo *Fliegerwandl* (VIII–). Weiter der PILZSTEIN mit Boulderclassics wie *Westriß* (VI), *Zickzackwandl* (VI+) und dem Powerding *Hang or hang not* (VIII–). Das originell geformte KAMEL mit *Talseite Briefkasten* (VI–) und der einmaligen *Dachverschneidung* (VIII+). Das prallbauchige KROKODIL mit *Kakteenweg* (V+), *Südostriß* (VI), *Talseite* (VIII+), *Anaconda* (VII+), dem ernsten *Teamwork* (VIII-/E3) und *Gewalt der Gewaltlosen* (IX+). In Holzen bestechen vor allem die herrliche DRACHENWAND mit *Drachentöter* (VII–), *Via Ferrata* (VII), *Saftkante* (VII+), *Schulterriß* (IX–) und *Rotation* (IX+) sowie die edle VERSCHNEIDUNGSWAND und die HIMMELSLEITERWAND.

Weitere Felsen Ähnlichen, aber weniger festen Fels und erheblich längere Zugänge haben die Dohnsener, Haller und Bremker Klippen am Mittleren Ith und die Bisperoder und Marienauer Klippen am Nördlichen Ith.

In der „Dachverschneidung" (VIII+) am Kamel.

In memoriam Kinastturm

Der Kinastturm war einer der größten selbständigen Felstürme am Ith, 20 Meter hoch, allseits überhängend. Zu Beginn der 30er Jahre galt er als eine der noch nicht bewältigten Herausforderungen in Norddeutschland. Nach einigen wegen Mangel an Sicherung gescheiterten Versuchen hatte „Henry" Kinast, der damalige Meister der Hannoveraner „Klammeraffen", eine Idee. Ganz sauber war sie nicht. Und auch nicht ganz originell, denn am Dent du Géant hatten einige abgewiesene Möchtegernerstbesteiger sie auch schon mal gehabt. Die Idee war ein Seil von oben. Aber im Gegensatz zum Dent du Géant, wo man das Seil mit einer Rakete über den Gipfel schießen wollte, sollten sanftere Mittel angewendet werden: mit einem Katapult einen Zwirnsfaden über den Gipfel schießen, daran einen dünnen Bindfaden hinüberziehen, daran einen dickeren Bindfaden und daran ein Seil. Im Gegensatz zu dem für den Dent du Géant gelang dieser Plan. Und so wurde der Kinastturm denn in dem gleichen miserablen Stil erstbegangen, wie er heute unter der schicken Bezeichnung „toprope" nur zu oft bei der Erzeugung neuer Routen angewandt wird, denen man eigentlich nicht voll gewachsen ist. Wenn dies die einzige traurige Berühmtheit wäre, dann befände sich der Turm zwar in guter Gesellschaft mit vielen weiteren schönen Felsproblemen, aber das wäre zu verschmerzen. Ein anderes Ereignis machte ihn jedoch noch bekannter: Im Jahre 1937 wurde er nämlich von Segelfliegern gesprengt. Nicht daß er den Flugzeugen im Wege und deshalb gefährlich gewesen wäre. Er stand immerhin weit unterhalb vom Fluggelände im Wald. Nein, es geschah einfach so, aus Mutwillen. Ein Beispiel für den Verlust eines begehrten Kletterzieles nicht an Verkehr oder Militär oder Wirtschaft oder Naturschutz, sondern nur, weil ein paar Leute einmal mit Sprengstoff hantieren wollten.

Selter

Nach Nordosten und Norden gerichtet und in wuchernden Urwäldern stehend, sind diese Klippen nur nach
längeren Trockenperioden als Hochsommerkletterziele
so richtig attraktiv. Und auch dann nur in Auswahl der
kahlen Felspartien gelegen.

Lage An der Westflanke des Leinetals zwischen
Kreiensen (Bahnstation, 5 bis 7 km bis zu den Felsen)
bzw. Erzhausen und Freden, oberhalb der Ortschaft
Naensen.

Felsen Erzhausener Klippen mit 40 Massiven und
Türmen von 10 bis 30 m Höhe. Fredener Klippen mit
20 Felsen, 15–25 m hoch. Der Juradolomit ist großbankig, und die Schichten sind stark bergwärts geneigt,
wodurch sich oft ansteigende Dächer bilden. In der
Feinstruktur finden sich sowohl Löcherfels mit Sanduhren und allerlei Klemmkeilrissen wie auch entnervend
kompakte Platten. Die originellsten Felsgestalten sind
die allseits weit überhängende KEULE und der nach
drei am Gipfel kümmernden Fichten benannte
VIERTANNENTURM sowie die mächtigen, kompakten
Dachüberhänge von RÄUCHERSCHINKEN und ULTRA-
DÄCHERN.

Ökologie Der Wald ist Genossenschaftsforst, in dem
sich die Eingriffe in Grenzen gehalten haben. Entsprechend der nordseitigen Lage ist der Wald überdurchschnittlich feucht und beherbergt eine seltene Schlucht-
waldflora. Große Teile der Felsoberflächen sind mit
üppigen Schonbezügen aus Moos, Kräutern und Algen
überzogen, so daß es nicht schwer fällt, sie zu meiden
und sich auf die kahlen Partien zu konzentrieren. Im
übrigen sorgt die eindrucksvolle Unattraktivität des
Gebietes in und noch lange nach Regenperioden dafür,
daß die Vegetation immer wieder reichlich Zeit zur
Regeneration hat. Neutourenverbot!

Kletterregeln Wenn schon auch einmal über ein
begrüntes Stück Fels zu klettern ist, dann behutsam und
ohne Putzaktion. Wo zur Schonung der Vegetation vor
dieser Umlenkhaken angebracht sind, wird um deren
Benutzung gebeten. Wo Klemmkeile und Schlingen
gelegt werden können, sind Haken überflüssig und
verpönt. Die demnächst gekennzeichneten Tabubereiche sind auch hier im Interesse der Offenhaltung des
Gebietes zum Klettern genau zu respektieren. Nur die
markierten Wege benutzen.

Geschichte Die ersten Besteigungen wurden in den
30er Jahren durchgeführt, so die erste Ersteigung der
Keule 1935 durch Henry Kinast und sein Hannoveraner
Gefolge. In den 60er Jahren gab es eine intensive
Eisenzeit mit (teilweise winterlicher) Erschlossung der
sehr kompakten Wände unter ausschließlichem Einsatz
von oft windigen Normalhaken und Knotenschlingen.
Die Freiklettererschließung erfolgte im wesentlichen
erst nach dem Fall des Bohrhaken-Tabus.

Routen Insgesamt etwa 350 Routen, darunter nur
wenige lohnende für Anfänger. Die schönsten klassischen Genußkletterein um IV und V sind im Südteil
der Erzhausener Klippen, an der BASTEI, u. a. *Mär-
chenweg* (IV+) und *Runder Riß* (V+), und ihren Nach-
barfelsen, am zahlreichsten. Eine besondere Häufung
extrem schwieriger Idealrouten ist an den bereits oben
genannten Topfelsen zu finden. An der KEULE *Alter
Weg* (VI), *Strecke der hohen Verkehrssicherheit* (VIII–)
und *Magnus der Magier* (IX). Als die derzeit größten
Herausforderungen gelten an den ULTRADÄCHERN
Charlie's Messer (X) und an der GALERIEWAND
Enfants terribles (X).

Weitere Felsen DÖRWAND mit Delligser Steinbruch
(siehe Kasten S. 49) am Steinberg, LIPPOLDSHÖHLE-
FELSEN bei Brunkensen am Helleberg.

Die allseits überhängende Felsgestalt der Keule.

Kanstein

Schon Hermann Löns hat sie romantisch verklärt beschrieben, diese Welt von schattigen, oft atemberaubend schlanken Türmen am nordseitigen Waldhang des Thüster Berges.

Lage Oberhalb von Ahrenfeld, 7 km südlich der Bahnstation Osterwald, liegt am Waldrand die Kansteinhütte der Alpenvereinssektion Hannover. 300 m westlich davon leitet eine Forststraße in 30 Minuten zu den Klippen.

Felsen Die 41 Massive und Türme erreichen Höhen zwischen 15 und 25 m. Auch hier steht, ebenso wie am Ith, auf der anderen Seite der geologischen Mulde, Juradolomit an. Wenn es aber am Ith üblich ist, hochzugreifen und einen Henkel oder zumindest einen passablen Griff zu erwischen, so ist da am Kanstein nur zu oft „nischt, einfach garnischt". Und nach Regen erinnert die Oberflächenbeschaffenheit des Gesteins lebhaft an Schmierseife.

Ökologie Als Ausgleich für die Sperrungen am Hohenstein wurde ein Teil der Felsen in den frühen 70er Jahren freigestellt, aber wegen der nordseitigen Lage bleiben sie trotzdem schattig und feucht. Obendrein wuchert der Jungwald inzwischen wieder hoch. Durch die Feuchtigkeit nur zu oft ruhiggestellt und durch den gar nicht so kurzen Aufstieg vor gefaulen Leuten sicher, leidet der Kanstein nicht an Überbevölkerung. Abgesehen vom originalen Lindenwald auf den Klippenköpfen ist auch die Pflanzenwelt nicht außergewöhnlich – und obendrein durch von Straßenbau und Forstmaschinen eingeschleppte Brennesselfluren überfremdet.

Kletterregeln Naturschonendes Verhalten ist absolutes Gebot. Klemmkeile haben Priorität vor Haken. Zum Zugang nur die bezeichneten Wege nutzen.

Geschichte Geklettert wird hier seit der Jahrhundertwende, denn der Kanstein war von Hannover aus mit Bahn und Rad am raschesten zu erreichen. Die verblüffend realistisch geformte LIEBESNADEL wurde bereits 1903 erstmals bestiegen. Und schon in den 20er Jahren bezwang man am AHRENSFELS den Ahrensriß (VI–), der erst seit der Erfindung der breiten Klemmkeile seinen Schrecken verloren hat. Der Trend zur Freikletterei der schärferen Richtung begann hier ebenso früh wie am Ith, also etwa 5 Jahre vor der Erfindung des legendären roten Punktes im Frankenjura.

Routen Etwa 250, darunter auch viele lohnende Anfängerrouten. Am lohnendsten ist die Gruppe der großen Türme: LIEBESNADEL mit *Normalweg* (III+) und *Nordwand* (VII), FALKENTURM mit *Rüsselweg* (III), *Alte Nordwand* (VI–) und *Direkte Nordwand* (VI+), KONKURRENZTURM mit *Normalweg* (II) und *Talseite* (VI+) sowie der MITTAGSFELS. Aber auch sonst gibt es so allerlei Prachtstücke von Fels – wenn sie mal trocken sind.

Weitere Felsen Ausgedehnte, hohe, überwiegend brüchige alte Steinbrüche am Ostende des Thüster Berges bei Marienhagen (im unteren Bruch *Ein Kampf um Rom* als wildeste Hakenroute des Nordens; 60 m, A3/V) und am Westende des Höhenzuges, am Bockshorn, oberhalb von Salzhemmendorf.

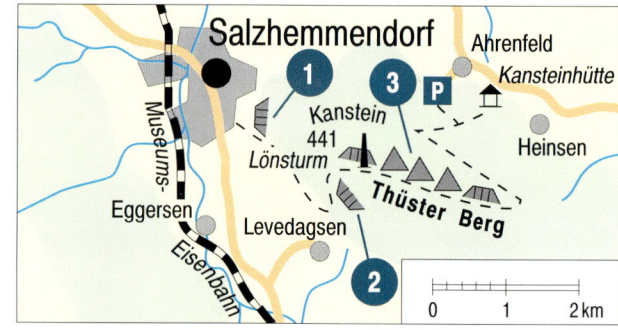

I: Bockshorn-Steinbruch, 2: Levedagser Klippen, 3: Kanstein (Ahrenfelder Klippen).

Der Mittagsfels mit seinem originellen Gipfelaufbau.

Die Posse vom Delligser Steinbruch

Am Steinberg bei Delligsen gibt es einen großen Steinbruch, der 1965 aufgelassen wurde. Dies war einer der seltenen Glücksfälle, wo Steinbruchtätigkeit eine zum Klettern brauchbare und reizvolle Felswand hinterlassen hatte. Eine vielfältige und schutzwürdige Vegetation hatte sich auf dem Grunde angesiedelt, mit Raritäten wie mehreren Orchideenarten und Fransenenzian. Und der zuständige Naturschutzbeauftragte hatte schon laut darüber nachgedacht, daß der Bruch unter Schutz gestellt werden müßte.

Kurz nach der Sperrung eines Teils der Hohensteinwand eröffneten einige Kletterer dort ein ganze Serie großzügiger Routen. Und dann entdeckten die Kletterer den Vortrieb einer neuen Straße. Und dann erfuhren sie vom Plan, in dem Bruch eine Deponie für Industriemüll einer Gießerei und eines Glaswerkes einzurichten.

Und sie fanden das nicht gut, auch wegen der Gefährdung des Grundwassers und seltener Pflanzen. Das sagten sie auch einem Reporter. Der schrieb darüber in seiner Zeitung. Woraufhin die Naturschutzbehörden nichts sagten. Und die Eigentümer ein Kletterverbot aussprachen. Als der Bruch nach einigen Jahren zur Hälfte verfüllt war mit Bergen von Glasbruch und ölhaltigen Formsanden und werweißnichtwassonst, wurde das Deponieren beendet, weil die Friedrich-Carl-Hütte Pleite machte. Aber auch nun darf man dort nicht klettern, selbst wenn man die Verschandelung geflissentlich übersehen wollte. Denn seit 1989 ist der Bruch unter Naturschutz gestellt . . .

Hannoversche Klippen

Beachtliche und hübsch gelegene Felsmassive an der Oberweser.

Lage Am Nordhang der Weser schräg gegenüber von Bad Karlshafen, östlich vom als Schrottreaktor verschrieenen Atomkraftwerk Würgassen, 1 km vom Dorf.

Felsen Die 4 am Talhang gelegenen gratartigen Pfeiler sind bis 80 m hoch und bestehen aus gebanktem und gestuftem Buntsandstein von passabler Qualität.

Ökologie Neuerdings Naturschutzgebiet. Es ist unklar, ob Klettern weiterhin zulässig bleibt.

Routen Insgesamt nur ein halbes Dutzend, aber originell. Der WESTLICHE PFEILER mit dem *Sachsenweg* (IV) ist die längste und der MITTELPFEILER mit dem *Tillmannweg* (V) die schwierigste Route.

Weitere Felsen Großartige 50 m hohe Wände aus Muschelkalk gibt es bei Steinmühle und am Breitenstein bei Rühle. Sie stehen unter Naturschutz und werden nicht beklettert. Die festeren, wenn auch durch Abfälle der Porzellanfabrik vermüllten Buntsandsteinwände bei Fürstenberg boten einige gute Routen (u.a. *Fürstenberg Spezial 4712*, IV). Sie wurden jedoch unter Naturschutz gestellt. Und das Klettern wurde verboten.

Göttinger und Reinhäuser Wald

Die niedrigen Buntsandsteinquacken des südlich von Göttingen gelegenen Höhenzuges werden von den deutlich höheren Steinbruchwänden klar deklassiert.

Lage Östlich und südöstlich von Göttingen und Reinhausen in unübersichtlichem Gelände bis Waake und Bremke hin.

Felsen Unter den Naturfelsen besonders lohnend ist die bis 15 m hohe KNUBBELWAND, am markantesten der aufgelassene, bis 25 m hohe Steinbruch der HAUWAND. Der Sandstein wurde ohne Sprengungen abgebaut, ist jedoch sehr weich und hat phantasielos glatte Flächen.

Ökologie Teilweise seltene Moose und Farne. Nach allerlei Streitereien wurden die Felsen teilweise mit Kletterverbot belegt. 1991 wurden vom Technischen Hilfswerk an mehreren Felsen mit schwerem Gerät und Schneidbrennern die einzementierten Haken abgesägt, unter Beschädigung der natürlichen Felsoberfläche – im Namen und Auftrag der Unteren Naturschutzbehörde. Bemühungen um Wiederfreigabe laufen.

Routen Am eindrucksvollsten *Das Physikum* (VI+) an der HAUWAND.

Weitere Felsen Nördlich von Göttingen bei Benniehausen und Harderode weitere alte Sandsteinbrüche.

Harz

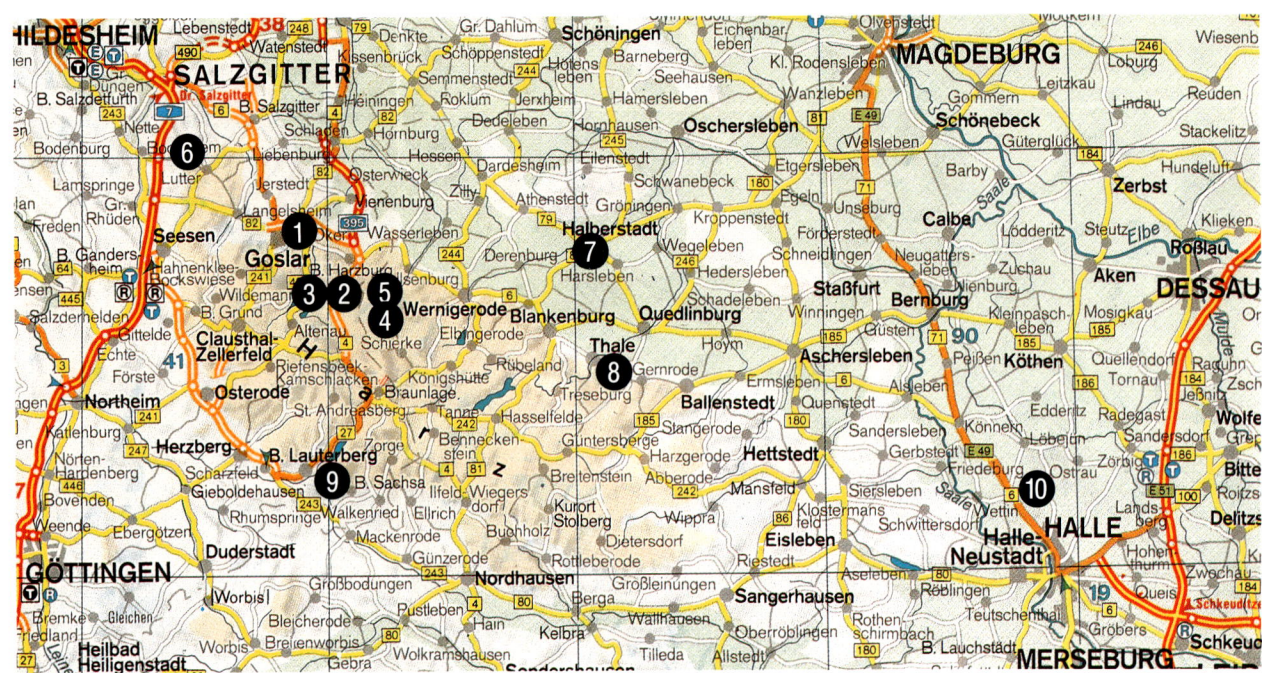

1: Okertal, 2: Eckertal, 3: Gabbrowand im Radautal, 4: Brockengebiet, 5: Ilsetal, 6: Bodensteiner Klippen, 7: Halberstädter Berge, 8: Regenstein und Teufelsmauer, 9: Südlicher Harzrand, 10: Gebiet Halle/Löbejün.

Okertal: Mit dem Auto über die A7 bis zur Ausfahrt Rhüden und über Goslar 22 km nach Oker. Von Braunschweig auf der A395 über das Bad Harzburger Dreieck dorthin. Bahnstation in Oker. Von Oker 3 km talaufwärts (auch Busverkehr) zum Klippengebiet.

Eckertal: Von Braunschweig auf der A 395 nach Bad Harzburg oder von der BAB-Ausfahrt Rhüden auf der B82 dorthin. Bahnstation in Bad Harzburg. Von dort mindestens 6 km zu Fuß zu den Raben- und Hausmannklippen.
Zur Gabbrowand im Radautal: Von Bad Harzburg auf der B4 1 km nach Süden (Busverkehr).
Halberstädter Berge: Von Bad Harzburg auf der B6 bis nach Westerhausen (Kamel) oder auf der B81 nach Halberstadt (Klusfelsen).
Ilsetal: Vom Bad Harzburger Dreieck (A395) auf der B6

12 km nach Ilsenburg.
Brockengebiet: Von Ilseburg auf der meist verstopften Harzrandstraße B6 9 km nach Wernigerode. Von dort auf noch staufreudigerer Straße über Hassenrode nach Schierke. Besser mit der idyllischen Harzquerbahn von Wernigerode zur Steinernen Renne und nach Schierke (Feuersteine).
Blankenburger Teufelsmauer: Von Wernigerode weitere 16 km auf der B6 nach Blankenburg.
Südharz: Auf der A7 bis zur Ausfahrt Seessen und auf der B 243 30 km weiter bis nach Scharzfeld (Bahnstation). Bis

Bad Sachsa noch weitere 10 km.
Bodensteiner Klippen: Auf der A7/E45 bis zur Ausfahrt Bockenem und östlich noch 3 km weiter nach Bodenstein.
Gebiet Halle: Von Magdeburg auf der B71 59 km über Bernburg und Könnern nach Domnitz und auf einer östlichen Nebenstraße 5 km weiter nach Löbejün bzw. noch weitere 6 km zum Petersberg (10 km von Halle entfernt).
Gebiet Leipzig: Auf der A14 bis zur Ausfahrt Naunhof und nördlich 3 km weiter bis zum Kohlenberg.

Der Öhrenfeldturm im Brockengebiet.

Das nördlichste der deutschen Mittelgebirge beherrscht die umgebenden Ebenen und Tafelländer schon immer mit dem richtigen Tausendmetergipfel des Brocken. Seine höchste Kuppe zeigte schon vor dem Sauren Regen eine waldlose Glatze. Kraftwerke, Industrie und Autoverkehr arbeiten jedoch unermüdlich daran, diese Qualität der Aussicht auch anderen Harzgipfeln zu verschaffen. Den Fremdenverkehr, der den tausend Jahre lang betriebenen Erzbergbau schon lange als Erwerbsquelle abgelöst hat, stören solche Umweltschäden ebenso wie jene, die die ursprüngliche Harzlandschaft um ihrer selbst willen erhalten sehen möchten. Nach der deutschen Teilung konzentriert sich die Naturschutzdiskussion im Harz vor allem auf das Projekt Nationalpark. Die Diskussion um die Abgrenzung überdeckt zeitweilig, wie tiefgreifend die Veränderungen der ursprünglichen Landschaft durch menschliche Eingriffe bereits seit Jahrhunderten sind, sei es durch die Forstwirtschaft, sei es durch saure Niederschläge. Die Verwirklichung des geplanten Nationalparks wird demnach nicht nur Herausforderung zur Erhaltung sein, sondern mehr noch zur Renaturierung. Wieweit die großen landschaftsbedrohenden Ursachen,

wie die Luftverschmutzung, der Autoverkehr oder das erschreckend engmaschige Forststraßennetz, dabei zum Thema gemacht werden und wieweit zu Ersatzhandlungen, wie z. B. Schließung weiterer Wander- oder Skiwege, Fahrradverteufelung oder weiterer Kletterverboten, gegriffen wird, ist noch nicht entschieden.
Im zentralen Bergland gibt es lediglich niedrige Felsburgen aus großblockigem Granit. Die größten natürlichen Felsen finden sich an den Hängen der tief in die uralte Rumpffläche eingeschnittenen Täler. Im nördlichen und südlichen Vorland ragen hier und da meist niedrige Klippen aus den Erhebungen des Kreidesandsteins und Zechsteindolomits.
Mit in dieses Kapitel einbezogen wird auch die sich östlich vom Harz erstreckende Halle-Leipziger Bucht. Dieses von sanften Kuppen gebildete Minigebirge ist gleichfalls die alte, abgeflachte paläozoische Landoberfläche, hier nur weniger hoch angehoben als im Harz. Fast alles, was es hier an Felsen gibt, ist das Ergebnis von oft jahrhundertelangem Gesteinsabbau. Als die Steinbrüche schließlich aufgegeben wurden und die Pumpen abgestellt blieben, füllten sie sich in ihrem Grunde meist mit idyllischen kleinen Seen.

Okertal

In der Südwand (IV) des „Okertaler Matterhorns", der Rabowklippe im Hochgebirgsjägerweg (VI–).

Das wichtigste Klettergebiet in kristallinen Gesteinen in Norddeutschland. Das tief eingeschnittene Tal mit einem nach Quantität und Qualität sehr reichhaltigen Felsangebot hat eine bis zur Jahrhundertwende zurückreichende Klettertradition.

Lage Auf der Nordseite des Westharzes, östlich von Goslar, nur 3 km südlich von der Bahnstation Oker.

Felsen Das Okertal ist mit über 150 Felsen aus einer Fülle von unterschiedlichen Gesteinen ausgestattet („klassische Quadratmeile der Geologie", weil hier auf engstem Raum Gesteine aus allen Erdzeitaltern zu finden sind). An den für das Klettern interessantesten Felsen herrscht ein fester, grobkristalliner, meist von der Wollsackverwitterung geprägter Granit vor. Dane-
ben finden sich jedoch auch sehr lohnende Routen in kontaktmetamorph in Richtung Hornfels veränderten Devonkalken (z. B. Rabowklippe und Wasserfallfelsen), Schiefern (Mulltalskopf) und Sandsteinen (Kahberg). Es gibt zahlreiche sehr schöne Routen aller Schwierigkeitsgrade. Charakteristisch sind lange, mit oft nur geringen seitlichen Wandhöhen am Hang emporziehende Grate, deren Überschreitung zügiges Langstreckenklettern als solide Vorbereitung auf das Hochgebirge erlaubt.

Ökologie Das Okertal ist alles andere als unberührte Natur. Die immer noch vorherrschenden Fichtenmonokulturen sind weder von der Waldgesellschaft noch von den Baumsorten standortgemäß, und erst in jüngster Zeit lassen sich erste Bemühungen erkennen, dies zu ändern. Vom Harzer Erzbergbau ist das Felsgebiet zwar direkt nur wenig betroffen gewesen, aber indirekt, über die Schwermetallvergiftung der Gewässer und Böden, durch Abgase der Erzhütten und Auswaschung aus den Halden, sehr wohl. Einen starken Eingriff bedeutete der Bau der Okertalsperre, der zur Verödung des Okerbaches führte. Veränderungen an den natürlichen Felsen beschränkten sich auf die in das Tal gezwängten Verkehrsbauten, am auffälligsten die heftig befahrene Bundesstraße. Trotz des Status als Landschaftsschutzgebiet erfolgte noch bis 1990 ein intensiver Ausbau und Neubau von Forststraßen . . . Als Ausgleich gibt es in den letzten Jahren auch hier eine Diskussion um spürbare Einschränkung des Kletterns . . .

Am Treppenstein-Westgrat (IV), im Hintergrund der Treppensteinturm.

Routen Insgesamt über 400, davon etwa 100 längere, die weitgehend selbst abzusichern sind. Straßennah und daher besonders stark besucht – und entsprechenden Verkehrsimmissionen ausgesetzt – lockt die prächtige, aus Granit aufgebaute MARIENWAND mit absoluten Klassikern wie *Südostgrat* (100 m, II), *Südwand* (50 m, IV), *Südwestkante* (IV+) und *Balkonweg* (VI), der SCHLAFENDE LÖWE mit u.a. *Südostkante* (40 m, IV–), *Hühnerstallkante* (VI–) und *Molybdänverschneidung* (VI) sowie der ESCHWEGEFELS mit u.a. *Südkamin* (III+) und *Plattenweg* (III+). Ruhiger und romantischer sind die etwas weiter hangaufwärts gelegenen Felsen wie DÜLFERKLOTZ mit u.a. *Überschreitung* (100 m, III), *Nordostwand* (30 m, IV+), UHUFELS mit u.a. *Gratweg* (120 m, III+), *Nordwand* (25 m, V), *Ostwand* (40 m, VI/A0 oder VII–) und *Nordostwand* (VI/A3, jetzt VII+). Weiter die TOFANA mit u.a. *Ostwand* (50 m, III+), die ADLERKLIPPEN mit u.a. *Gratweg* (140 m, IV), der ZIEGENRÜCKEN mit u.a. *Westpfeiler* (III+), *Nordwestgrat* (V–), *Westwand Via Fritz* (VI/A1 bzw. VIII–) und *Holzkeilriß* (VII–), vor allem aber der Idealfelsen KURFÜRST mit exzellenten Routen wie u.a. *Gratweg* (100 m, IV+), *Linker A-Riß* (VI+), *Weg der Arbeit* (30 m, VI+) und *Walfisch* (VII–). Der mit Abstand mächtigste, extremste und reichhaltigste Felsen ist der TREPPENSTEIN mit u.a. *Gratweg* (insgesamt 300 m, IV), *Alte Nordwand* (VI–), *Große Nordverschneidung* (35 m, VI+), *Bösewicht* (VI+), *Dach I* (VII–) und *Weg der Jugend* (VII–). Im metamorphen Devonkalk der weithin recht feingriffigen, bis Ende Juli gewöhnlich wegen Vogelschutz gesperrten RABOWKLIPPE (= „Okertaler Matterhorn") gibt es als schönste Anfängerroute den *Gratweg* (200 m, II+) und Steileres wie *Alte Südwand* (IV), *Hochgebirgsjägerweg*

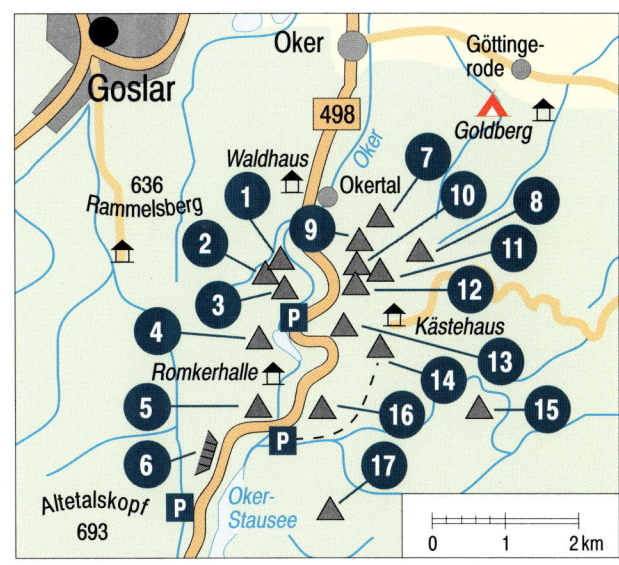

1: Adlerklippen, 2: Kahbergsklippen, 3: Marienwand, 4: Scheckenköpfe, 5: Rabowklippe, 6: Mulltalskopfplatten, 7: Achtermannstalgruppe, 8: Teufelstalgruppe, 9: Ziegenrücken, 10: Kuhschietentalsklippen, 11: Studentenklippen, 12: Treppenstein, 13: Eselsrücken, 14: Kästegruppe mit Kurfürst u.a., 15: Romkerkopfgruppe, 16: Wasserfallfelsen, 17: Ahrendsberggruppe.

(60 m, VI–) und *Goldener Mittelweg* (V+). An den durch einen Straßenanschnitt entstandenen MULLTALS-KOPFPLATTEN findet sich delikat glatte Reibungskletterei wie *Katzenpfötchen* (IV), *Tausendfüßler* (IV–) und *Fliegenverschneidung* (V).

Weitere Felsen Eine Besonderheit ist die am WASSER-FALLFELSEN von Romkerhalle nach längeren Frostperioden entstehende *Eiswand* (bis 70 m, z.T. bis 90° steil, bereits 1963 erstmals begangen).

Eckertal

Ein wegen Abgelegenheit (gut eine Stunde Fußmarsch!) nicht überlaufenes Gebiet mit zwar nur wenigen, aber großen bis 60 m hohen Felsen und mit langer Klettertradition.

1: Rabenklippen, 2: Hausmannsklippen.

Lage 7 km südöstlich von Bad Harzburg, am Westhang des mittleren Eckertals, beim Wirtshaus Rabenklippen, nur in gut einstündigem Anmarsch erreichbar.

Felsen Zwei bizarre Felsgruppen aus plattigem, nicht überall festem Granit.

Ökologie Relativ intaktes Gebiet, durch die leeseitige Lage zu den Fernemissionen sogar vom Wald- und Flechtensterben nicht allzu schlimm getroffen.

Routen An den HAUSMANNSKLIPPEN eindrucksvoll u.a. *Kleiner Turm Talwand* (60 m, IV), *Südwestkante* (IV+) und *Touristenweg* (VI+). Kurz aber nett *Großer Turm Normalweg* (III–) und *Überfall* (III+/A1 oder VI+). An den RABENKLIPPEN u.a. *Überschreitung* (III+), *Spuntonekante* (IV+), *Westverschneidung* (VI–), *Südverschneidung* (IV), *Südkamin* (VI+), *Blutiger Riß* (VI–/A3 oder VIII–), *Pilotenweg* (VII–) und die Dächer von *Schweißroute* (A2/V) und *For a Friend* (VII).

In „Allegro vivace"(IV+) an der Gabbrowand im Radautal.

Gabbrowand im Radautal

Dieses monumentale Stück Hochgebirge aus der Retorte ist ein Abfallprodukt, wie man es sich gefallenlassen kann.

Lage 1 km südlich vom Ortsrand des Kurortes Bad Harzburg an der B 4 (Bus).

Felsen Die über 100 m hohe, ausgesprochen alpine Steinbruchwand ist ein besonderer Glücksfall, da hier das Gestein anfangs mit relativ schwachen Sprengladungen abgebaut wurde. Aus dem frisch freigelegten Gabbro sind die weicheren Mineralien nur wenig herausgewittert. Deshalb ist er noch irritierend glatt und obendrein hakenfeindlich kompakt.

Ökologie Dies ist kein Naturfelsen und entsprechend gibt es kaum ökologische Konflikte. Das war auch erklärte Meinung der Naturschutzbehörden. Die wollten sogar seit Jahren helfen, das Klettern wieder zuzulassen, als es nach über 10jähriger Duldung aus betrieblichen Gründen untersagt wurde. Aber es blieb bei der Absichtserklärung. Und als 1991 dort ein Uhu nistete, waren sie schnell mit einem Pauschalverbot bei der Hand. Es bleibt zu hoffen, daß dies nicht das letzte Wort über dieses großartige Kletterziel bleibt.

Routen Mit Varianten zwei Dutzend. Großzügig und genußvoll *Lange Kante* (120 m, IV+) und *Südwestpfeiler* (110 m, VI– und V), nett *Allegro vivace* (IV+), z.T. herb brüchig *Himmelfahrtskante* (V) und *Gratweg* (220 m, VI–). Alle Routen wurden on sight von unten eröffnet. Derzeit alle gesperrt.

Odertal

Die bis über 100 m langen Hornfelsgrate der HAHNENKLEEKLIPPEN und die GOETHEKLIPPEN im oberen Odertal boten früher anspruchsvolle ernstalpine Klettereien in ziemlich tückischem Gestein. Besonders eindrucksvolle Anstiege waren hier u. a. *Langer Grat* (100 m, III+), *Hahnenkamm* (100 m, IV), *Wotans Trip* (30 m, IV+) und *Steile Flatter* (IV+, ungesichert). Im Zuge der pauschalen Verschärfung der Naturschutzverordnungen auch hier ein totales Kletterverbot.

Westlicher Oberharz

Die Felsburgen um Torfhaus und Achtermann und Wurmberg, wie HOPFENSÄCKE, SCHUBENSTEIN und QUITSCHENBERGKLIPPEN, und die teilweise beachtlichen Wände der Talanfänge, wie STEILE WAND (mit ausgezeichneten Winterkletterrouten bis 100 m in Firn und Eis), sind 1981 im Zuge einer generellen Verschärfung der Naturschutzverordnungen mit einem totalen Kletterverbot belegt worden (auch die nur über Eis führenden Routen!). Bemühungen um bescheidene Ausnahmeregelungen für Gäste der dort befindlichen Hütten wurden bisher grundsätzlich abgelehnt. Mit der ökologisch nicht besonders sinnvollen Wirkung, daß die dort oben in den Alpenvereinshütten übernachtenden Menschen derzeit auch nicht für die kleinsten Kletterübungen zu den nebenan stehenden Felsen gehen dürfen, sondern erst – allem Waldsterben zum Hohn – mindestens 15 km mit dem Auto durch die Gegend düsen müssen. Auch im geplanten Nationalpark Harz?

Frei sind lediglich noch die – südseitigen und deshalb nur selten brauchbar vereisten – Eiskletterein im WURMBERG-STEINBRUCH.

Brockengebiet

Von den zahlreichen Felsburgen des Brockengebietes bieten nur wenige lohnende Kletterziele, diese sind allerdings außerordentlich hübsch.

Lage Bei Schierke, dicht am Bahnhof der Nostalgie verbreitenden Harzquerbahn, wenig südlich vom Ort.

Felsen Großblockige, in Wollsackform verwitterte Granittürme, bis 20 m hoch, in außerordentlich hübscher Lage und mit interessanten Routen. Die Höhenlage von 700 m bedingt häufige Nässe und Kälte und begrenzt die Klettermöglichkeiten erheblich.

Ökologie Die Lage in der Pufferzone des in Sachsen-Anhalt bereits ausgewiesenen Nationalparks bedeutet für die vielen kleineren Felsen und Blockmeere ein Kletterverbot, nicht jedoch für die seit den 30er Jahren intensiv bekletterten Feuersteinklippen, die Vogelherdklippe und die außerhalb vom Nationalpark gelegenen Schnarcherklippen. Dies ist auch unter gesamtökologischen Gesichtspunkten weise, liegen diese Felsen doch nahe am umweltfreundlichen Verkehrsmittel Bahn.

Kletterregeln Sächsische Kletterregeln und -bewertung (siehe Elbsandsteingebirge), einschließlich Magnesiaverbot, aber Klemmkeile erlaubt. Kletterverbote beachten.

Routen Am besonders markanten KLEINEN FEUERSTEIN ein Dutzend klassische Prachtrouten wie u.a. *Normalweg* [III], *Südwestweg* [V], *Westriß* [VI], *Nordwestweg* [IV] und *Ostwand* [VIIa], aber auch neue extreme Routen wie Ralle Siegmunds *Etikettenweg* [VIIIa] oder *Feuerwalze* [VIIIc]. Am benachbarten GROSSEN FEUERSTEIN, der VOGELHERDKLIPPE und den weiter südlich gelegenen SCHNARCHERKLIPPEN ebenfalls gute Freikletterein aller Schwierigkeitsgrade.

Weitere Felsen Während die in einem vom Waldsterben besonders getroffenen Bereich liegenden HOHNEKLIPPEN, ZETERKLIPPEN, die BUCHHORSTKLIPPE und SONNENKLIPPE unter das allgemeine Kletterverbot des Totalreservates fallen, sind die weiter nördlich im Wernigeröder Bürgerforst gelegenen Klippen wie OTTOFELSEN und GEBOHRTER STEIN frei.

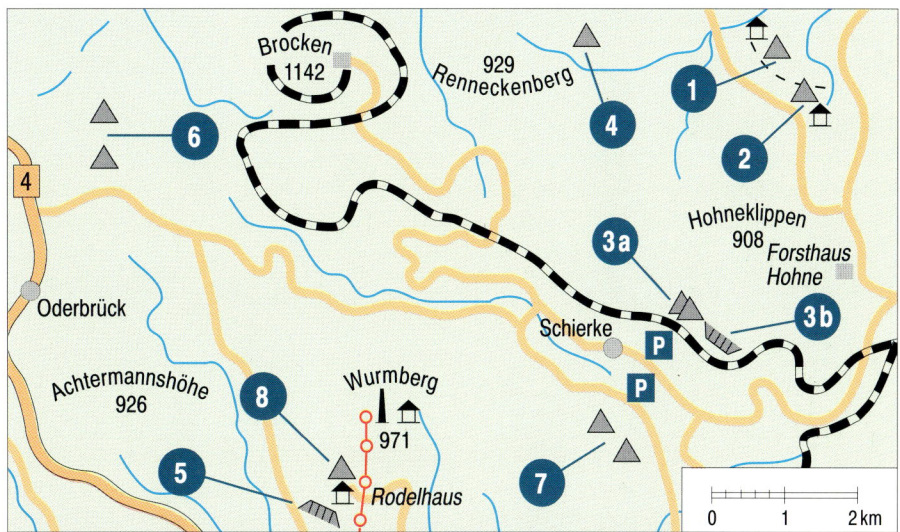

1: Gebohrter Stein,
2: Ottofels, 3: Feuerstein-klippen, 4: Öhrenfeldturm,
5: Wurmberg-Steinbruch,
6: Hopfensäcke und Luisen-klippe, 7: Schnarcherklippen und Mausenklippe 8: Große Klippe.

Ilsetal

Lage Brockenwärts von Ilsenburg.

Felsen Rötlicher, oft etwas mürber und oberflächlich abschuppender Granit mit teilweise beachtlichen Felshöhen.

Ökologie Was man der Landschaft nicht ansieht, ist die beträchtliche Dioxinverseuchung durch erst nach dem Ende der DDR geschlossene Industriebetriebe. Aber dafür gab es eben Naturschutz in Form eines Kletterverbots am Ilsenstein. Ob dieses künftig auf die Brutzeit der Wanderfalken begrenzt wird (wie aufgrund der Erfahrungen aus anderen Felsgebieten ökologisch ohne weiteres vertretbar erscheint), ist noch offen.

Kletterregeln Siehe Brockengebiet.

Routen Die längsten am derzeit ganzjährig gesperrten ILSENSTEIN mit *Westgrat* [200 m, III]. Frei zum Klettern sind u. a. die talseitig bis 50 m hohe WESTER-WAND mit u. a. *Linke Talseite* [IV] oder dem Plattenschwindel von *Februarsommer* [VIIa] und der NOVEMBERFELS, u. a. mit *Talseite* [II] und *Bruchladen* [VI].

1: Westerwand und Novemberfels, 2: Novemberturm, 3: Ilsestein, 4: Stumpfrückenspitze, 5: Paternosterklippen.

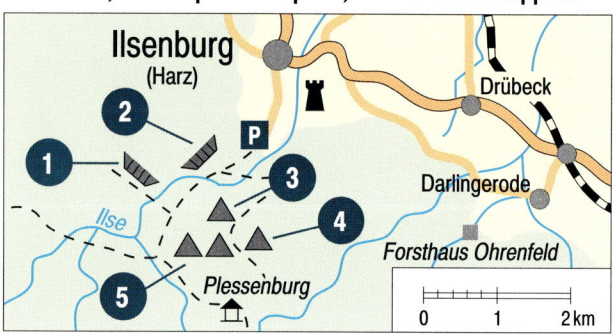

Bodensteiner Klippen (Hainberg)

Nur von lokaler Bedeutung für den Raum Hildesheim – Salzgitter – Braunschweig, aber zum Bouldern und als hübsches Training für die Besonderheiten der großen Sandsteingebiete wertvoll.

Lage Im nordwestlichen Harzvorland, 5 km östlich der BAB-Abfahrt Bockenem, nördlich von Bodenstein.

Felsen In kleingekammertem Waldgelände verstreut über 30 Minifelsen von maximal 10 bis 15 m Höhe. Das Gestein ist ein überwiegend griffiger, weicher Kreidesandstein mit Wabenverwitterung.

Ökologie Landschaftsschutzgebiet. Wegen des sehr weichen Gesteins ist es sinnvoll, ebenso wie im Elbsandsteingebirge, auf das Klettern mit Stiefeln und insbesondere bei Nässe zu verzichten.

Kletterregeln Es gibt hier keine Einschränkungen in der Verwendung der Sicherungsmittel wie in Sachsen. Aber trainieren könnte man das ruhig.

Routen Insgesamt etwa 200, aber meist in Taschenausgabe, nur wenige Routen sind mit Bohrhaken abgesichert. Am lohnendsten sind der HAUPTTURM mit u. a. *Nordriß* (V–) und *Nordwestkante* (IV), der MITTELTURM mit *Südwand* (III+), der OSTTURM mit *Nordwand* (VI+) und die BASTEI mit u. a. *Rote Faust* (VI–) sowie der WACHTMEISTER, die OSTERKLIPPE und der GERSFELSEN.

Weitere Felsen Der in Goslar gelegene KLUSFELSEN und die weiter östlich am Sudmerberg gelegenen Felslein bestehen gleichfalls aus Kreidesandstein.

Halberstädter Berge

Lage Im nördlichen Harzvorland, am Höhenzug unmittelbar südlich von Halberstadt und auf dem Bergrücken nördlich von Westerhausen gelegene Felsen.

Felsen Bei Halberstadt einige bis 10 m hohe Sandsteinfelsen, so u. a. DAUMEN und FINGER und der von einer alten Burganlage teilweise ausgehöhlte KLUSFELSEN. Dieser Sandstein ist allerdings mehr Sand als Stein, so daß man ständig mit dem Kugellagereffekt sich unter der Sohle lösender Sandkörnchen kämpft und daß obendrein selbst einbetonierte Haken rasch wieder locker werden. Deswegen haben hier die lokalen Kletterer von sich aus auf die weitere Ausübung ihres Sports verzichtet(!). Im Gegensatz dazu zeigt der langgestreckte Klippenzug des bis zu 15 m hohen KAMEL bei Westerhausen überwiegend festen Fels. Dort haben entlang früheren Rissen eingedrungene Mineralien zahlreiche dünne Schichten extrem verhärtet, die dann zu feinen Leisten herausgewittert sind.

Routen Am unweit des KLUSFELSEN stehenden DAUMEN der *Normalweg* [III], am KAMEL *Turm-Westweg* [III] und *Südwand* [IV], *Direkte Nordwand* [VIIc] und am KAMELRÜCKEN u. a. *Nordrisse* [III] und *Nordweg* [V].

Weitere Felsen Der GLÄSERNE MÖNCH, östlich von Langenstein gelegen.

Im „Gemeinschaftsweg" [VIIc] am Kohlenberg-Westbruch (Gebiet Leipzig).

Ostharztäler

Im südöstlich von Thale gelegenen Steinbachtal sind einige schöne Granitfelsen frei zum Beklettern. Was hoffentlich auch so bleibt.
U. a. der THEATERFELSEN mit *Kühne Kante* [40 m, V oder VI], *Abendweg* [VI], *Maiweg* [V] und *Juniweg* [VIIa], der BERGFREUNDETURM u. a. mit *Ostwand* [30 m, IV] und *Südwand* [VIIa] und das FEUERSCHIFF u. a. mit dem ernsten *Westriß* [VIIb]. Die teilweise beachtlich hohen Felsen des südwestlich von Thale gelegenen, touristisch durch Großparkplätze, Hotels

und Gaststätten, zwei Kabinenbahnen und zahllosen Wanderwegen sattsam erschlossenen Bodetales mit der sagenumwobenen ROSSTRAPPE sind, ebenso wie die des Selketales, aus Naturschutzgründen allgemein für das Klettern gesperrt, würden jedoch wegen zum Teil wahrhaft grausiger Brüchigkeit und der wuchernden Vegetation auch nicht für jeden Kletterer von Interesse sein. Eine Wanderung durch diese teils lieblichen, teils wildromantischen Szenerien lohnt sich jedoch allemal.

Regenstein

Lage 2 km nördlich von Blankenburg.

Felsen Der Kamm des Regensteins ist am höchsten Punkt von einer alten Burganlage ausgehöhlt, die weiter östlich gelegenen grandiosen, bis 50 m hohen Felstürme das nach dem Elbsandsteingebirge größte und vielseitigste Kreidesandsteingebiet der Republik – durch eine erst in den 70er Jahren geschaffene, umfangreiche Bunkeranlage. Die hier aus rein militärischen Gründen erfolgte Einzäunung und Sperrung der meisten dieser Felsen sollte 1990 im Zusammenhang mit veränderter Zaunziehung wieder zurückgenommen werden. Diese bereits öffentlich erklärte Absicht ist leider mit Übernahme des Komplexes durch die Bundeswehr wieder ins Stocken geraten. Es wäre jedoch angesichts der allgemeinen Abrüstung und des starken Abbaues der Bundeswehr überhaupt nicht einzusehen, wenn für den Fremdenverkehr und Sport so wertvolle Gebiete wie der Regenstein jetzt nicht wieder zugänglich gemacht würden. Die Bundeswehr könnte hier mit einer schnellen Abwicklung eine Menge für ihre durch die politischen Wandlungen in Osteuropa ohnehin angeschlagene Akzeptanz tun. Nach dem neuesten (Okt. 1991) Konzept der Bundeswehr soll jedoch nun der Naturschutz als Alibi für die Beibehaltung des Militärgeländes dienen . . .

Kletterregeln Das Gebiet wurde entsprechend den sächsischen Kletterregeln erschlossen, und auch bei einer Wiederfreigabe würden diese wieder gelten.

Routen Etwa 100, derzeit alle gesperrt. Besonders lohnend sind ECKPFEILER mit u. a. *Südostkante* [IV] und *Ostwand* [VI], ZAHN mit u. a. *Talseite* [VIIa] und *Nordostkante* [VIIc], GUGLIA mit *Eulenriß* [V] und *Hoher Riß* [VIIb], HÖHLENWAND mit u. a. *Plattenweg* [IV], *Ostwand* [VI] und *Südostkante* [VI] sowie DICKER TURM mit *Nordwand* [V], *Westwand* [VIIa] und *Nordwestkante* [VIIb].

Teufelsmauer

Lage Im nördlichen Harzvorland, östlich von Blankenburg bis hin nach Timmenrode, nördlich von Thale zwischen Neinstedt und Weddersleben, westlich von Ballenstedt und bei Gernrode.

Felsen Die bei der Heraushebung des Harzes senkrecht gestellten Schichten des Kreidesandsteins sind vielfach zu den markant bizarren, bis über 20 m hohen Klippenzügen der Teufelsmauer herauspräpariert. Während das Gestein zwischen Blankenburg und Timmenrode überwiegend weich ist und beim Klettern absandet und leicht bricht, sind die Felsen der Weddersleber bzw. Neinstedter Teufelsmauer und des westlich von Ballenstedt gelegenen Gegensteins quarzitisch verhärtet.

Ökologie Die Neinstedter Teufelsmauer ist eines der ersten als geologisches Naturdenkmal unter Schutz gestellten Objekte, wofür besonders die Bedrohung durch den intensiv betriebenen Gesteinsabbau der Grund war. Diese Felsen und auch der Gegenstein sind nicht von Wald, sondern von hübschem Trockenrasen umgeben und kommen deshalb besonders eindrucksvoll zur Geltung. An der Neinstedter Teufelsmauer derzeit – jetzt anders begründetes – Kletterverbot, aber sie ist auch nur zum Anschauen einen Besuch wert!

Die faszinierende Felsgestalt des Königsteins an der Neinstedter Teufelmauer bietet lohnende Routen, – die derzeit leider alle gesperrt sind.

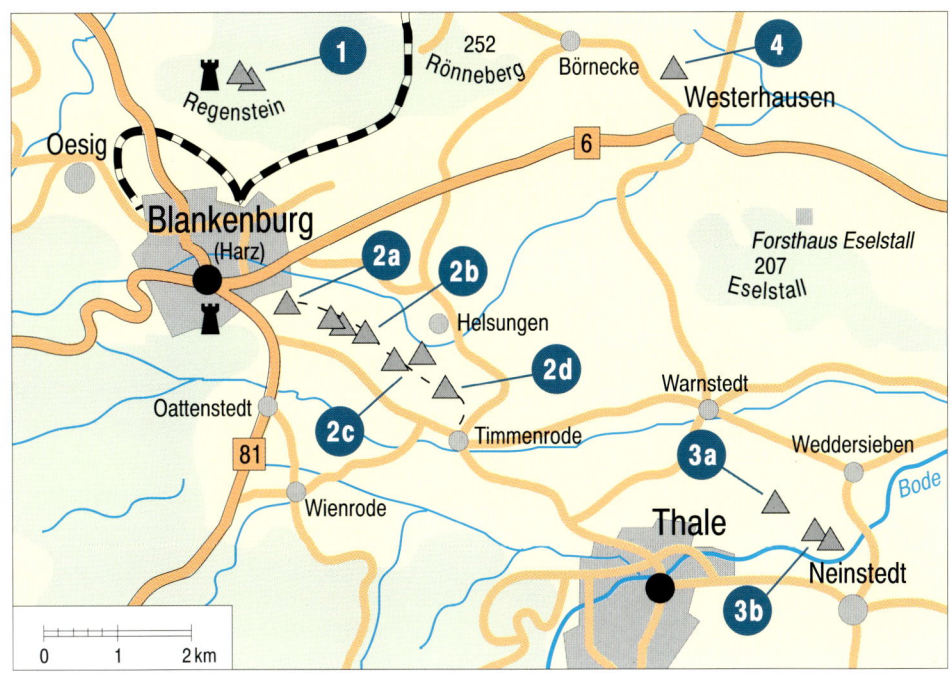

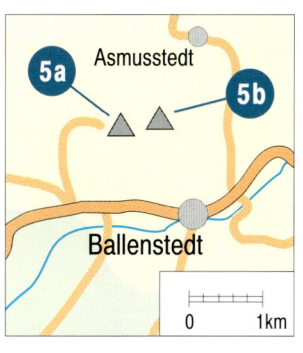

1: Regenstein, 2: Blankenburger Teufelsmauer, 2a: Großvater, 2b: Topograph, 2c: Teufelsturm, 2d: Hamburger Wappen, 3: Neinstädter Teufelsmauer, 3a: Mittelsteine, 3b: Königstein, 4: Kamel, 5: Ballenstedter Teufelsmauer, 5a: Kleiner Gegenstein, 5b: Großer Gegenstein.

Kletterregeln Ebenso wie an den anderen Felsen dieser Region gelten die sächsischen Regeln einschließlich Klemmkeil- und Magnesiaverbot. Für die Gegensteine besteht außerdem ein totales Erstbegehungsverbot.

Routen Ein gutes Dutzend hübscher Routen bei Blankenburg am GROSSVATERSTUHL und TOPOGRAPH, bei Timmenrode am GRATTURM und am HAMBURGER WAPPEN. Lohnender sind jedoch die festen Felsen bei Neinstedt, wie der z. Z. gesperrte KÖNIGSTEIN mit u. a. *Normalweg* [III], *Südkante* [V oder VI] und dem phantastischen *Talweg* [30 m, VI], der WESTTURM mit *Westweg* [III], *Talweg* [V] und *Südwand* [V] und die LANGE WAND mit *Südweg* [IV] und *Nordweg* [25 m, IV]. Z. Z. alle gesperrt. Bei Ballenstedt am erheblich niedrigeren, dafür aber freigegebenen KLEINEN GEGENSTEIN in der Südwand eine Versammlung von schwierigen Routen und am mit Treppen verbauten GROSSEN GEGENSTEIN auch hübsche leichtere.

Südlicher Harzrand

In den stark abgelaugten Zechsteinschichten des südlichen Harzrandes gibt es neben den industriell teilweise schon restlos abgebauten Gipsvorkommen mehrere Gruppen von kleinen, aber feinen Dolomitklippen.

Lage Zwischen Herzberg, Scharzfeld und Bad Sachsa.

Felsen Die bis 20 m hohen Felsen bestehen aus meist festem, löchrigem und oft sehr kleingriffigem Zechsteindolomit.

Ökologie Das absurde Trauerspiel um den Steinberg hat mit der Sperrung von 25% der Südharzer Zechsteinkletterein geendet. Außerdem wurden die Butterbergklippen östlich von Bartolfelde wegen Naturschutz gesperrt, und obendrein gibt es inzwischen Bestrebungen, auch noch den Römerstein zu sperren – womit dann unverhältnismäßigerweise 80% der Südharzer Felsen verbotenes Land wären . . .

Routen Am jetzt gesperrten STEINBERG neben noch vorhandenen Delikatessen wie z. B. *Mondscheinriß* (IV+) und *Schleierwand* (IV+), betonverschandelt ehemalige Prachtrouten wie *Dachweg* (VI/A1), *Kofferradioriß* (VI) und *Verschneidung* (IV). Noch frei, aber auch von Sperrung bedroht, ist der südlich von Steina gelegene RÖMERSTEIN mit über 50 lohnenden Routen. U. a. Klassiker wie *Körnerwand* (V–), *Westriß* (VI–), *Zickzack* (VI+), *Kaktusweg* (V/A1 oder VII), *Willis Erste* (V), *Frediweg* (VI–), *Kaschweg* (VI) und Moderneres wie *Einer wird gewinnen* (VII+). Außerdem z.T. nördlich von Scharzfeld nett die BRANDKÖPFE sowie RUINENFELSEN und die weiter südöstlich gelegenen WESTERSTEINE.

Weitere Felsen Im Westharz bei Bad Grund der HÜBICHENSTEIN mit einigen knackigen Extremtouren in Devonkalk, u. a. *Südwand* (30 m, V), *Nordostwand* (40 m, A3/V+ oder VIII–). Und nördlich davon ein riesiger, noch betriebener Steinbruch, der teilweise interessante Wandpartien aufweist, dessen Betreten jedoch nach wie vor aktiv verwehrt wird. Nördlich von Nordhausen gibt es bei Ilfeld Felslein aus Porphyrit, u. a. BEHREWÄCHTER und BIELSTEINNADEL.

Gebiet Halle

Weil die Gewinnung des Porphyrs üblicherweise ohne Einsatz zerrüttender Sprengungen geschieht und dabei oft natürliche Kluftoberflächen herauspräpariert werden, ist hier so manches hübsche Stück Fels entstanden. Daß diese Brüche meist abgesoffen sind, hat zwar die Kletterhöhen verkürzt, dafür jedoch das Ambiente einer Kliffküste geschaffen, mit interessanten Zugangsproblemen. Und mit der Perspektive, daß mißlungene Aktionen rasch mit einem Bad in der idyllisch blauen Tiefe enden können. Welchselbiges natürlich auch freiwillig gesucht werden kann: Climb and swim.

Lage Das bedeutendste Objekt liegt etwa 15 km nördlich von Halle, südwestlich oberhalb des Ortes Löbejün, dicht am noch betriebenen Steinbruch (der Tabu ist). Der die Umgebung beherrschende Petersberg

(250 m, Turm) erhebt sich weiter östlich. Die übrigen Felsvorkommen finden sich westlich von Halle, nördlich von Wettin (Bruch Liebecke), zwischen Görbitz und Gimritz (Görbitzer Bruch), zwei weitere an der Saale zwischen Brachwitz und Halle-Trotha und der Boulderfels STEINERNE JUNGFRAU nördlich von Halle-Dölau.

Felsen Der Paarschbruch als Hauptgebiet mit den zahlreichsten und höchsten Wänden ist am Grunde trocken. Einige 500 m westlich gelegene kleinere Brüche zeigen ebenso wie der Große Petersbergbruch, der Bruch Liebecke und der Görbitzer Bruch in ihrem Grunde den für die Porphyrbrüche charakteristischen, erschröcklich tiefen Grundwassersee.

Ökologie Die künstlich entstandenen Brüche enthalten zwar teilweise (besonders in den abgesoffenen Bereichen) noch altes, verrottendes Gerät, sind jedoch insgesamt durchaus eine Bereicherung der Landschaft. Sie bieten in ihrer nachträglichen Entwicklung durch Spontanvegetation und Kleintiere Raum für reizvolle Lebensgemeinschaften. Die Rücksichtnahme darauf gehört zu den Selbstverständlichkeiten beim Klettern an diesen Gemäuern.

Kletterregeln Sächsische Kletterregeln und Bewertung, teilweise daneben auch UIAA-Skala (s. u.). Klemmkeile erlaubt. In bestimmten Routen ist auch künstliche Kletterei zulässig. Magnesiaverbot.

Routen Im PAARSCHBRUCH bei Löbejün sowohl hübsche leichte Routen wie *Gratweg* (II) und *Rampenweg* (III) als auch genußvoll-schwierige Classics wie *Kalter Hund* (IV–), *Schattenwand* (V+), *Kleiner Überhang* (VI–), *Blaue Verschneidung* (VI–) und *Weg der Falken* (V+), aber auch extreme Kitzel, wie *Cembalo* (VII–; direkt VII), *Vollstreckung* (VII+), *Ringkampf* (VII) oder *Fingerspitzengefühl* [IXb]. Und im Winter manchmal eine tolle Eiswand. Am PETERSBERG im GROSSEN BRUCH der Südseite bis 40 m hohe, wegen Bruch im Bruch mollgestimmt alpinernste Wände, u.a. *Vorderes Riff* [IV], *Sägezahnriff* [V, brüchig], *Acapulcostiege* [VI, brüchig], *Götterquergang* [IV]; auch für Winterkletterei en interessant. Im niedrigeren WESTBRUCH Extremeres in festem Material. Im BRUCH LIEBECKE bis 35 m hohe Routen (teilweise selbst abzusichern), besonders reizvoll u.a. *Große Wandstufe* [IV], *Hohe Querung* [IV] und *Falkenwand* [VI]. Im GÖRBITZER BRUCH u.a. auch Hakenkletterreien.

Extreme Reibungskletterei in der Route „Cembalo" (VII) im Paarschbruch bei Halle/Löbejün.

Gebiet Leipzig

In der etwas brüchigen Route „Sägezahnriff" [V] im Petersberg am Großen Bruch.

Ebenso wie nördlich und westlich von Halle gibt es östlich von Leipzig mehrere Porphyrsteinbrüche mit noch älterer ehrwürdigalter, altehrwürdiger Klettertradition.

Lage Der Kohlenberg liegt 15 km östlich von Leipzig, nördlich der BAB-Auffahrt Naunhof, südlich von Brandis. Die Feueresse steht 4 km östlich von Grimma, am rechten Talhang der Mulde. Die Schwarze Wand liegt 10 km nördlich von Wurzen, nordwestlich von Hohberg.

Felsen Steinbrüche aus dem gleichen Gestein wie im Gebiet Halle. Nur die Feueresse ist ein natürlicher Fels.

Kletterregeln Siehe Gebiet Halle.

Routen Am KOHLENBERG im OSTBRUCH u. a. recht abgewetzte Uralt-Klassiker aus den 20er Jahren vom Pelmo-Nordwand-Bezwinger Felix Simon und Co. U. a. *Piazwand* [VIIa], *Große Reibung* [VI], *Jungfernkante* [VIIa] und *Fliegerwandl* [VIIa]. Im hübsch wasserbelebten, über 20 m tiefen WESTBRUCH u. a. reizvoll *Kiefernweg* [V], *Verschneidungsweg* [VI] und *Gemeinschaftsweg* [VIIc]. An der FEUERESSE u. a. der Simon-Weg *Hoher Riß* [VI], an der SCHWARZEN WAND auch Übungsgebiet für künstliche Kletterei.

Weitere Felsen Tiefe Steinbrüche gibt es auch südwestlich von Wurzen bei Beucha (Pyroxengranitporphyr, stark abgesoffen) und 20 km südlich von Grimma am Rochlitzer Berg (trocken, in Quarzporphyrtuff).

Steinberg – zweifelhafte Naturschutzerfolge

Der Steinberg bei Scharzfeld wurde in den 70er Jahren Schauplatz von schwer nachvollziehbarem Vorgehen der Behörden:

Erst wurde eine Schnellstraße quer durch die Felsen geplant. Deswegen gab es jahrelanges Tauziehen zwischen Straßenbaubehörde auf der einen Seite und Bürgern (unter ihnen besonders aktiv die lokalen Kletterer und Sportvereine) und behördlichem Naturschutz auf der anderen Seite um Erhalt der als Natur- und z.T. Kulturdenkmal ausgewiesenen Felsen. Als Teilerfolg der gemeinsamen Bemühungen von Naturschutzbehörde und Bürgern konnte die Trasse immerhin in eine etwas weniger schlechte Position abgedrängt werden. Danach wurde die Schnellstraße gebaut, verbunden mit höchst überflüssiger, häßlicher Versiegelung eines beträchtlichen Teils der bereits als Naturdenkmal ausgewiesenen Felsen mit Spritzbeton. Sinnigerweise nicht die Stellen, wo tatsächlich einmal Steinschlag aus der Wand fallen könnte. Wie die Naturschutzbehörde diesen Maßnahmen zustimmen konnte, ist unerklärlich. Danach jedoch strengte sie sich furchtbar an: Der Steinberg wurde als Naturschutzgebiet ausgewiesen, Kletterer und die traditionellen Sportfeste kompromißlos hinausgeschützt. Für die Erhaltung eines Trockenrasens, der auch ohne jegliche Rücksichtnahme seitens der Bewohner, spielender Kinder, Spaziergänger, Kletterer und Sportfestbesucher jahrzehntelang gut überlebt hatte und wahrscheinlich eher durch die jetzt sichtlich anlaufende Verbuschung infolge fehlender Weidenutzung oder fehlender anderweitiger Pflegemaßnahmen bedroht ist. Das weckt zwar Erinnerung an Dünnbrettbohrereien anderswo, kann jedoch wegen der verheerenden Effekte auf die breite Akzeptanz des Naturschutzgedankens ökologisch sensible Leute nicht so recht freuen.

Elbsandstein-gebirge

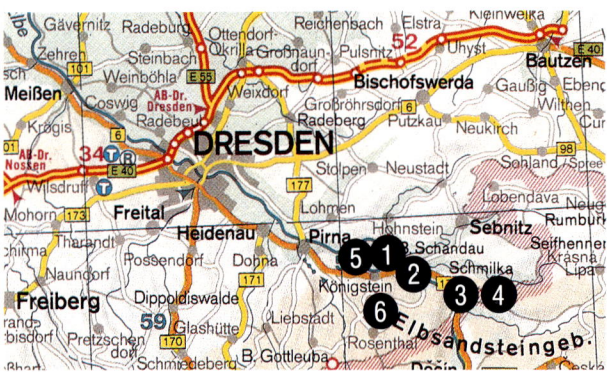

1: Rathener Gebiet/Brand, 2: Schrammsteine, 3: Affensteine/Schmilkaer Gebiet, 4: Kleiner und Großer Zschand, 5: Gebiet der Steine, 6: Bielatal.

Mit dem Auto von Dresden auf der B172 über Pirna 29 km nach Königstein (Gebiet der Steine und Bielatal) bzw. 6 km weiter nach Bad Schandau (für Schrammsteine, Affensteine und Zschand). Ins Rathener Gebiet und ins Brandgebiet am besten von Pirna über Lohmen und die Bastei bzw. Hohnstein. Bahnstationen in Rathen, Königstein, Bad Schandau, Schmilka oder Schöna.

E in schier unerschöpflich reichhaltiges Felsgebiet mit gewaltigen, graugrünlichen und fahlgelben Wandfluchten und über tausend selbständigen Gipfeln ist dies. Die Senkrechte dominiert in Rissen, Kaminen und praller Wand. In den Feinstrukturen wird sie jedoch immer wieder durch Bänder, Leisten, Löcherreihen oder stärker kieselhaltige Zonen auch horizontal gegliedert. Zwar können die Felsoberflächen hier und da mürbe sein oder absanden. Aber überwiegend sind sie durch Vorgänge der Krustenbildung gehärtet, und das ergibt, insgesamt gesehen, den unter allen Sandsteingebieten festesten und immer wieder faszinierenden rauhen Fels. Mit seinem Reichtum an Sanduhren, herausgewitterten Zacken oder Eisenplatten und vielgestaltig ausgewaschenen Rissen macht er obendrein dem kundigen Kletterer vielfältige Angebote für Sicherungen.

Historisch ist dies die Wiege des sportlichen Felskletterns schärferer Richtung. Und es bleibt das ideale Klettergebirge schlechthin. Die überschaubaren Dimensionen, die Einbettung in urwüchsigen Wald und der Besatz mit knorrigen Kiefern oder Birken und Polstern von Gras, Heide, Farnen oder Moos geben ihm eine romantische, je nach Jahreszeit liebliche oder herbe Atmosphäre.

Im Elbsandsteingebirge kam es bereits um die Jahrhundertwende zu Diskussionen um den Konflikt zwischen Naturschutz und erholungsuchenden Menschen. Er führte schon damals zu vorbildlichen Lösungen. Sie lagen einerseits in der Schaffung eines Netzes von gut ausgebauten Wanderwegen, die die Besucherströme auf bestimmte Linien und Bereiche konzentrierten und damit zugleich von anderen Bereichen fernhielten. Andererseits schlugen sie sich im schon kurz nach der Jahrhundertwende (vor allem von Rudolf Fehrmann) formulierten Regelwerk für das Felsklettern nieder. Dieses enthält eine Beschränkung des Kletterns auf die selbständigen, freistehenden Gipfel und bedeutet damit völligen Verzicht auf einen großen Teil der Felsvorkommen. Zugleich bedeutet der Verzicht auf künstliche Kletterei und Toprope-Erschließung eine deutliche Begrenzung der Routendichte. Diese Beschränkungen werden auch heute ebenso beharrlich verteidigt wie die asketische Beschränkung auf die traditionellen Sicherungsmittel Seilschlinge, Knotenschlinge und wenige „Ringe" und „Ösen".

Zu Recht. Denn diese Beschränkungen helfen dem Frieden mit der Natur ebenso wie der Erhaltung des ästhetischen Charakters und der unverwechselbaren Kühnheit des sächsischen Bergsteigens. Und es ist Ehrensache, als Gäste des Gebietes diese hier gewachsenen Regeln gleichfalls zu respektieren.

Hier kommt es nicht nur darauf an, Phantasie, Geschicklichkeit und Kraft zu haben, um die Kletterstellen zu meistern, sondern auch gutes Vertrauen in die eigenen Fähigkeiten und vor allem genaues Gespür für die eigenen Grenzen. Denn hier ist es nicht die Regel, daß der nächste Bohrhaken gleich nebenan steckt und daß ein Sturz eine harmlose Sache bleibt. Wer hier vorsteigt, tut deshalb gut daran, die Ziele mit Bedacht und Bescheidenheit zu wählen. Der Lohn dafür ist dann auch eine Schärfung des Gefühls für die runde, souverän erbrachte Leistung – und die daraus folgende tiefere Befriedigung.

Unterkunft

Campingplatz Ostrauer Mühle (Franz Hasse) im Kirnitzschtal bei Bad Schandau. Alpenvereinshütte im Bielatal hinter der Ottomühle. Jugendherberge in Hohnstein. In den genannten Orten zahlreiche Privatquartiere. Treffpunkt im Sportladen von Christine und Bernd Arnold in Hohnstein.

Führer

Bernd Arnold: Elbsandsteingebirge. Topo-Auswahlführer, 2 Bände. Dietmar Heinicke u. a., Kletterführer Sächsische Schweiz, 6 Bände. (Gesamtführer).

Wolfgang Güllich in der Route „Buntschillernde Seifenblase" [IXc] am Falkenstein.

Rathener Gebiet/Brand

Der Mittlere Gansfelsen, von der Kleinen Gans aus gesehen.

Das Gebiet von Rathen ist der unter Normaltouristen bekannteste und am stärksten besuchte Bereich des Elbsandsteingebirges. Zugleich liegt er am niedrigsten und ist mit teils hohen Klettergipfeln besonders dicht vollgestellt. Die Position gleich oberhalb des Talortes Rathen, die bekannte Felsenbühne und die bequeme Anfahrt per Auto zur Bastei und ihren von dort mühelos ablaufbaren Brückenwegen mit eindrucksvollen Tiefblicken zur Elbe und in den Wehlgrund erklären die herausragende Beliebtheit.

Lage Auf der Nordseite des Elbtales oberhalb vom Kurort Rathen (Bahnhof, Elbfähre). Von dort oder von Norden her auf der von der Straße Lohmen–Hohnstein abzweigenden Straße zur Bastei rasch zu erreichen.

Felsen Im Gebiet um Rathen stehen 145 selbständige Gipfel mit Felshöhen bis über 80 m, dazu 18 beim westlich gelegenen Wehlen und 80 im östlich anschließenden, deutlich ruhigeren Brandgebiet. Das Gestein in Rathen ist weithin mürber als in den übrigen Gebieten. Deshalb zeigt es in populären Routen oft deutliche Abnutzungsspuren. Unter der Sohle oder den Fingerspitzen absandende Quarzkörnchen erzeugen häufig irritierende Kugellagereffekte. Bei und kurz nach Regen wird das Gestein brüchig und die klar definierte Regel ist unbedingt zu respektieren, daß bis zur durchgreifenden Abtrocknung nicht geklettert werden darf – zur Vermeidung von Unfällen ebenso wie im Interesse der unbeschädigten Erhaltung der Felsen.

Ökologie Der Kernbereich des Gebietes ist Naturschutzgebiet und Teil des Nationalparks Elbsandsteingebirge. Das Klettern an den selbständigen Gipfeln nach den sächsischen Kletterregeln ist jedoch ebenso wie in anderen Bereichen des Elbsandsteingebirges zulässig. Für die Zugänge und Abstiege sind nur die Wege zu benutzen. Was angesichts der Besuchermassen auch unschwer einleuchtet. Es bleibt zu wünschen, daß die Gebäude an der Bastei jetzt nicht auswachsen.

Routen Wie Sand am Meer. Und jede Nennung beleidigt andere ungenannt bleibende. Immerhin sollen einige der markantesten Gipfel hier erwähnt werden: Der MÖNCH mit dem schon 1874 von O. Ufer und H. Frick begangenen *Südostweg* [III], dem 1904 durch die schöne Ostverschneidung eröffneten *Fehrmannweg* [VI] und der bereits 1924 von P. Schöne und Gefährten bewältigten *Nordverschneidung* [VIIIa], der KLEINE WEHLTURM, an dessen gegenüber den Aussichtskanzeln der Burganlage aufragender, luftiger und phantastisch griffiger *FKV-Kante* [V] und dem klassischen *Perry-Riß* [V] man sich wie im Zoo fühlen kann, der GROSSE WEHLTURM mit dem unter erstmaliger Verwendung von Sicherungsringen von R. Fehrmann, O. Perry-Smith unh H. Schueller eröffneten *Alten Weg* [IV], dem von E. Renger und M. Röhnick schon 1916 in der Nordwestwand gefundenen *Rengerweg* [VIIc], der von O. Dietrich und W. Klotz 1919 durchstiegenen *Südwestwand* [VIIb] und der 1977 von B. Arnold und Gefährten eröffneten *Superlative* [IXc]. Die gar nicht so kleine KLEINE GANS mit dem schon 1886 von F. Hartmann und Gefolge – und unter Einsatz von künstlichen Hilfsmitteln – begangenen *Hartmannweg* [II], dem mächtigen, prächtigen, 1895 begangenen *Gühnekamin* [III] und der von A. Fehrmann 1909 eröffneten *Südwestwand* [VIIa], der 80 m hoch aufragende HÖLLENHUND mit u.a. dem von R. Fehrmann und O. Perry-Smith 1905 eröffneten *Alten Weg* [V] und dem 1908 gefundenen *Perry-Smith-Weg* [VI]. 1920 kletterten E. Renger und P. Illmer die *Ostkante* [VIIa] und 1955 ertüftelten D. Hasse und R. Weigand über die pralle Wabenwand den grandiosen *Talweg* [VIIIa], der an Schwierigkeit wiederum durch kühne Kreationen wie die *Herrenpartie* [VIIIb] von D. Rülker und B. Arnold und Gef. 1966 und *Über die Hundenase* [VIIIc] von B. Arnold, G. Lamm 1977 übertroffen wird. Schließlich die markante Felsgruppe der LOKOMOTIVE-ESSE.

Weitere Felsen Und ob. Siehe oben.

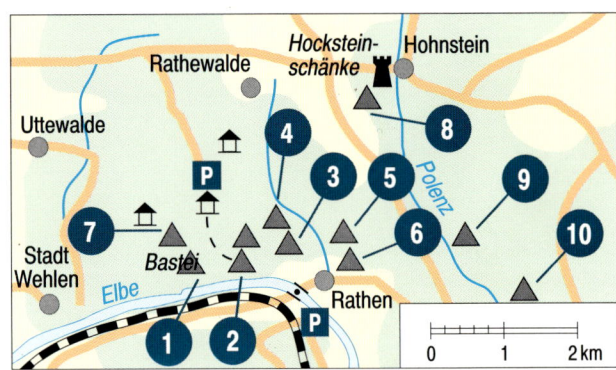

1: Wartturm, 2: Mönchstein/Wehltürme, 3: Gansfelsen, 4: Höllenhundtürme, Amselspitze, Vexierturm, 5: Lokomotive, 6: Talwächter, Feldkopf, 7: Doktor und Assistent, 8: Großer und Kleiner Halben, 9: Polenztalwächter, 10: Brandkegel.

Erstbegehungen nach den sächsischen Kletterregeln

Bernd Arnold während Erstbegehung der Lärchenturm-Westwand [VIIIc]. Der Bohrer wurde freistehend geschlagen.

Ein Anspruch auf eine bestimmte Neutour ist dann erworben, wenn ein Versuch unternommen und dabei das Vorhaben kenntlich gemacht wurde. Als Kennzeichen gelten ein geschlagener notwendiger Ring, der mit einer wetterfesten Schnur zu versehen ist, oder eine sichtbar gelegte Seilschlinge nach einem wesentlichen Abschnitt des geplanten Aufstieges. Das Anrecht besteht 3 Jahre nach dem ersten Versuch. An bereits begonnenen Aufstiegen beträgt die Anrechtsfrist nur noch 1 Jahr. (...) Es ist nicht zulässig, von anderen begonnene Neutouren ohne deren Einverständnis weiterzuführen oder in den vorgesehenen Wegverlauf von anderer Seite hineinzugelangen, solange noch ein Anrecht besteht. Bei Erstbegehungen oder Versuchen sind die sächsischen Kletterregeln einzuhalten. Bei Regelverletzungen verliert der Kletterer sein Anrecht. (...) Anrechte sind nur bei vorhandener Registrierung (bei der AG ‚Neue Wege‘ des Klettergebiets) gesichert. (...) Zur Erkundung eines neuen Aufstiegs (...) darf nicht über diesen abgeseilt werden (Ausnahme: Abseilwand). Ebenso unerlaubt sind Einsteigen in den Aufstieg mit Sicherung von oben, Teilnahme an sportlich nicht einwandfreien Versuchen oder Begehungen des geplanten Aufstiegs. (...) Der Erstbegeher hat für ausreichende Sicherung des neuen Aufstiegs zu sorgen. Sind keine genügenden natürlichen Sicherungsmöglichkeiten vorhanden, ist das Anbringen von Ringen, besonders an notwendigen Nachholstellen, geboten. (...) Ein vorheriges Anbringen von Ringen (z. B. durch Abseilen, Hineinqueren oder mit Sicherung von oben, ist nicht zulässig. (...) Beim Anbringen von Ringen darf eine entsprechend den Regeln gelegte Seilschlinge als Haltepunkt benutzt werden. Ebenso darf der zum Schlagen des Ringloches benutzte Bohrer als Haltepunkt dienen. Andere künstliche Haltepunkte wie Keile, Haken, Hilfsbohrer sowie gespannte Seile, sind beim Ringschlagen nicht erlaubt. Wird ein Ring mit Unterstützung geschlagen, müssen sich alle Beteiligten regelgerecht verhalten. Ringe sind so anzuordnen, daß unter Berücksichtigung aller Umstände mit geringster Ringanzahl und größtmöglichem Ringabstand eine ausreichende Sicherung erreicht wird. Ein Ring ist so anzubringen, daß ein einwandfreies Einhängen aus der Kletterstellung möglich ist. Der geradlinig gemessene Abstand zwischen 2 Ringen darf 3 m, die Summe der Ringabstände von 3 aufeinanderfolgenden Ringen 7,5 m nicht unterschreiten. (...) Konnte ein Ring nur provisorisch angebracht oder nicht ordnungsgemäß befestigt werden, ist das im Gipfelbuch zu vermerken und der Mangel umgehend zu beheben. Dazu darf der Ring durch Abseilen oder mit Sicherung von oben erreicht und der Ring als Haltepunkt benutzt werden. Gleiches gilt, wenn die Neutour am Bohrer gesichert wurde. Ringlöcher, in die kein Ring geschlagen wurde und Löcher ausgewechselter Ringe sind sofort ordnungsgemäß zu verschließen.

Der Erstbegeher hat das Recht, innerhalb einer Frist von 4 Wochen in die Neutour nachträglich Ringe zu schlagen. Ort und Abstand müssen den Kriterien (s. o.) entsprechen. Genügen die geschlagenen Ringe nach Ablauf der Frist nicht den Sicherheitskriterien, legt die AG ‚Neue Wege‘ Ort und Anzahl nachträglicher Ringe fest. (...) Durchgeführte Erstbegehungen sind innerhalb von 4 Wochen schriftlich an die AG ‚Neue Wege‘ zu melden. (...) Mit seiner Unterschrift bestätigt der Erstbegeher die Durchführung entsprechend den sächsischen Kletterregeln. Der Erstbegeher hat das Recht, den Namen des neuen Aufstiegs vorzuschlagen. Das gleiche gilt für die Benennung von neubestiegenen Gipfeln. Die AG ‚Neue Wege‘ hat das Recht, Namen von Aufstiegen zu ändern.

Die Überprüfung einer Erstbegehung erfolgt durch die AG ‚Neue Wege‘. Anerkannte Wege werden im Kletterführer oder anderen geeigneten Publikationen veröffentlicht. (...) Wird ein neuer Anstieg nicht anerkannt, so ist von der AG ‚Neue Wege‘ festzulegen, ob geschlagene Ringe durch den Erstbegeher wieder entfernt werden müssen. (...) Der Erstbegeher hat das Recht, gegen eine Entscheidung der AG ‚Neue Wege‘ einen begründeten Einspruch schriftlich einzulegen.

(aus: Kletterführer Sächsische Schweiz, Band 6, 1991)

Schrammsteine

Mit dem beherrschenden Hohen Torstein, seiner nach Süden zur Elbe hin vorgeschobenen Bastion des Vorderen Torsteins und dem westlich vorgelagerten Falkenstein ist dies ein besonders eindrucksvolles Ensemble. Während in Rathen die meisten Gipfel an den Rändern des engen Talgrundes stehen, sind die Schrammsteine die Landschaft überragende Felsgestalten, die vom Gipfel einen weiten Ausblick bieten.

Lage Östlich von Bad Schandau zwischen der Elbe und dem von Nordosten her mündenden Kirnitzschtal. Bei der Ostrauer Mühle ideal gelegener Zeltplatz.

Felsen Insgesamt nur 70 selbständige Einzelgipfel, aber darunter bei Felshöhen bis 80 und 100 Metern einige der wuchtigsten des gesamten Gebirges. Das Gestein ist hier fester als in Rathen, wenn auch mürbe Waben und Alaunverwitterung durchaus vorkommen. Dafür bieten die schwarzen Platten mit ihrem eisenfesten grobkörnigen Löcherfels für solche Passagen Entschädigung durch höchsten Klettergenuß.

Ökologie Dieser Teil des Gebirges gehört gleichfalls zum Nationalpark. Die Erschließung durch ein Netz von breiten Wegen, an der Schrammsteinaussicht mit aus dem Fels gehauenen Treppen und soliden Eisenleitern ergänzt, erlaubt auch hier einen bequemen Zugang zu allen Kletterzielen, ohne daß man quer durch die Botanik laufen müßte. Im übrigen wäre es das beste für das hübsche Kirnitzschtal, wenn dort zumindest an Wochenenden nur noch die Straßenbahn fahren dürfte.

Routen Vom Feinsten. Am FALKENSTEIN mit Varianten über 100 Anstiege: Den 1864 mit künstlichen Hilfsmitteln erzwungenen, aber bereits 1892 frei erkletterten *Turnerweg* [III] und dem 1892 vom Elbsandsteinpionier O. Schuster und M. Klimmer begangenen klassischen *Schusterweg* [III]. Weiter die 1912 eröffneten sicherungsarmen Schrubbelrisse des *Hohen Risses* [V] und die phantastische Linie des von O. Perry-Smith und den Fehrmanns schon 1913 bewältigten *Südrisses* [VIIa], die imponierende *Westkante* [VIIc], die rassigen Risse des *Renger-Gedächtnis-Weges* [VIIIa/VIIc]. Verschärft der Plattenschwindel der *Reginawand* [VIIIa] und B. Arnolds knackige *Rechte Südwand* [IXb]. Am VORDEREN TORSTEIN locken vor allem die hohen Routen der Elbseite wie *Erkerweg* [VIIa], *Südwand* [VIIa] und *Bruchholzkante* [VIIb]. Der MEURERTURM wartet mit O. Schusters klassischer Schrubbel der *Genießerspalte* [IV] und der von H. Rost und Gefolge 1949 begangenen prallen *Westwand* [VIIIb]. Der SCHRAMMTORWÄCHTER mit dem kühnen *Alten Weg* [VI] von O. Perry-Smith über die *Westkante*, der durch einen Kunstharzüberzug von einer heikel sandenden Gruselkletterei zu purem Genuß saniert wurde. Die bleichen Glatzen der OSTERTÜRME mit ihren tiefen Kaminen und Rissen und der 1894 von den Brüdern Meurer und O. Schuster erstbe-

stiegene DREIFINGERTURM mit *Alter Weg* [III], dem von 1916 stammenden *Strubichweg* [V], R. Fehrmanns *Südriß* [VIIb], H. Rosts *Ostrissen* [VIIIb] und B. Arnolds *Eiszeit* [Xa] ragen nördlich davon auf. Und am massigen HOHEN TORSTEIN warten wiederum über 70 Routen, vom *Alten Weg* mit der *Seydeschen Variante*, wo man sich wundert, was hierzulande so alles als [I] verkauft wird, über Classics wie R. Dreßlers *Südwand* von 1936 [VIIb], W. Häntzschels *Knirpelwand* von 1950 [VIIc] bis zu B. Arnolds *Südwestpfeiler* [IXa]. Die weiter östlich aufragende JUNGFER galt in klassischer Zeit als der schwierigste Gipfel des Elbsandsteingebirges. Ihre praktisch sicherungslose Besteigung durch W. Hünig, O. Perry-Smith und W. Baudisch 1906 über den ernsten *Alten Weg* [VIIa] war ein Husarenstück. Ebenso verlangt die besser gesicherte Reibungskletterei des von 1916 stammenden *Dietrichweges* [VIIa] uns auch heute noch Respekt ab.

Der Falkenstein-Südriß [VIIa] zählt sicher mit zu den schönsten Anstiegen im Elbsandsteingebirge.

Affensteine/Schmilkaer Gebiet

Die von wildromantischen Trockentälern in einzelne Sporne zerlegte Sandsteintafel der Affensteine steht etwas im Hintergrund. Eine besonders eindrucksvolle und aussichtsreiche Wanderung bietet die lange Bänderquerung der Oberen Affensteinpromenade.

Lage Die Affensteine liegen östlich der Schrammsteine, südlich vom Kirnitzschtal und am raschesten von dort her, am besten vom Beuthenfall aus, zu erreichen. Die an ihrer Südflanke näher an der Elbe gelegenen Felsbereiche sind am besten von Schmilka aus zugänglich (Straße von Bad Schandau, Elbfähre von Bahnstation Schmilka bzw. Schöna).

Ökologie Die beachtlichen Erosionsschäden in der Umgebung von Bloßstock und Brosinnadel sind durch beispielhafte Wegebauten saniert, die nun zur Schonung der Landschaft auf alleinige Benutzung warten. Daß es noch ganz andere Schadensursachen gibt als Touristen und Kletterbegeisterte, erzählt der Wald jedem, der den Zustand der Bäume zu deuten weiß.

Felsen 112 selbständige Gipfel an den Affensteinen, dazu 119 im Schmilkaer Gebiet. Mächtigster Gipfel ist der BLOSSTOCK, der erst 1899 von der Schartenseite über den *Wenzelweg* [V], und zwar unter Anwendung von künstlichen Hilfsmitteln, bestiegen wurde. Die erste freie Besteigung holten sich R. Fehrmann und Gefährten nach Querung um die Westkante über den rechten Rißkamin des *Alten Nordwegs* [V], die gesamte hohe Nordwand mit Einstieg nahe der Nordwestkante und Ausstieg durch den linken Kamin bereits 1911 M. Matthäus und Gefährten auf dem grandiosen *Gipfelstürmerweg* [VI]. Für ihre Zeit herausragende Leistungen waren die 1919 von E. Renger und M. Röhnick begangene *Ostwand* [VIIb] und auf der gegenüberliegenden Seite die von R. Klemm 1916 eröffnete *Westwand* [VIIb]. Ziemlich ernsthaft ist der von D. Hasse und Gefährten 1950 gefundene *Fehrmann-Gedächtnisweg* [VIIIb]. Auch direkt über den einschüchternd griffarmen Wandsockel der Nordseite führen seit 1958 H. Richters kühne *Nordwand* [VIIIa/VIIIc] und u. a. die von B. Arnold und Freunden 1977 eroberte *Zentrale Nordwand* [IXa]. Am massivseitig gegenüberstehenden KREUZTURM bestechen vor allem E. Strubichs schon 1916 eröffnete *Nordwand* [VIIb], von 1966 H. Richters *Westkante* [VIIIb] und B. Arnolds 1978 entdeckter *Lochstreifen* [VIIIc]. Wegen besonderer Schwierigkeit berühmt ist die Westwand des etwas weiter südlich aufragenden NONNENGÄRTNERS mit B. Arnolds *Wand der Morgenröte* [IXb, direkt IXc]. Das Schaustück westlich gegenüber ist die BROSINNADEL mit dem an der Gipfelkante lästig sandigen *Alten Weg* [IV], den klassischen Kaminen von A. Fehrmanns *Ostweg* [V] und den abweisenden Rissen und Wandstellen von B. Arnolds *Talweg* [IXa]. Am nächsten weiter westlich

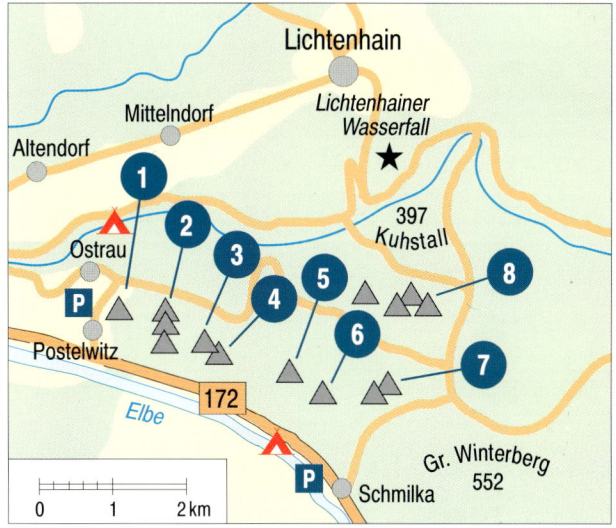

1: Falkenstein 2: Hoher und Vorderer Torstein, 3: Schrammsteinaussicht, 4: Jungfer, 5: Teufelsturm, 6: Rauschenstein und Winklerturm, 7: Lolaturm und Bussardwand 8: Affensteine mit Bloßstock.

gelegenen Sporn stehen die noch etwas höheren ROKOKOTÜRME mit einer Serie extremer Routen. In der Fortsetzung der Wände östlich vom Bloßstock fällt der schon von Raubrittern als Burg genutzte FRIENSTEIN auf, dessen *Alter Weg* [III] noch deren eingehauene Stufen aufweist und der mit dem *Wiessnerriß* [VIIc] an den späteren Erstbegeher der Fleischbank Südostwand, Devil's-Tower-Erstbesteiger, K2-Versucher und Begründer der UIAA-Skala erinnert, der noch im reifen Alter von 90 Jahren an sächsischem Steilfels gesichtet werden konnte, ehe er 1988 verstarb. Im Schmilkaer Gebiet sticht vor allem der hoch über dem Elbtal aufragende TEUFELSTURM ins Auge, dessen von O. Perry-Smith 1906 eröffneter *Alter Weg* bereits die Schwierigkeit VIIb aufweist und der mit R. Stolles *Talseite* [VIIIa], K. Richters *Ostwand* [VIIIb/c], W. Schönlebes *Pferdefuß* [Xa] und B. Arnolds *Sonnenuhr* [IXa], *Westwand* [IXa], *Fern von Eden* [Xa], *Teufelei* [Xa] und *Himmel und Hölle* [Xa] weiteren Generationen von Hochleistungskletterern Gelegenheit zu heißen Neutouren bot. Massiger, aber gleichfalls markant ist der wuchtige RAUSCHENSTEIN, mit einem für eine Burg präparierten *Alten Weg* [I], dem verblüffend hübschen, klassischen *Alten Südweg* [II], der 1913 eröffneten Verschneidungskletterei des *Neuberweges* [V], der gleichfalls nach ihrem – später in der Eiger-Nordwand abgestürzten – Erstbegeher benannten *Gondakante* [VIIIa] und B. Arnolds *Stirnkante* [IXa] und *Langer Nordwestwand* [IXc].

Weitere Felsen Jede Menge. Besonders lohnend LOLATURM, SCHWARZES HORN, BUSSARDWAND, HERINGSGRUNDNADEL, FLUCHTWAND, NEUE WENZELWAND.

Bernd Arnold klettert die Route „Garten Eden" [Xc] am Rokokoturm/Affensteine.

Schwierigkeitsbewertungen

Durch Vergleich von Routen werden seit der Jahrhundertwende Zuordnungen zu Schwierigkeitsgraden vorgenommen. Die zuerst benutzte fünfstellige Skala wurde später zur sechsstufigen „Welzenbachskala" und „Alpenskala" erweitert. Diese wiederum erfuhr in den 60er Jahren als UIAA-Skala internationale Verbreitung und wurde ab den 70er Jahren durch die Hinzufügung weiterer Schwierigkeitsgrade nach oben geöffnet. Die Bewertungen nach UIAA-Skala sind in diesem Buch in runden Klammern angegeben.

Die sächsische Skala definierte die Schwierigkeitsgrade im Vergleich zur Alpenskala im allgemeinen (nicht bei Riß- und Kaminkletterei!) etwas milde. Dies lag darin begründet, daß in Sachsen eine in den 1950er und 1960er Jahren erfolgte Verschärfung der Alpen/UIAA-Skala mit Abwertung aller älteren Routen nicht mitgemacht worden war, andererseits jedoch die Skala schon früh nach oben geöffnet wurde. In sehr alten Routen aus der Zeit der fünfstufigen bzw. sechsstufigen Skala (bei der der jeweils oberste Grad damals als „Grenze des Menschenmöglichen" definiert war), blieben jedoch teilweise die alten Bewertungen stehen, obwohl die Routen in die später neu hinzugefügten oberen Grade gehören. In solchen Routen kann man rasch sein blaues Wunder erleben . . . Die Bewertungen nach der sächsischen Skala sind in diesem Buch durchwegs in eckigen Klammern angegeben.

Die Schwierigkeitsangaben haben vordergründig den Sinn, daß Begeher und Begeherinnen einer Route vorweg abschätzen können, ob sie den Schwierigkeiten gewachsen sind. Die Hitzigkeit der Diskussionen um Schwierigkeitsbewertungen zeigt allerdings, daß dabei im Hinterkopf zusätzlich etwas anderes stecken muß. Etwa wie groß und stark wohl der Drache ist, mit dem man/frau da kämpfen will. Je größere man „besiegt", um so mehr Selbstbestätigung und um so mehr Anerkennung von anderen. Wir sind eben Kinder der Leistungsgesellschaft und fallen immer wieder in entsprechende Verhaltensmuster. Aber wenn schon Leistung, dann doch bitte ehrlich: Natürlich spielen da nicht nur die Schwierigkeitsgrade eine Rolle, sondern auch die unterschiedlichen Begehungsstile mit ihren jeweils unterschiedlichen, sehr verschiedenartigen Leistungsanforderungen, auch nach Sicherungsbedingungen, Vorinformation und Felsqualität. Und auch das „gemacht" in einem gewählten Begehungsstil kann sehr unterschiedlich aussehen – knapp und mit Krampf oder souverän, gelassen, mit Reserven, mit schlechter oder guter B-Note . . .

Kleiner und Großer Zschand, Wildensteiner und Hinterhermsdorfer Gebiet

Diese Felsen hinter all den anderen Köstlichkeiten werden seltener besucht, teils wegen der weiteren Wege, die zu ihnen führen, teils wegen ihres geringeren Bekanntheitsgrades. Deswegen sind sie überwiegend eine Welt für alle, die tatsächlich die Stille suchen.

Lage Nordöstlich von Schmilka und den Affensteinen; Zugang vom Kirnitzschtal.

Felsen Im Kleinen Zschand gibt es 44 Gipfel, im Großen Zschand 87, im Wildensteiner Gebiet 42, im Hinterhermsdorfer Gebiet 17. Die Felshöhen bleiben etwas hinter den vorigen Gebieten zurück. Das Gestein ist im Kleinen Zschand besonders großbankig und von durchschnittlicher Festigkeit, im Großen Zschand großbankig und eher weniger fest. Das Gebiet um den Wildenstein und bei Hinterhermsdorf ist teilweise durch die Randlage in der Nähe der Lausitzer Überschiebung verkieselt und oft sehr griffarm.

Ökologie Sowohl die Kirnitzschklamm als auch ein großer Bereich des Zschand sind als Naturschutzgebiet nur auf den Wegen zugänglich. Die jeweils aktuelle Situation bezüglich des Zugangs zu den Felsen ist zu erfragen.

Routen Besonders markant im Kleinen Zschand der HERINGSTEIN, der mit einer breiten Palette lohnender Routen wartet, vom 1893 gefundenen *Alten Weg* [II], der 1926 von E. Augustin begangenen *Augustinhangel* [VIIa], dem von F. Scheffler 1934 eröffneten *Osterweg* [VIIa] bis zu absoluten Extremrouten wie B. Arnolds Schöpfungen *Blanker Himmel* oder *Zentrale Nordwand* [beide IXb]. Im Großen Zschand der GOLDSTEIN

mit Leckerbissen aus allen Phasen der Klettergeschichte, wie dem 1898 von O. Reimann durchstiegenen *Südostkamin* [III], dem 1912 von H. Weigand und Gefährten gefundenen *Ostweg* [VI], der 1920 von F. Wiessner eröffneten prächtigen *Südostwand* [VIIa], dem von K. Stein 1924 entdeckten *AKV-Weg* [VI], der von W. Häntzschel und Gefolge 1937 gekletterten *Südwand* [VIIb]. Härteres in der von H. Rost 1948 erstmals durchstiegenen *Wahnsinnsverschneidung* [VIIIa/b], über D. Hasses 1958 dazugebastelter *Pfeilerwand* [VIIc] bis hin zu B. Arnolds Routen *Nordwestwand, Kürzester Aufstieg* und *Langer Tag* [alle IXa]. Weitere hervorstechende Gipfel sind GROSSES SPITZES HORN mit dem von O. Schuster und C. u. F. Meurer für 1894 beachtlichen Frühclassic *Alter Weg* [V], dem 1909 von W. Hünig und A. Kunze begangenen *Hünigweg* [VI] und F. Wießners 1921 durchstiegenen *Nordriß* [VIIc] sowie der KAMPFTURM mit O. Schusters 1894 gefundenen *Altem Weg* [III] und dem 1902 begangenen *Puschweg* [III], der von H. Wünsche und H. Rost 1949 gegangenen *Südwand* [VIIc] und den daneben von H. Richter 1958 hinzugefügten *Direkten Südwand* [VIIIa] und dem von B. Arnold ergänzten *Weißen Streifen* [VIIIb]. Weiter die SOMMERWAND mit F. Meurers und O. Schusters 1894 begangenen *Gratweg* [II], D. Hasses 1957 gekletterter *Nordwestwand* [VIIIb], dem von H. Richter und Freunden 1958 ertüftelten *Fledermausweg* [VIIIc/IXa] und B. Arnolds 1973 hinterlassener Visitenkarte *team work* [IXb/c] oder der von Z. Weingartl und seinen Landsleuten 1981 daneben gesetzten *Schwarzfahrt* [IXc].

UIAA-Skala	Sächsische Skala	Französische Skala
I/II	I	1
II	II	2
III–/III	III	3
III+/IV–	IV	3+
IV/IV+	V	4
V–/V	VI	4+
V+/VI–	VIIa	5, 5+
VI–/VI	VIIb	5+, 6a
VI+	VIIc	6a, 6a+
VII–, VII, VII+	VIIIa, VIIIb, VIIIc	6b, 6b+, 6c
VIII–, VIII, VIII+	IXa, IXb, IXc	6c+/7a, 7a+, 7b
IX–, IX, IX+	Xa, Xb, Xc	7b+/7c, 7c+, 8a
X–, X, X+	XIa, XIb, XIc	8a+/8b, 8b+, 8c

Gebiet der Steine

Unter dieser Bezeichnung werden mehrere kleinere Tafelberge zusammengefaßt, die als übriggebliebene Reste der früher weiter verbreiteten Sandsteinschichten (Zeugenberge) stehengeblieben sind.

Lage Der markante Lilienstein liegt gegenüber von Königstein nördlich der Elbe, die anderen, wie Bärenstein, Festung Königstein, Pfaffenstein, Papststein und Zschirnstein, südlich davon. Bis auf die drei erstgenannten sind sie alle etwas weiter von Bahn und Elbtal entfernt.

Felsen Insgesamt 93 Gipfel. Das Gestein ist meist fester, griffiger Sandstein, besonders am Lilienstein weithin mit prächtigen schwarzen Platten unterschiedlicher Griffigkeit besonderer Genuß.

Routen Der LILIENSTEIN als mit Felshöhen bis 90 m höchstes Kletterziel der Steine ist mit seinem westlichen Vorsprung von Natur aus ein selbständiger Gipfel mit tiefer Scharte, wird jedoch wegen der über diese Schlucht gebauten Brücke als Massiv eingestuft und erst in jüngerer Zeit ausnahmsweise beklettert. Besonders lohnend sind u. a. die *Südverschneidung* [V], *Südkante* [VI], *Südhangel* [VIIa], *Westkante* [VIIa], *Influenzakante* [VIIb], *Mulattenkopf* [VIIIb], *Sphinx* [IXa] und die am Tag der ersten freien Volkskammerwahl eröffnete *Erste Wahl* [VIIIa]. Am Pfaffenstein steht als wohl bekannteste Felsgestalt die atemberaubend schlanke BARBARINE (siehe Kasten). Immerhin kann man sie noch vom FÖRSTER aus nächster Nähe bewundern. Deutlich

höher sind die auf der Nordseite des Pfaffensteins gelegenen Gipfel NORDTURM und GLATTER TURM mit lohnenden Routen durch ihre 60 m hohen Talseiten. Als Ziel extremer Schwierigkeit gilt die Westwand der SÜDLICHEN PFAFFENSCHLUCHTSPITZE, wo B. Arnolds *1000-Mark-Wand* [IXc] und die noch schärferen späteren Varianten bis hin zu M. Weipperts *Inflation* [Xb] zu finden sind. Die südlich von Gohrisch am Papststein gelegene GROSSE HUNDSKIRCHE ist mit E. Strubichs *Südwestweg* [V], W. Barths *Nordwand* [VIIc], H. Richters *Geradem Weg* [VIIc] und B. Arnolds *Westkante* [VIIIc] und *Nordwestwand* [IXa] eine weitere sehr beliebte Felsgestalt.

1: Lilienstein, 2: Pfaffenstein, 3: Hundskirche/Papststein.

Boofen

Das ist ein sächsisches Wort. Übersetzt ins Hochdeutsche bedeutet es „schlafen", „pennen". Und eine Boofe ist ein Platz, wo man schläft. Im Freien, etwas geschützt und kuschelig unter einem Überhang. Im Elbsandsteingebirge ist das eine alte Tradition, wenn auch in jüngster Zeit in einigen Gebieten aus Naturschutzgründen verboten. Natürlich wird in einer Boofe nicht nur gebooft, sondern – wenn entsprechende Leute zusammen sind – auch mal gesoffen. Und es gibt allerlei Geschichten um solche Boofen. Am Großen Bärenhorn, an der Siebenschläferboofe, geschah eine besonders spektakuläre, sicher verbürgt:

Diese Boofe liegt ausgesetzt über einer hohen Steilwand mit luftigem Zugang. Und am Ende eines feuchtfröhlichen Abends passierte es, daß einer der Zecher den weiten Schritt nicht genau schaffte und fiel. Er fiel weit, streifte einen Baum, fiel weiter, sechzig Meter tief hinab bis zum Wandfuß. Und lebte. Schwerverletzt, aber wie durch ein Wunder lebendig, wurde er geborgen.

An sich sollte man meinen, daß sich so etwas herumspricht und an solch einem Ort künftig größere Vorsicht geübt wird. Anders hier. Wenige Jahre später geschah ein weiterer Unfall nach dem gleichen Strickmuster. Wieder verdaddelte sich einer im Suff an dem großen Schritt, fiel, streifte den Baum, fiel zum Wandfuß. Und auch er überlebte.

Aber selbst diese Lehre wirkte nicht auf Dauer. Wiederum kam es zu einem Absturz. Und diesmal war der Betreffende tot.

Es war der gleiche Mensch, der einige Jahre zuvor als Erster hinuntergefallen war.

▷ In der Bernd-Arnold-Route „Fern von Eden" [Xa] am Teufelsturm.

Barbarine – der sterbende Fels

Für die Ewigkeit gebaut erscheinen sie uns, diese Felsmassive und Türme. Und gemessen an unserer eigenen Lebensspanne ist da ja auch etwas dran. Aber immerhin sind sie, als Skulpturformen aus den ehemals zusammenhängenden Gesteinsschichten herausgearbeitet, letztlich Ruinen der ursprünglichen Felsmassen. Und daß ihre Ewigkeit nur eine relative ist, das zeigt das Beispiel der Barbarine.

Dieser auf der Südostseite des Pfaffensteins wirklich aufregend schlank aufragende Turm ist wohl das bekannteste Wahrzeichen des Elbsandsteingebirges. Erstmals bestiegen wurde er am 19. September 1905 durch Rudolf Fehrmann und Oliver Perry-Smith über den Alten Weg [VI], zuerst einen Schrubbelriß, oben dann an offener Wand über Überhänge. Der einzige zusätzliche Anstieg war die 1924 begangene Talseite [VIIc]. Durch Blitzeinschläge und die anhaltende Auswaschung der natürlichen Bindemittel des Sandsteins wurden die beiden Gipfelköpfe zunehmend zerrissen und zermürbt. Erste Sanierungsversuche wurden in den Jahren 1946 unternommen, dann wieder 1964. Aber dauerhafte Abhilfe konnte auch ein um den Gipfel gezogenes Stahlband nicht bringen. 1975 wurde schließlich ein Besteigungsverbot erlassen. In weiteren Sanierungsversuchen wurden 1979 und 1980 in die Gipfelköpfe den Sandstein verfestigende Chemikalien injiziert und zusätzlich auf dem oberen Kopf eine Kunstharzsandsteinschicht aufgetragen, die allerdings durch Besteigungen rasch wieder zerstört werden würde. Deshalb wird das Besteigungsverbot aufrechterhalten.

Der Anblick dieses wunderbaren Felsturms kann auf diese Weise vermutlich noch längere Zeit erhalten bleiben. Aber für die Ewigkeit wird die Barbarine natürlich trotzdem nicht stehen.

Die Frage im Hinterkopf jedoch bleibt unbeantwortet: Wie weit ist die Zermürbung des Gipfelkopfes Ergebnis der Luftverschmutzung? Und an wie vielen Felsen, an denen lediglich nicht so genau hingeguckt wird wie an dieser Berühmtheit, laufen unerkannt, aber ähnlich unerbittlich ebensolche Vorgänge beschleunigter Verwitterung?

Die Barbarine.

die AG ‚Neue Wege' nach gründlicher Prüfung jedes einzelnen Falles. (...) Unberechtigt geschlagene Ringe sind wieder zu entfernen, jedoch darf dies nur im Auftrage der zuständigen AG erfolgen." (Es schließen sich Einzelheiten über Gilfelbucheintragungen, Meldung von Neutouren, detaillierte Ratschläge zur sicheren Durchführung von Besteigungen und Verhaltensregeln bei Unfällen an.) „Die Bestimmungen des Natur- und Landschaftsschutzes sind als Grundregeln zu beachten und einzuhalten. (...) Als Zugänge zu den Kletterfelsen sind die im Kletterführer enthaltenen bzw. im Gelände markierten Wege, Pfade und Klettersteige zu benutzen. (...) Abfälle jeder Art müssen wieder mit zurückgenommen werden. Beim Klettern soll die Natur so gering wie nur möglich beeinflußt werden. Lautes Rufen ist möglichst zu unterlassen. Lockermassen und Pflanzenwuchs in Kletterwegen und auf Gipfeln dürfen nur entfernt werden, wenn sie eine Gefährdung des Kletterers darstellen. Das Klettern in brüchigem Gestein während und vorübergehend nach Regen ist nicht gestattet. In Naturschutzgebieten und der Schutzzone I des Nationalparks Sächsische Schweiz ist das Klettern nur an den im Kletterführer genannten Felsen erlaubt.(...) Beim Klettern in diesen Gebieten haben sich die Kletterer auf Verlangen der Kontrollorgane als Kletterer auszuweisen. Ständige oder zeitweilige Kletterverbote, die vom Naturschutzorgan erlassen, durch Veröffentlichung bekanntgemacht und im Gelände markiert wurden, sind unbedingt einzuhalten. (...)"

(aus: Kletterführer Sächsische Schweiz, Band 6)

Alle diese Regeln sind von jeher sowohl sportlich als auch durch Rücksichtnahme auf die Natur begründet. Die sportliche Regel der Erstbegehung von Anstiegen allein von unten sichert den Wiederholern zu, daß ihnen nicht eventuell mehr abverlangt wird als den Ersten. Daß manche Anstiegsmöglichkeiten jedoch trotz raffiniert verfeinerter Methoden des Schlingenlegens von unten nicht hinreichend abgesichert werden können, verhindert auch eine allzu enge Routendichte.

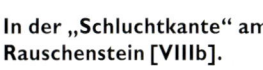

In der „Schluchtkante" am Rauschenstein [VIIIb].

Zittauer Gebirge und Oberlausitz

1: Gebiet Jonsdorf, 2: Gebiet Oybin, 3: Gebiet Ebersbach, 4: Königshainer Berge, 5: Gebiet Demitz-Thumitz.

Von Dresden auf der A4 nach Bautzen, weiter auf der B6 nach Löbau und auf der B178 nach Zittau. Südwestlich nach Oybin, Jonsdorf und Waltersdorf.
Königshainer Berge: Auf der B6 über Löbau bis Reichenbach und nordöstlich auf einer Nebenstraße weiter nach Königshain.

Der ferne Osten der Republik, im Dreiländereck zu Polen und zur Tschechei, zeigt im Gebiet der heutigen Mittelgebirgshöhen des Zittauer Gebirges (auch Lausitzer Gebirge genannt) jüngere Gesteine als das niedrigere und weniger reliefierte Vorland der Oberlausitz. In diesem stehen überwiegend Granite des Erdaltertums an, im Grenzgebirge dagegen – ebenso wie im westlich benachbarten Elbsandsteingebirge – stark gehobene und zerschnittene Kreidesandsteine des Erdmittelalters, hier und da überragt von den Phonolithkegeln etwas jüngerer Vulkane.

Die natürlichen Felsen des Gebietes sind im Süden überwiegend Sandsteintürme und -massive ähnlichen Gepräges wie in der Sächsischen Schweiz. Sie sind hier jedoch niedriger. Dafür ist der Fels als Folge des tertiären Vulkanismus teilweise durch starke Verkieselung und häufigeres Vorkommen von Eisenrinden besonders hart und scharf.

Im Norden gibt es westlich von Görlitz im Bereich des alten Grundgebirges auch Granittürme, von denen allerdings die meisten schon früh dem Gesteinsabbau zum Opfer gefallen sind und jetzt als Häusersockel, Brückenpfeiler oder Pflastersteine ein weniger spektakuläres Dasein fristen. Dafür haben die teilweise gewaltigen Steinbrüche eine Reihe hochinteressanter Felsobjekte geschaffen. Teils sind sie schon als reizvolle Kletterziele etabliert, teils wachsen diese erst in noch betriebenen Steinbrüchen heran. Es würde lohnen, sich bereits vorausschauend um die letzteren zu kümmern. Etwa, indem man das Klettern gleich als Nachfolgenutzung ins Gespräch bringt und dafür wirbt, daß im Endzustand klettergünstige Felsstrukturen stehenbleiben. Man könnte ins Träumen geraten angesichts der hier denkbaren Perspektiven von einem Land, in dem die Zahl der Klettermöglichkeiten zu- und nicht nur immer abnimmt . . .

Unterkunft

Jugendherberge und Privatzimmer in Jonsdorf. Nördlich von Königshain Touristenherberge.

Führer

Hans Pankotsch u. a.: Zittauer und andere Gebirge. (Neuauflage in Vorbereitung).
Karsten Kügler: Deutschland vertikal – der Osten. Topo-Auswahlführer.

Am Einstieg zum „Alten Weg" [III] am Kelchstein im Klettergebiet rund um Oybin.

Gebiet Jonsdorf

Kaminkletterei im „Alten Weg" [III] am Jonsdorfer Mönch.

Emissionen der Schornsteine anderswo hinterlassen auch am Wald dieser Mittelgebirgskuppen furchtbare Spuren. Solange es Falken und Uhus hier trotzdem noch gibt, sind natürlich auch die für ihre Brut nötigen Kletterverbote zu respektieren. (Aktuellen Stand vor Ort erfragen!).

Kletterregeln Es gelten auch im Zittauer Gebirge die sächsischen Kletterregeln.

Routen Eindrucksvoll hoch am JONSDORFER MÖNCH, mit u.a. *Alter Weg* [III], *Talweg* [IV], *Südriß* [VI], schlecht gesichert an der JONSDORFER BARBARINE [VI]!, am FALKENSTEIN *Dresdner Weg* [V] und *Lauschestiege* [VIIb].

Lage Südwestlich von Zittau, dicht an der tschechischen Grenze.

Felsen Grobkörnig, oft direkt konglomeratisch ist das Gestein hier, und nicht selten so weich, daß es unter dem Zugriff oder Tritt absandet. Ebenso wie im benachbarten Elbsandsteingebirge wird auch hier – mit nur wenigen Ausnahmen – lediglich an den 20 selbständigen Gipfeln geklettert, mit Höhen bis 40 m.

Ökologie Von direkten menschlichen Nutzungen her sieht es fast nach alter heiler Welt aus. Aber die giftigen

▷ 1: Kelchstein, 2: Waldtorwächter, 3: Mönchswand, 4: Zwillinge, 5: Gratzer Höhe, 6: Ernst-Schulze-Stein, 7: Jubiläumsturm, 8: Jonsdorfer Mönch/Schluchtwand, 9: Schalkstein, 10: Falkenstein.

▽ Im „Familienausflug" [VIIb] im Steinbruch Kolosseum.

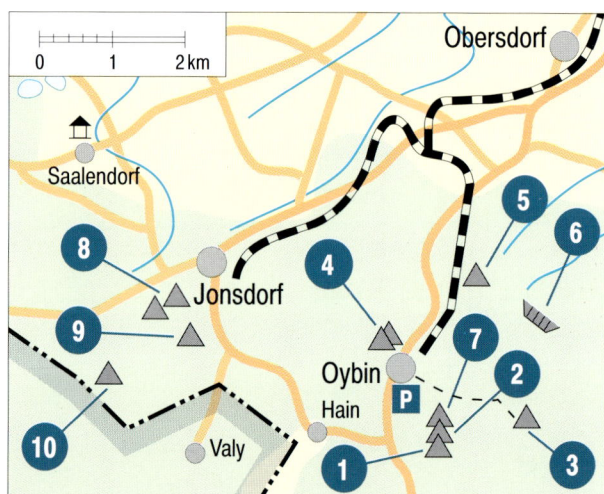

Gebiet Oybin

Lage Östlich von Jonsdorf, rund um den Ort Oybin.
Felsen Insgesamt über 50 Klettergipfel. Das Gestein ist hier ganz besonders mürbe, so daß auf keinen Fall bei oder nach Regen geklettert werden darf. Am Berg Oybin sind an der Ostseite auch Massivkletterei zulässig.
Routen Besonders schwierig der mächtige WALDTOR-WÄCHTER mit u. a. *Alter Weg* [VIIb], *Südweg* [VIIb], *Schiefer Tod* [VIId] und der originelle, allseits entnervend griffarm überhängende KELCHSTEIN mit seinem *Alten Weg* [VIIc]. Lohnend auch ERNST-SCHULZE-STEIN und MÖNCHSWAND.

Gebiet Ebersbach

Lage Südlich von Bautzen, dicht an der tschechischen Grenze.
Felsen Bei Ebersbach (Klunst) und Friedersdorf schmale Steinbrüche im Granit des Grundgebirges, in denen die Gänge des später in den Granit eingedrungenen dunklen Lamprophyrs ausgebeutet wurden. Naturfelsen bei Spitzkunnersdorf (Großer Stein, 471 m; Basalt) und Oberrodewitz (Spitzberg, 514 m; Phonolith).

Gebiet Demitz-Thumitz

Hier gibt es zwischen Bautzen und Bischofswerda – ebenso wie weiter nordwestlich bei Kamenz – bis 100 m tiefe, noch betriebene Steinbrüche im enorm kluftarmen Oberlausitzer Granit. Dies ist für die Zukunft noch ein Land der unbegrenzten Möglichkeiten.

Der allseits entnervend griffarm überhängende Kelchstein ist sicher die faszinierendste Felsgestalt im Gebiet Oybin.

Gebiet Königshainer Berge

Neben letzten übriggebliebenen natürlichen Felstürmen aus Granit sind hier mehrere große, alte Steinbrüche zu finden, mit Grundwasserseen für „climb and swim".
Lage Westlich von Görlitz, nördlich von Königshain.
Felsen Der besonders feste, geologisch jüngere Stockgranit zeigt an den natürlichen, bis 12 m hohen Türmen Wollsackverwitterung, in den bis fast 30 m hohen Steinbruchwänden vorwiegend kleingriffige Kletterei an schmalen Leisten.
Ökologie Die Probleme durch den früheren Gesteinsabbau und die aktuellen Autobahnpläne sowie die konkreten Pflegemaßnahmen vor Ort haben die Gemeinsamkeiten von Kletterern und Naturschützern bewußt genug gemacht, um gute Zusammenarbeit zu bewirken. Von Gästen wird gleichfalls striktes Einhalten der vereinbarten Regeln erbeten.
Kletterregeln Magnesiaverbot. Keine weiteren Neutouren an den Naturfelsen. An einer Steinbruchwand ganzjährige Sperrung wegen Vogelschutz.
Routen Hübsche Boulder an HOCHSTEIN, TOTENSTEIN und an den TEUFELSSTEINEN, dort u. a. *Satansriß* [VIIc], überwiegend schärfere Sportkletterrouten in den Steinbruchwänden wie PARADIES oder KOLOSSEUM, dort u. a. *Abendrot* [VIIa], *FKK-Wand* [XIa] und IDYLL mit u. a. *Sonnenspiegel* [V] und *Familienausflug* [VIIb].

Erzgebirge

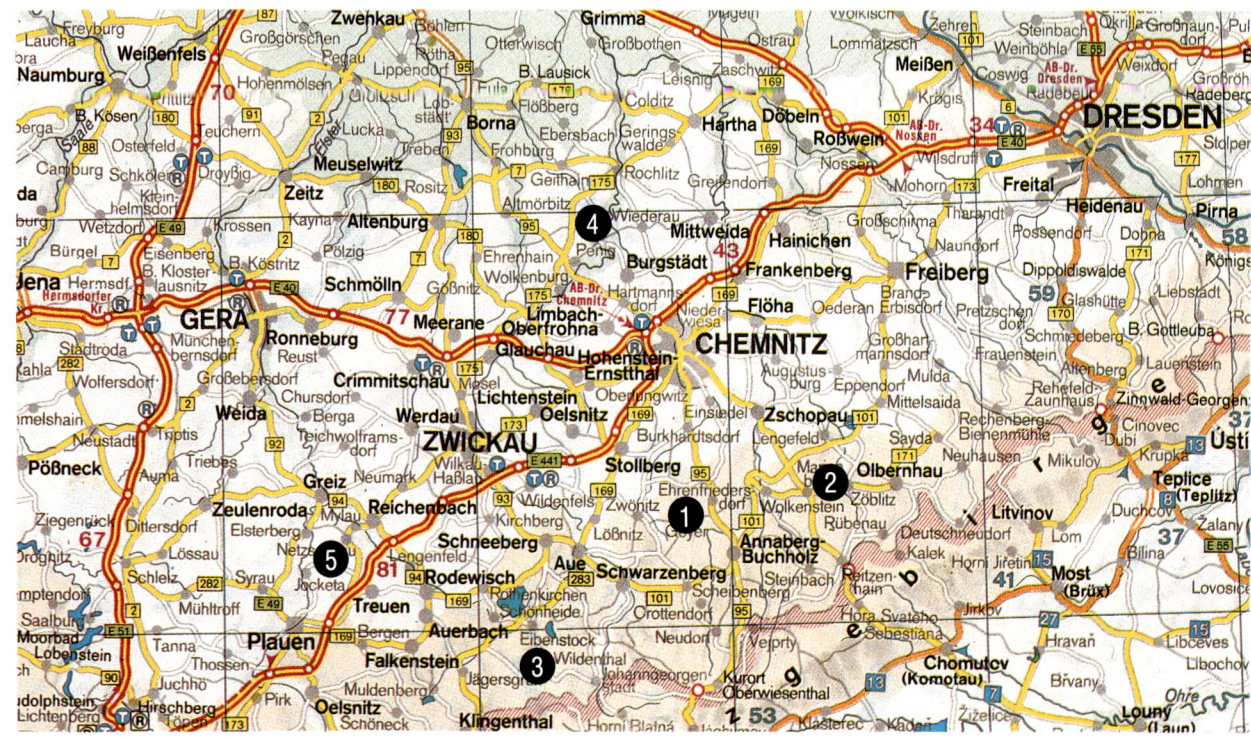

1: Greifensteine, 2: Katzensteingebiet, 3: Auersberggebiet, 4: Muldewand, 5: Steinicht.

Greifensteine: Mit dem Auto auf der A4/E40 bis nach Chemnitz. Von Chemnitz südlich auf der B 95 20 km nach Ehrenfriedersdorf, von dort westlich 3 km zu den Greifensteinen.
Katzensteingebiet: Von Chemnitz südöstlich auf der B 174 26 km nach Marienberg und dann auf der B 171 3 km in östlicher Richtung weiter und schließlich südlich 2 km nach Pobersham und zu Fuß zum Katzenstein.

Auersberggebiet: Von Chemnitz südwestlich auf der A 72/E 441 nach Stolberg, dann auf der B 169 bis Aue und auf der B 283 weiter nach Eibenstock; insgesamt 45 km.
Von dort 10 km Richtung Johanngeorgenstadt und weiter nach Steinbach (für

Auersberggebiet mit Teufelsstein und Rockstein).
Steinicht: Auf der E 441 nach Plauen und weiter auf der B 92 Richtung Greiz. Östlich weiter nach Cossengrün.
Muldewand: Von Chemnitz (früher Karl-Marx-Stadt) auf der B 95 17 km nach Penig.

Ein altes Mittelgebirge aus alten Graniten und Gneisen, von alters her vom Bergbau nach Edel- und Buntmetallen und schließlich nach Uran durchwühlt. Der Bergbau hat überall seine Spuren hinterlassen in Form von Schächten, Gruben und – teilweise schwermetallverseuchten oder radioaktiven – Halden. Mit dem Fichtelberg ist es ganze 1215 Meter hoch und besitzt damit den höchsten Gipfel im östlichen Deutschland. Das bedeutet Attraktivität für Wintersportbetrieb.

Das in diesem Kapitel mit einbezogene nördliche Vorland des Erzgebirges dagegen ist dicht besiedelt und industrialisiert und entsprechend überbaut und belastet. Die Felsen liegen in diesem Gebirge in Nadelwäldern, die in folge massiver Luftverschmutzung weithin vom Waldsterben so hart geschlagen sind wie wenige andere. Im Vorland zieren die Felsrücken die Steilhänge der mit hübschen Talmäandern eingeschnittenen Flußtäler.

Im Tal der Weißen Elster stehen die Grünsteinfelsen von Steinicht. Hier der Dornbusch mit dem luftigen „Gratweg" [IV] links und dem düsteren „Müschnerkamin" [IV] rechts.

Greifensteine

Der breite Gemsenturm in den Greifensteinen, von Süden gesehen.

Malerische Kulisse einer Freilichtbühne sind sie, die bleichbizarren Felsmauern inmitten zerzauster Fichten. Kein Platz weltabgeschiedener Stille, mit Rollbahn bis direkt vor die Felsen und Zäunen und Schranken. Aber das älteste Klettergebiet des Erzgebirges mit sportlich und ästhetisch durchaus begeisternden Anstiegen.

Lage Etwa 30 km südlich von Chemnitz (früher Karl-Marx-Stadt), 3 km westlich von Ehrenfriedersdorf, als höchste Gipfel auf der Kuppe des Ehrenfriedersdorfer Freiwaldes (732 m).

Felsen Von den 7 Felsen ist einer mit einer monumentalen Eisentreppe erreichbar gemacht und als Aussichtspunkt verschlissen, die anderen sind Klettergipfel. Der helle, gleichmäßig geklüftete Wollsackgranit ist schon von Natur aus überdurchschnittlich glatt und in den häufiger begangenen Routen obendrein höllisch poliert.

Das mischt bei Hitze und Nässe – ganz besonders in den zahlreichen Reibungspassagen über Platten und seichte Risse – in die Kletterfreuden rasch eine Prise milder Verzweiflung. Aber immerhin bieten sowohl die vertrauenerweckenden Elefantenhaken wie auch die meist durchaus klemmkeilfreundlichen Risse solide Sicherung.

Ökologie Daß dies nicht ein Ort mit voller Priorität für Naturschutz ist, sagen schon der frühere Abbau von Felsen (Theater!) und die bauliche und verkehrsmäßige Erschließung der Steine. Aber selbstverständlich ist Sauberkeit ebenso Pflicht wie das Respektieren der Zäune und Gebäude und die Kletterabstinenz während der Theateraufführungen. Auch gilt hier, wie fast überall in den neuen Ländern, Magnesiaverbot und alleinige Erschließung neuer Routen von unten entsprechend den Elbsandsteinregeln. Klemmkeile sind erlaubt.

Routen Eine wie die andere vom Feinsten, in allen Schwierigkeitsstufen gleichermaßen. Am KREUZTURM *Alter Weg* [II], *Toter Riß* [VIIa], am breiten GEMSENTURM *Alter Nordweg* [III], *Südriß* [IV], *Fichtenwand* [V], *Gipfelstürmerweg* [V], *Südwand* [VIIb], am SEEKOFEL *Alter Weg* [III], *Algenwand* [III], *Südwand* [V], am KLEINEN BROCKEN *Alter Weg* [II], *Südweg* [III], *Westweg* [VIIa]. An der STÜLPNERWAND *Alter Weg* [I], *Birkenriß* [IV], *Nordriß* [V], *Schattenwand* [VIIc] und *Geisterkante* [VIIc], am TURNERFELSEN *Alter Weg* [II], *Bartriß* [IV], *Südwand* [VI], *Nordwand* [VIIb] und viele andere.

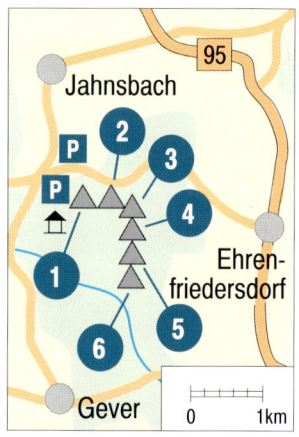

△ 1: Kreuzturm, 2: Gemsenturm, 3: Seekofel, 4: Kleiner Brocken, 5: Stülpnerwand, 6: Turnerfelsen.

◁ Rißkletterei am Kleinen Brocken mit seiner typischen horizontalen Rißstruktur.

Auersberggebiet

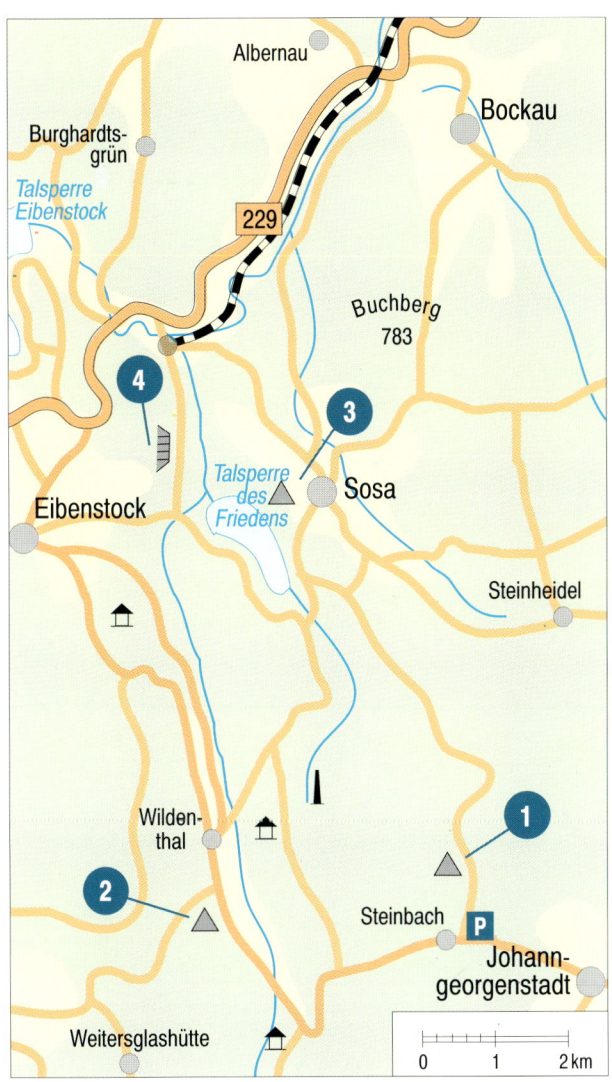

1: Teufelsstein, 2: Rockenstein, 3: Hirschkopf, 4: Flachfelsen.

Die schlanke Granitnadel des Teufelsteins.

Die Granitklippen um den mit 1019 m dritthöchsten Berg im Gebiet der ehemaligen DDR, den Auersberg, liegen verstreut in einer vom Uranbergbau und von Talsperren geprägten und entsprechend geplagten Umgebung.

Lage Südöstlich von Zwickau und Schneeberg, zwischen Eibenstock und Johanngeorgenstadt liegen die Felsen vereinzelt in den Tälern.

Felsen Der deutlich geklüftete, solide Granit ist in der gesteinsspezifischen Wollsackverwitterung kantengerundet und zeigt bis 30 m hohe Wände.

Ökologie Mit radioaktiven Verseuchungen und Waldsterben und für Talsperrenbau versetzten Bergen ist dies eine geschundene Landschaft. Das läßt sich durch Unterschutzstellungen nett verdrängen: Der Teufelsstein und seine Umgebung sind zum Ausgleich Naturdenkmal.

Kletteregeln Das Klettern ist nur am Teufelsturm selbst zulässig, nicht an den benachbarten Massiven. Im gesamten Gebiet herrscht uneingeschränktes Magnesiaverbot.

Routen Am markantesten die nördlich von Neustadt im Steinbachtal aufregend schlank emporragende Felsnadel des TEUFELSSTEIN mit *Alter Weg* [V], *Schartenweg* [IV], *Talweg* [VIIa] und *Westwand* [VIIc]. Nett auch der 3 km östlich von Eibenstock dicht über der Straße F 283 aufragende *ROCKENSTEIN*, z. B. mit dem lohnenden *Pfingstkamin* [III] oder *Südostweg* [V] und *Vogtländerweg* [V].

Weitere Felsen Südlich von Annaberg finden sich am Bärenstein und Scheibenberg große Basaltsteinbrüche. Südlich von Auerbach bei Grünbach u. a. der aus Quarzit bestehende LOCHSTEIN und der AFFENSTEINZUG, in Schöneck ALTE SÖLL, weiter östlich der Topasfelsen SCHNECKENSTEIN (890 m). In der Tschechoslowakei, 15 km südlich der Grenze, bei Karlovy Vary (Karlsbad) gibt es ebenfalls sehr schöne Granitfelsen.

Katzensteingebiet

Am Hang eines steilhängigen Waldtales aufragende Gneisfelsen, abseits vom Autoverkehr, so daß das Rauschen des Baches und der Bäume fast eine Atmosphäre von heiler Welt zuläßt.

Lage Östlich von Marienberg, östlich vom alten Bergwerksort Pobersham, am Westhang des Nachbartales der Schwarzen Pockau und entweder von der Bergschenke Katzenstein südlich absteigend oder vom Bahnhof Zöblitz im Talgrund aufwärts zu erwandern.

Felsen Die bis 50 m hohen Türme und Kanzeln aus grauem und rötlichem Gneis zeigen unterschiedliche Festigkeit, sind jedoch in den Standardrouten gut abgeklettert und sogar etwas poliert.

Ökologie Das Gebiet steht unter Naturschutz. Dies ist nicht nur Ironie, denn die geschützte Lage im Tal bedingt, daß die Waldschäden hier nicht ganz so kraß in Erscheinung treten wie auf den Kuppen des Gebirges. Zum Klettern freigegeben ist nur die südliche Felsgruppe, nicht jedoch sind es die Wände unterhalb der nördlichen Aussichtskanzel und an der imposanten Ringmauer.

Kletterregeln Es gelten die sächsischen Regeln, einschließlich Magnesiaverbot, aber mit Benutzung von Klemmkeilen.

Routen Hauptziele sind der NONNENFELSEN mit seiner beachtlichen Südwand mit *Talweg* [IV] und *Mittelweg* [V] sowie die östlich angelagerte schlanke KATZENSTEINNADEL mit dem luftigen *Alten Weg* [II], dem prächtigen *Südriß* [IV], dem eleganten *Südweg* [V] und der kernigen *Ostkante* [VIIa].

Steinicht

Ein in mancherlei Hinsicht etwas exotisches Gebiet (siehe Ökologie) im fernen nordwestlichen Vorland des Erzgebirges.

Lage Zwischen Plauen und Greiz, 4 km südlich von Elsterberg, am Hang des Tales der Weißen Elster. Zugang von den Bahnstationen Elsterberg-Kunstseidenwerk (N) oder Rentzschmühle (S) bzw. von Cossengrün aus östlich absteigend.

Felsen Die 8 bis 40 m hohen Felsgrate bestehen aus teuflisch glattem, kompakten Grünstein (Diabas), bieten jedoch großzügige, abwechslungsreiche und ernstzunehmende Kletterei vorwiegend im mittleren Schwierigkeitsbereich. Schlingen und Klemmkeile nur selten möglich.

Ökologie Das Tal ist Landschaftsschutzgebiet und läßt damit einige Naturnähe erwarten. Allerdings wird wenig südlich der Fels noch immer in einem enormen Steinbruch abgebaut und Züge toben durch das Tal. Störender ist jedoch die ominöse Duftkulisse, vor der sich hier alle alpinen Taten abspielen und die Zusammenhänge mit der Wasserqualität vermuten läßt. Wäre dieser Mangel eines Tages beseitigt, könnte es hier richtig schön sein.

Routen Recht genüßlich DORNBUSCH *Gratweg* [IV], *Müschnerkamin* [IV] und *Großer Überhang* [VIIIa], UHUSTEIN *Gratweg* [III], NELKENSTEIN *Plattenwand* [IV], *Geraer Weg* [VI] – wenn man auf der Nase eine Wäscheklammer trägt.

Gebiet Dresden-Meißen

Im nordöstlichen Vorland des Erzgebirges gibt es z.T. beachtliche, überwiegend durch Steinbrüche entstandene Wände: südwestlich von Dresden an den Hängen des Weißeritztales (Gneis und Syenodiorit; Müll), bei Radebeul (Granit, bis 40 m) und um Meißen (Granite, u. a. die 100 m hohe Wand des BOSELFELSEN an der Elbe bei Coswig). Klettern ist möglich – jeweils mit Erlaubnis der privaten Besitzer und unter Beachtung von Klemmkeil- und Magnesiaverbot – im Tribischtal am GÖTTERFELSEN, bei Dobritz an der FLIEGERWAND (Quarzporphyr) und bei Garsebach an der SCHWARZEN WAND (Pechstein) sowie in Herbert Richters liebevoll gepflegtem Feierabend-Klettergärtchen. Nähere Informationen bei den eingeborenen Kletterern.

Muldegebiet

Lage Nordwestlich von Chemnitz (früher Karl-Marx-Stadt), zwischen Penig und Lunzenau bei Rochsburg.

Felsen Die von begrünten Bändern unterbrochene Wand ist insgesamt bis 50 m hoch und besteht aus Granulit mit eingelagerten Gängen von Biotitgranit.

Ökologie Naturschutzgebiet! Rücksichtnehmendes Klettern erlaubt. Magnesiaverbot.

Routen Etwa ein Dutzend. Am besten UNTERE MULDEWAND [V] und OBERE MULDEWAND *Alter Weg* [II], *Obere Kante* [III].

Weitere Felsen Südlich von Dresden im Müglitztal zwischen Bahnhof Schlottwitz und Glashütte, nahe dem Gasthaus Tirol (Gneis, bis 45 m). Im Boberitzschtal und bei Freiberg (MULDENZACKE; Gneis bis 40 m).

Thüringer Wald

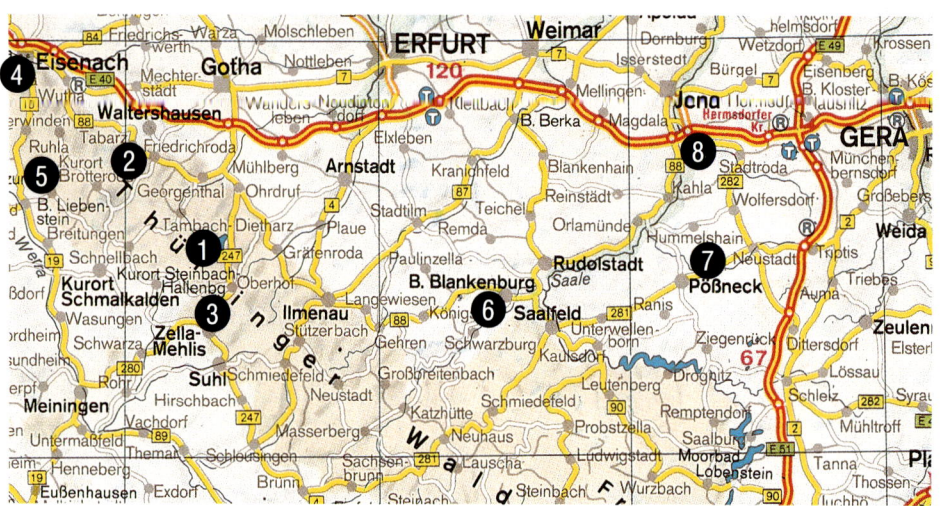

Inselsberggebiet/Laucha-grund: Am besten auf der A4 bis Ausfahrt Waltershausen und über Waltershausen 9 km nach Taberz.
Hansbachtal: Auf der A4/E40 nach Eisenach und auf der B19 6 km weiter nach Mosbach.
Bad Liebenstein: Von Eisenach auf der B19 und nach 17 km in Gumpelstadt nach Bad Liebenstein östlich abbiegen.
Schwarzatal: Auf der B85 (Weimar–Saalfeld) Richtung Rudolstadt und 6 km südlich von Rudolstadt auf der B88 nach Bad Blankenburg.

1: Gebiet Tambach-Dietharz, 2: Gebiet Taberz, 3: Gebiet Zella-Mehlis, 4: Gebiet Eisenach, 5: Gebiet Bad Liebenstein, 6: Schwarzatal, 7: Döbritzer Kalkfels, 8: Rabenschüssel.

Auf der A4/E40 bis nach Gotha und südlich auf der B247 nach Hohenkirchen. Über Georgenthal 15 km weiter nach Tambach-Dietharz.
Gebiet Zella-Mehlis: Auf der

B247 weiter nach Oberhof und von dort 15 km westlich nach Steinbach-Hallenberg (für Koppenstein u. a.). Hierher von Süden über die B19 und dann östlich über Schmalkalden.

Das nördlichste der in NW-SO-Richtung streichenden variskischen Mittelgebirge bleibt auch mit seinen höchsten Erhebungen etwas unter den vierstelligen Höhenzahlen. Die Gesteine des kargen Gebirges stammen aus dem Erdaltertum, die des von fruchtbaren Ackerböden überzogenen Vorlandes sind Schichtgesteine des Erdmittelalters.

Als Kletterfels dominiert im Thüringer Wald der vulkanisch entstandene Porphyr. Seine dunkelroten, scherbig bröckelnden, schroffen und üppig bewachsenen Felstürme, Kanzeln und Grate stellen entsprechend originale Anforderungen ebenso wie die grauschwarzen, glatten Tonschiefer des nordöstlich an den eigentlichen Thüringer Wald angelagerten Thüringer Schiefergebirges. Eingefleischte Luxusfelsspezialisten seien im voraus gewarnt. Als historische Besonderheit ist zu vermerken, daß hier die Hakenkletterei lange salonfähig war und auch heute noch als mögliche Spielform und Vorbereitung auf das große Hochgebirge akzeptiert wird.

Ganz neue Fähigkeiten werden von den Thüringer Kletterern in jüngster Zeit verlangt, wo kapitalstarke Jagdinteressenten dabei sind, die riesigen Waldgebiete des Gebirges aufzukaufen. Die an den Felsen trainierte Phantasie und psychische Beherrschtheit muß sich nun an diesem Problem bewähren und politische und juristische Lösungen finden, die die wesentlichen Kletterfelsen der Allgemeinheit zugänglich halten.

Unterkunft

Am Falkenstein die Zella-Mehliser und Erfurter Hütte. Bei Steinbach–Hallenberg bzw. Rotterode die Jahnhütte. Jugendherberge in Eisenach und auf dem Inselsberg (für beide frühzeitige Anmeldung nötig). Zeltplätze in Ruhla und am Altenburger See (wild zelten verboten!). Zimmer in Gasthöfen und Privatpensionen.

Führer

Thomas Engler, Klettern im Thüringer Wald.
Hans Pankotsch u. a.: Zittauer und andere Gebirge, (Neuauflage in Vorbereitung).

Barbara Spies in der „Direkten Westwand" (VII+ oder VII/A0) am Falkenstein.

Gebiet Tambach-Dietharz

Der mächtige Porphyrklotz des Falkensteins, von Norden gesehen.

Der Porphyrklotz des Falkenstein ist der mächtigste Felsgipfel weit und breit.

Lage 7 km südlich von Tambach-Dietharz, oberhalb vom Schmalwassergrund bzw. nordwestlich von Oberhof. Die Forst- bzw. Baustraßen sind nicht für den allgemeinen Autoverkehr freigegeben.

Felsen Am Falkenstein (788 m) bis fast 100 m hohe Wände. Der im Bruch braunrote bis mattviolette, hell gesprenkelte Granitporphyr ist in den beliebten Routen zu erträglichen Zuständen abgeklettert, wenn auch die Haltepunkte sich oft elastisch anfühlen und unter der Belastung arbeiten. Obendrein bewahren Flechten, Algen und Moospolster anhänglich die der Mittelgebirgslage entsprechende Feuchtigkeit. Die in dem sauren Milieu heftig rostenden Haken der Pioniergeneration lassen ahnen, wie heikel das Steigen hier früher einmal war. Inzwischen haben Klemmkeile und solide, schrecklich auffällig glitzernde Bohrhaken dafür gesorgt, daß man beim Steigen nicht mehr dauernd von Totalvernichtung bedroht ist, und damit auch scharfe Freikletterei möglich gemacht.

Ökologie Das obere Schmalwassertal ist Naturschutzgebiet mit Waldsterben und Wegegebot. Es grenzt in grandioser Ironie an die großflächigste Baustelle der Republik, wo durch Versetzen von Bergspornen ein Superlativ von Talsperre erstellt wird. Der Konflikt zwischen Kletterern und Wanderfalken ist seit einigen Jahren dank des Entgegenkommens der Falken kletterfreundlich gelöst. Letztere waren nämlich so nett, den 2 km nördlich an der Nadelöhrklippe angebotenen, demnächst durch Seeblick zusätzlich aufgewerteten Nistkasten zu beziehen. Dort bitte nicht klettern!

Kletterregeln In Thüringen wird auch heute Hakenklettern akzeptiert, die Verwendung von Klemmkeilen ist zulässig und wird erwartet. Die Bewertung nach UIAA-Skala ist üblich. Naturschonendes Verhalten nötig.

Routen Der FALKENSTEIN (heute 50 Routen) wurde schon 1852, vermutlich über den *Kuhweg* (IV–), bestiegen. Aus den 20er und 30er Jahren stammen die großzügigen, nur mit Normalhaken erschlossenen Genußklassiker wie *Ostkante* (V–), *Oehlerloch* (III+), *Verschneidung* (VI–), *Schräger Riß* (IV–), *Schiefer Riß* (V–), *Falkensteiner Riß* (V+), *Siegelroute* (V+/A1 oder VI+), *Dir. Westwand* (VI/A0 oder VII+), *Nordwandriß* (V+/A1 oder VII) und *Montagsroute* (A2/VI oder IX–). Von 1964 die Hakenrassel direkt über die titanischen Überhänge der *Nordwestkante* (A4/VI).

Weitere Felsen In der Umgebung noch BÄRGRABEN-WÄCHTER, RÖLLCHEN, LILIPUTANER und GOTHAER TURM.

Gebiet Eisenach

Am Nordwestende des Thüringer Waldes im Hansbachtal gelegene, beachtliche Massivwände, mit alter Klettertradition.

Lage Südlich von Eisenach, 1 km südwestlich von Mosbach (Bahnstation Wutha 6 km).

Felsen Im Hansbachtal 2 bis 50 m hohe Massive aus etwas brüchigem Konglomeratgestein, zu brauchbarer Qualität abgeklettert und mit Bühlerhaken abgesichert.

Kletterregeln Vernünftiges Verhalten nötig, ansonsten keine Probleme.

Routen Am südwestlichen HANGSTEIN (16 Routen) lohnend u. a. *Alter Weg* (V+), *Südwestverschneidung* (VI+), *Falkenband* (A2/IV oder VI+), *Tor der Freiheit* (VIII) und *Hansbachroute* (V+/A1 oder VII–).

Weitere Felsen An der EISENACHER BURG (Wartburg) u. a. *Im Wandel der Zeiten* (VII).

Rabenschüssel

Landschaftlich reizvolle Hangfelslein am östlichen Ufer der oberen Saale.

Lage Südwestlich von Jena, gegenüber vom Dorf Maua.

Felsen Hübsche, kompakte Buntsandsteinwändchen und -blöcke mit 3 Dutzend Routen von maximal 15 m Höhe. Nur von lokaler Bedeutung.

Gebiet Taberz (Inselsberg)

Ansehnliche Felsmassive in und über Buchen- und Fichtenwald und murmelnden Bächen, abseits der Autostraßen, in himmlischer Ruhe. Auch heute noch eine Idylle.

Lage Nördlich der verbauten Kuppe des Inselsberges, südlich oberhalb des traditionellen Fremdenverkehrsörtchens Taberz, verstreut an den Hängen des Lauchagrundes und im Sembachtal südlich von Winterstein.

Felsen Die 20 z. T. bis 60 m hohen Massivwände bestehen aus rotem Porphyr sehr unterschiedlicher Qualität, von hohlklingendem, würfelig brechendem Krümelkramhorror und murrenden Blockrissen bis zu eisenfesten Kompaktplatten mit Winzgriffchen. In der Vorbohrhakenzeit ein Ort zum Graue-Haare-Kriegen, jetzt ein vielfältig genießbarer Klettergarten für alle Schwierigkeitswünsche.

Kletterregeln Klettern nur an den in den Führern beschriebenen Felsen zulässig.

Routen Etwa 100. Die höchsten Wände sind ASCHENBERGSTEIN mit *Gipfelstürmer* (IV+), *Jubiläumsweg* (V+/A1, frei VII–), *Junggesellenweg* (V+), DREIHERRENSTEIN mit *Altem Weg* (III) und *Himmelfahrtskante* (V) sowie TEUFELSGRAT mit dem prächtigen *Alten Weg* (VI–) und dem *Teufelsdach* (VII–). Besonders viele extreme Freikletterrouten am FINDLING wie *Schiefe Platte* (VI–), *Freundschaftsweg* (VII) oder *Talweg* (VIII+).

Weitere Felsen Bei Winterstein KILIANSTEIN und TREPPENSTEIN.

▷ Herrliche, steile Verschneidungskletterei im „Falkensteiner Riß" (V+) am Falkenstein im Gebiet um Tambach-Dietharz.

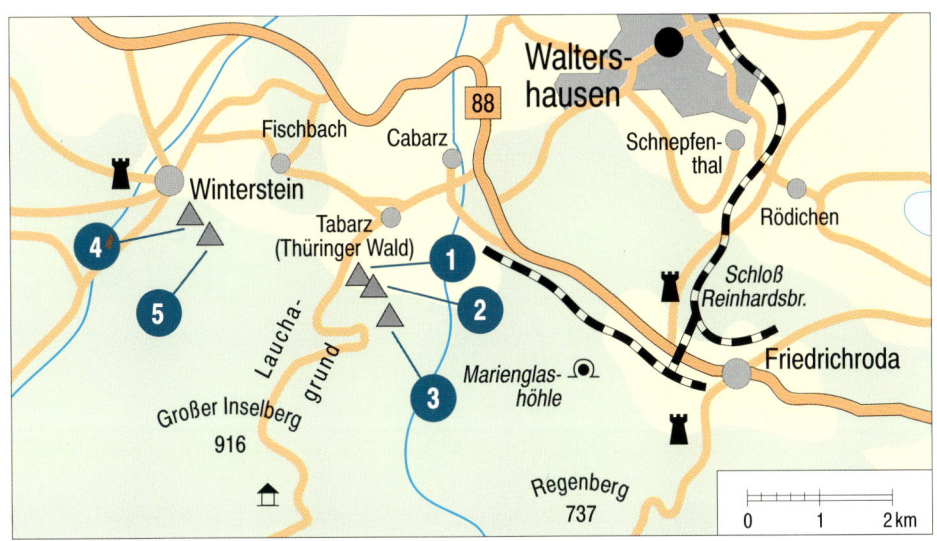

1: Teufelsgrat, 2: Aschenbergstein, 3: Findling, 4: Treppenstein, 5: Kilianstein.

Gebiet Zella Mehlis (Oberhof)

Stärker vereinzelte Talhangfelsen nahe dem höchsten Berg des Thüringer Waldes.

Lage Östlich von Zella-Mehlis bzw. südöstlich von Oberhof, auf der Nordseite des Schneekopfes (978 m; Geierfelsen) sowie nordwestlich von Zella-Mehlis zwischen Oberhof und Steinbach-Hallenberg (Kl. Falkenstein, Hoher Stein, Koppenstein).

Felsen Diese Felsen bestehen gleichfalls aus Quarzporphyr, bleiben jedoch an Höhe und Routenvielfalt hinter den beiden erstgenannten Gebieten zurück.

Ökologie Der Geierfelsen ist aus Naturschutzgründen ganzjährig gesperrt

Routen Die reichhaltigste Auswahl bietet der KOPPENSTEIN u. a. mit *Zickzackweg* (III+), *Südverschneidung* (III+), *Bergverschneidung* (IV), *Südwestwand* (IV+), *Neuhäuser Weg* (V), *Westriß* (VI+), *Gelbe Platte* (V+/A2 od. VII+) und *Diagonale* (VII–). Empfehlenswert auch die Routen am HOHEN STEIN, u. a. *Schliggerweg* (V/A0), und der KLEINE FALKENSTEIN mit *Verschneidung* (V+/A1).

Weitere Felsen GROSSER und und KLEINER HERMANNSTEIN (mit 20 Routen) oberhalb von Manebach bei Ilmenau, unterhalb vom Aussichtspunkt Kickelhahn (mit dem Goethehäuschen).

l: Falkenstein, 2: Koppenstein, 3: Geierfelsen, 4: Kleiner Falkenstein, 5: Hoher Stein, 6: Salweidenwand, 7: Steinerner Gasthof.

Zerstörte Felsen

Sie stehen durchaus nicht mehr alle, die Naturfelsen im Land. Die wenigsten von ihnen sind aus Mutwillen zerstört worden (wie der Kinastturm am Ith), meist wirkten wirtschaftliche Interessen.

Für Verkehrsbauten wurde da eine Menge Fels beseitigt oder verstümmelt, in den Tälern besonders, wo sich die Verkehrslinien drängen. Sowohl für Straßen- und Eisenbahnanschnitte selbst als auch zur Beseitigung echter oder vermeintlicher Steinschlaggefahren. Ein anderes handfestes wirtschaftliches Interesse war das Brechen von Steinen, als Baumaterial für die Häuser zuerst, auch mal für eine Burg oder eine Brücke oder ein Denkmal, in größerem Maßstab dann für die Kalk- oder Zementherstellung und für den Straßenbau. Es setzte oft an Naturfelsen an, wie z. B. in den Königshainer Bergen oder an den hessischen und südnieder-sächsischen Vulkankuppen oder im Harz. Der Protest gegen solchen ökonomisch begründeten Vandalismus bzw. der Wunsch, die originellen Felsgebilde zu schonen, gewann jedoch bereits früh Resonanz, und so wurden die allerersten Unterschutzstellungen von Felsen zur Verhinderung des Gesteinsabbaues ausge-sprochen (z. B. an der Teufelsmauer im Harzvorland).

Ein weiterer Grund für Verluste von Naturfelsen sind die Talsperren. Sei es, daß neben Ortschaften, Straßen und sonstigen Landschaftsteilen auch Felsen überflutet wurden, sei es, daß sie zur Vergrößerung des Volumens der Talsperre extra abgebrochen und mit im Staudamm verbaut wurden. Solches geschah nicht nur als großtechnische Barbarei der Vergangenheit, sondern steht in Thüringen gerade erst wieder bevor. Dort sollen im Schmalwassertal in den nächsten Jahren u. a. die 60 Meter hohe Salweidenwand und der fast ebenso hohe Steinerne Gasthof auf diese Weise verschwinden. Und ein Kilometer entfernt von dieser Stelle – dicht über dem schon heute als Baustelle verwüsteten Talgrund – werden bereits heute harmlose Spaziergänger per Verbotsschild wegen Naturschutz darauf vergattert, auf keinen Fall die Wege zu verlassen . . .

Aber auch die in den Steinbrüchen neu entstehenden und oft durchaus ansehnli-chen Felsen sind keineswegs sichere Kompensation für die Verluste von Naturfel-sen. So wurden in Nordrhein-Westfalen von Kletterern über 170 Steinbrüche auf ihre Eignung zum Klettern untersucht. Aber selbst die wenigen, in denen das Gestein schonend genug abgebaut worden war, so daß es zum Klettern tauglich wäre, werden nur zu oft hinterher wieder verfüllt, gewinnträchtig, mit Abfällen – und gewöhnlich entstehen so zugleich Altlasten, die künftig sogar die Grundwas-servorräte verseuchen. (Im Gegensatz dazu kann eine kletterfreundliche Politik ausgesprochen positive Wirkungen auf die Grundwasservorräte haben, wie z. B. im Gebiet nördlich von Ettringen. Dort muß jeder, der seine Abfälle wild ablagern will, in den bekletterten Bereichen mit lästigen Zeugen rechnen. Und wenn es trotzdem bei Nacht und Nebel zu Ablagerung von Müll kommt, dann wird er rasch entdeckt und kann beseitigt werden, bevor größere Schäden entstehen. Hier hat das Klettern eine Kontrollfunktion gegen wildes Müllablagern.)

Eine weitere Form der Zerstörung von Felsen läuft schleichend. Die aggressiven Abgase von Industrie, Verkehr und Hausbrand greifen nicht nur die Lebewesen und Metalle an, sondern auch Steinoberflächen. Vom Steinfraß an städtischen Gebäuden ist bekannt, daß Kalk und Sandstein besonders betroffen sind. Und es wäre wahrhaft naiv, wollten wir hoffen, daß die Naturfelsen nicht ebenso angegrif-fen werden. Schließlich ist inzwischen allgemein gesicherte Erkenntnis, daß die höchsten Konzentrationen aggressiver Schadstoffe im Nebelniederschlag der Mittelgebirge zu finden sind. Noch sind die Veränderungen an den Felsen nicht spektakulär. Aber solche Prozesse laufen langsam und sind auch nur langsam umzusteuern. Der vor einigen Jahren erfolgte Zusammenbruch des Neuberturmes bei Tisa im böhmischen Grenzgebiet ist vielleicht schon solch ein Ergebnis der Luftverschmutzung gewesen. Wer seine Felsheimat aktiv verteidigen will, der muß sich auch auf diesem Feld einmischen . . .

Gebiet Bad Liebenstein

Sehr kleines Sportklettergebiet mit netten Boulderfelsen.

Lage Nördlich von Bad Liebenstein im Altensteiner Park, ausgehend vom Parkplatz des Altensteiner Schlosses.

Felsen 4 Felsen von bis 19 m Höhe aus Zechsteinkalk. Die zwei Dutzend mit Bohrhaken perfekt abgesicherten Routen bieten vor allem Kletterei an feinen Leisten und Fingerlöchern.

Kletterregeln Keine Einschränkungen.

Routen Am BLUMENKORB *Erwärmung* (III), *Taubenhainer Kante* (V), *Löcherwand* (VI), *Neue Dimension* (IX–), am CHINESISCHEN HÄUSCHEN (=HOHLENSTEIN) u. a. *Schroffenkante* (III–), *Fichtlkante* (VI), *Deckenriß* (VIII) und *Regenschatten* (IX).

Schwarzatal

Originelle Felsvorkommen am Hang des von mittelalterlichen Goldsuchern gründlich umgewühlten, aber inzwischen wieder relativ idyllischen Tales des Thüringer Schiefergebirges.

Lage 2 km südwestlich von Bad Blankenburg im Schwarzatal.

Felsen Im wesentlichen ein am Talhang aufragender, 100 m langer Felsgrat aus paläozoischem, ziemlich glattem, grauem Tonschiefer.

Ökologie Das Schwarzatal ist Naturschutzgebiet, wenn es sich auch ohne die Autostraße deutlich mehr als solches anfühlen würde. Sanft klettern!

Routen UNTERER KIRCHFELS u. a. mit *Ostkante* (III+) und *Zweihakentour* (VI–), KIRCHFELS mit *Schwarzatalkante* (III+), und *Neuhäuser Weg* (IV).

Döbritzer Kalkfelsen

Nette Minikletterfelsen von nur lokaler Bedeutung im nordöstlichen Vorland des Thüringer Waldes, am Westhang eines flachen Nebentals der Orla gleich hinter dem Dorf Döbritz gelegen.

Lage 2 km südlich der Straße, die von Pößneck nach Oppurg führt, liegen die Felslein direkt am Hang.

Felsen Neun bis 10 m niedrige und schrofige Felsbukkelchen aus weichem, löchrigen Zechsteindolomit.

Routen Am interessantesten sind am DRACHENZAHN die *Talseite* [VI] und *Südverschneidung* [VI] an der KIRCHWAND der *Späte Weg* [IV], der *Schwarze Streifen* [VIIIa] und die *Gosse* [IXa] sowie am KNIERIFF u. a. der *Himmelfahrtsweg* [V] und die *Feuerleiter* [VIIc].

◁ Im „Schiefen Riß" (V–) am Falkenstein im Gebiet Tambach Dietharz.

▷ In der „Feuerleiter" [VIIc] am Knieriff in den Döbritzer Kalkfelsen.

Hessisches Bergland

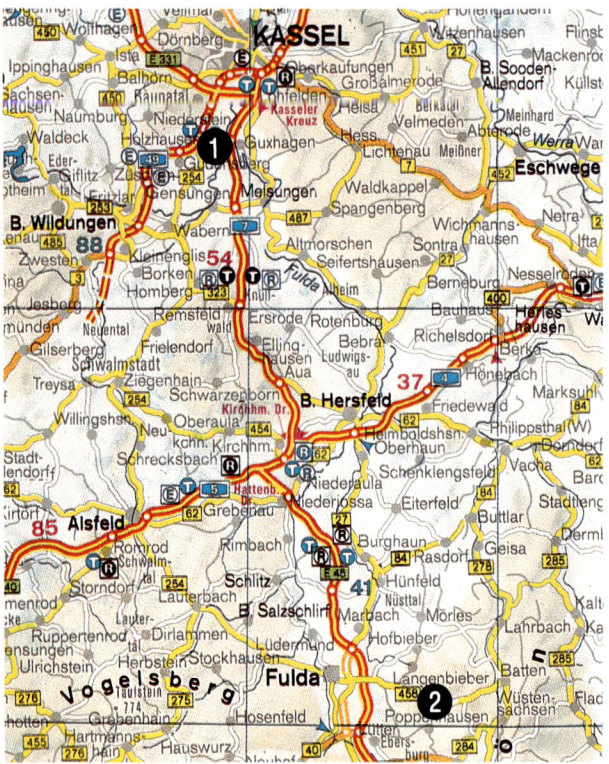

**1: Scharfenstein,
2: Steinwand.**

Steinwand: Auf der A7/E45 bis zur Ausfahrt Fulda-Süd und über die B27 6 km südlich nach Döllbach. Dann östlich auf der B279 3 km nach Thalau und nordöstlich über

**Rier–Oberlütter–Remerz nach Poppenhausen; von dort nördlich 5 km in Richtung Kleinsassen.
Scharfenstein: Auf der A49 bis zur Ausfahrt Felsberg. Der Zugang direkt vom Parkplatz der Autobahn ist gesperrt!**

Etwa die neue Mitte unseres Landes ist dies, geprägt von markanten Kuppen, die den weitgespannten Höhen aufgesetzt sind. Vulkanische Eruptionen haben sie geschaffen, ausgelöst von Zerrungsbewegungen der Erdkruste, die zum Einsinken des Oberrhein- und Leinegrabens führten. Sie schütteten an dieser Störungslinie den großflächigen Vogelsberg auf und perforierten die Schichttafeln des Erdmittelalters von der Dransfelder Hochfläche bis zur Rhön mit zahlreichen kleinen Schildvulkanen.

Felsen gibt es daran nur selten und oft nur zum Bouldern. Gemeinsam ist die faszinierend regelmäßige Pflasterstruktur der ursprünglichen Oberflächen der erkalteten Gesteine beziehungsweise die Säulenstruktur in ihrem Inneren. Diese Strukturen bildeten sich beim Erstarren des glutflüssigen Magmas durch das schrumpfen der erkalteten Gesteinsmasse in ähnlicher Weise wie die Risse im Boden eines trockenfallenden Schlammtümpels. Die Rißbildung erfolgten jeweils senkrecht zur Abkühlungsfläche. Bei großflächigen Deckenergüssen und an der Oberfläche einer Kraterfüllung entstanden deshalb senkrecht stehende Säulen, tiefer im Vulkanschlot selbst solche, die schräg oder waagerecht liegen, weil sie hin zum umgebenden Gestein ausgerichtet sind. Beim Klettern an der Rhöner Steinwand lassen sich diese Säulen trefflich studieren. Die Kletterer aus dieser Region befinden sich hier insgesamt aber in einer ähnlichen Situation wie die in Norddeutschland. Allerdings mit der erleichternden Perspektive, daß der Sprung in die Kletterparadiese des Frankenjuras oder der Südpfalz nicht allzu weit ist.

Unterkunft

Fuldaer Haus, 300 m von der Steinwand entfernt. Enzianhütte der Sektion Fulda des Alpenvereins in Hilders/Weihersberg. Campingplätze oder Privatzimmer. Kletterwand für feuchte Tage in der Bergsportschule Griebel in Poppenhausen.

Führer

Rainer Griebel: Steinwand-Kletterführer.

In der „Himmelsleiter" (IV) an der Steinwand in der Rhön. Deutlich zu erkennen sind die üppig sprießenden soliden Bühlerhaken.

Scharfenstein

Der südlich von Kassel gelegene Scharfenstein.

Eine kecke Vulkankuppe über Ackerflächen. Die natürliche Felsgestalt ist nur in den Randbereichen durch Gesteinsabbau angefressen. Ohne die Autobahn wäre die Idylle dieses von Buschwerk eingerahmten Miniaturgebirges vollkommen.

Lage Südlich von Kassel, direkt westlich der Autobahn A39 Kassel-Südkreuz–Fritzlar/Marburg, zwischen den Anschlußstellen Felsberg und Gudensberg.

Felsen Die 3 Gipfelchen zeigen Felshöhen von 10 bis 20 m und bestehen aus Basalt. Die dafür typischen sechskantigen Säulenbündel muten exotisch an mit ihren im Querschnitt wabenähnlichen Pflasterstrukturen und ihren im Längsschnitt an Stapel überdimensionierter Bleistifte erinnernden Gebilden. Die Kletterei wird geprägt durch listig versteckte, scharfkantige Leisten und herbe Griffarmut, aber dann auch wieder durch verblüffende Henkel. Wo es stärker abgenutzt wird, entwickelt das Gestein die gleiche teuflische Glätte wie das berüchtigte Straßenpflaster aus Kaiser Wilhelms Zeiten.

Ökologie Der Scharfenstein ist Naturdenkmal. Dies hat die akustische Verschandelung durch den Bau der Autobahn nicht verhindern können. Die durch die Nähe der Autobahn programmierte Verschandelung mit Abfällen versuchen die einheimischen Klettergruppen des Alpenvereins engagiert zu bekämpfen. (Mitmachen erlaubt!)

Routen Nur wenige, meist kurze. Die längsten in der Nordseite des Südgipfels wie *Dülferriß* (III+), *Schweinekamin* (III) und *Graswand* (IV+). Die prallsten Problemchen südseitig am Hauptgipfel: So *Verschneidung* (VII oder V+/A0), die ungesicherte Quetsche des *Preußriß* (VI), der off-width-Hand- und Faustriß *Problem* (VII) und die feingriffige *Elefantenbuckel-Westkante* (VI+ oder V/A0). An der Felsnadel SCHIEFE ANNA z. B. die kniffelige *Westwand* (V+).

Weitere Felsen DÖRNBERG (579 m) im Habichtswald. Bei Eschwege HABICHTSWAND.

Steinwand

Klein aber fein, landschaftlich hübsch in der Rhön gelegen, gegenüber den höheren Vulkanbuckeln von Maulkuppe, Reihersberg und Wasserkuppe.

Lage Etwa 16 km östlich von Fulda, 2 km nördlich der B 458 an der Straße Poppenhausen–Kleinsassen.

Felsen Über 100 m lange, 20 m hohe, nach Osten gerichtete Hauptwand. Das Gestein ist vulkanisch entstandener Phonolith. Ebenso wie der Basalt hat er eine – hier senkrecht ausgerichtete – Säulenstruktur. Die Säulen haben jedoch einen größeren Durchmesser und ihre Grenzflächen sind oft zu Finger- und Handrissen erweitert. Auch ist das Gestein grobkristalliner und rauher – ein Kletterfels zum Süchtigwerden. Bezüglich Sicherung wurde angesichts der zahlreichen Klemmkeilmöglichkeiten mit üppig sprießenden Bühlerhaken des Guten teilweise schon zu viel getan.

Ökologie Die Steinwand ist Landschaftsschutzgebiet und obendrein Privatbesitz. Klettern wird unter Auflagen (u. a. Magnesiaverbot, Müllvermeidung, Rücksicht auf Pflanzen und Tiere) widerruflich erlaubt. Hinweise der aufsichtführenden Leute der Sektion Fulda des Alpenvereins sind unbedingt zu beherzigen.

Routen Etwa 50, durchwegs ideal, nur leider viel zu kurz. Überwiegend für Genußsüchtige mit mittleren Schwierigkeitswünschen: *Silberweg* (III+), *Gemsenweg* (IV–), *Nasenweg* (IV–), *Rhönweg* (IV–), *Himmelsleiter* (IV). Etwas gehobener: *Pfeilerriß* (V–), *Kronenriß (V+)*, *Rumpelstielz* (VI). Extremeres seltener – und in der Linie meist angestrengter- so u. a. *Octopus* (VII–) oder *Hakenleiter* (VII+). Mehr Kletterei in einem Zuge bietet der *Große Quergang* (bis V+ oder IV/A0).

Weitere Felsen Milseburg (NSG). Im Spessart südöstlich Bad Orb der bis 15 m hohe BEILSTEIN (Basalt, NSG).

▷ **Im Pfeilerriß (V–). Gerade im mittleren Schwierigkeitsbereich finden sich an der Steinwand zahlreiche genüßliche und obendrein hervorragend abgesicherte Routen.**

RHEINLAND-
PFALZ

Rhein-Main-Gebiet

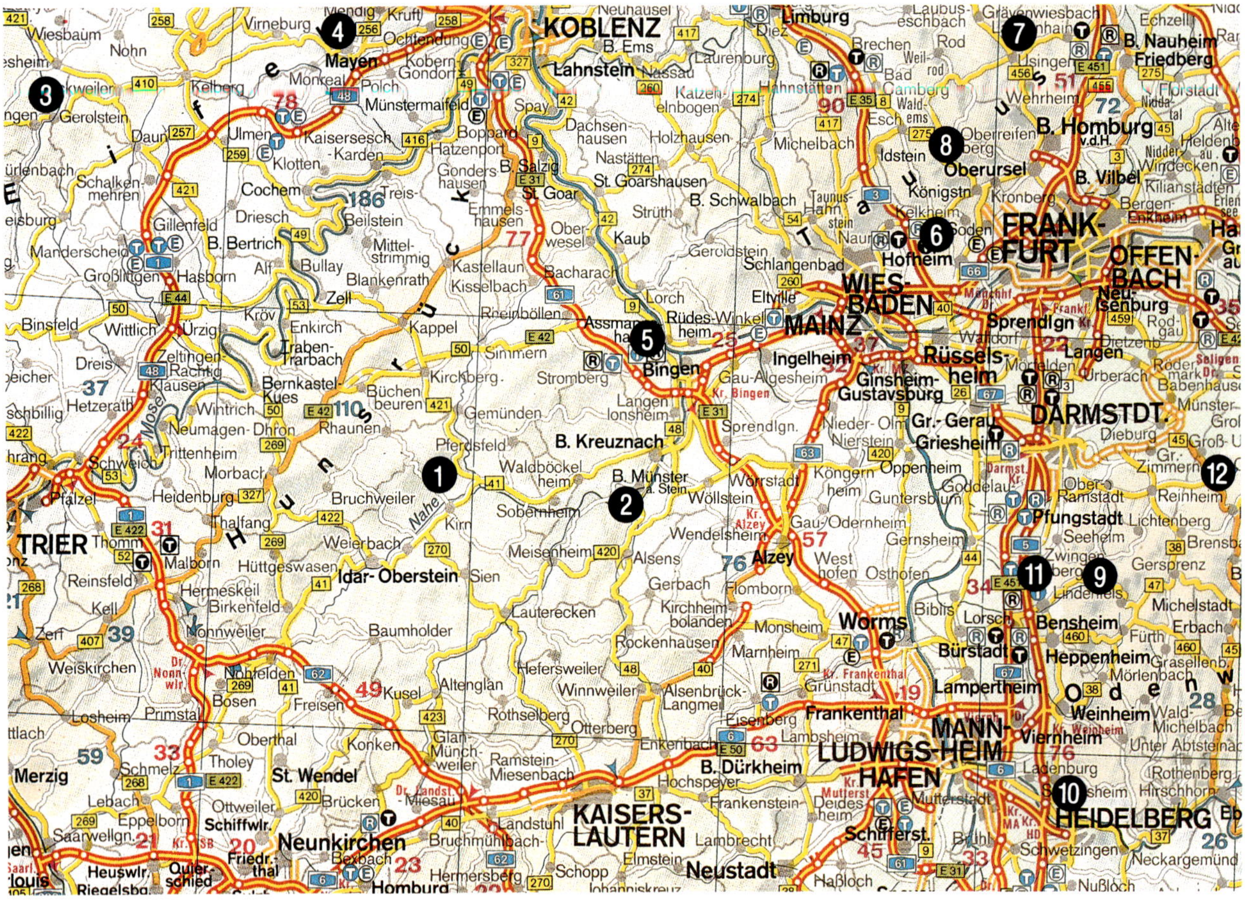

[Map of the Rhein-Main region with numbered climbing locations 1–12, showing cities including KOBLENZ, MAYEN, TRIER, MAINZ, WIESBADEN, FRANKFURT, OFFENBACH, DARMSTADT, WORMS, MANNHEIM, LUDWIGSHAFEN, HEIDELBERG, KAISERSLAUTERN, Idar-Oberstein, B. Kreuznach, Alzey, Bingen, and others.]

1: Kirner Dolomiten, 2: Rotenfels, 3: Hocheifel, 4: Gebiet Mayen, 5: Morgenbachtal, 6: Lorsbacher Wand, 7: Eschbacher Klippen, 8: Beilstein, 9: Hohenstein, 10: Schriesheimer Steinbruch, 11: Zwingenberger Steinbruch, 12: Hainstadt.

Südliche Eifel: Auf der A48 (Koblenz–Trier) bis zur Ausfahrt Mayen und über Mayen 9 km nach Ettringen zu den Basaltbrüchen. Von der Ausfahrt Daun/Mehren auf der B421 über Daun 28 km nach Gerolstein. Vom BAB-Kreuz Meckenheim auf der B257 über Altenahr 19 km nach Dümpelfeld, von dort 3 km zur Teufelsley.

Hunsrück: Vom BAB-Kreuz Bingen auf der B41 über Bad Kreuznach nach Bad Münster (Rotenfels).

Kirner Dolomiten: Auf der B41 an Bad Kreuznach vorbei und 40 km weiter nach Kirn.

Morgenbachtal: Von Bingen auf der B9 in nördlicher Richtung 6 km am Westufer des Rheins nach Trechtingshausen.

Taunus: Von Bad Homburg über die B456 14 km oder von der A5/E451-Ausfahrt Bad Nauheim 15 km nach Usingen und nördlich 3 km nach Eschbach zu den Eschbacher Klippen.

Lorsbacher Wand: Von Südosten über A66 Ausfahrt Hattersheim über Hofheim 7 km oder von Norden, von Eppstein, 4 km nach Lorsbach.

Konradfelsen: Auf der A3/E35 nach Limburg und weiter in Richtung Villmar.

Odenwald: Von der A5/E35 Ausfahrt Bensheim auf der B47 10 km nach Reichenbach und von dort 1 km zum Hohenstein. Von der A5/E35 Ausfahrt Ladenburg über Schriesheim 3 km zum Schriesheimer Steinbruch. Von BAB-Kreuz Heidelberg auf der B37 zu den Ziegelhauser Steinbrüchen. Von der A26 Ausfahrt Dieburg über Groß-Umstadt auf der B46 16 km nach Höchst und nordöstlich auf B426 5 km nach Hainstadt.

Florian Schmitz in der Route „Schmalzkönigs Albtraum" (VIII) in Mayen.

Der breite Riegel von Taunus, Hunsrück und Hocheifel mit seinen kristallinen Gesteinen des Erdaltertums ist als Gebirge jünger als der Rhein, der sich während der Heraushebung des Rheinischen Schiefergebirges auf seinem Weg nach Norden sein Tal freihielt und entsprechend tiefer einschnitt. Wo die trockenen Hänge nicht von geschniegelten Weinbergen überzogen sind, wächst auf ihnen schütterer Laubwald. Wie auch sonst in den deutschen Mittelgebirgen sind die Klippen oben auf den alten Landoberflächen nur kleine Härtlinge, während sich die ansehnlicheren Felsen an den Hängen der später eingetieften Täler und in den Steinbrüchen an Vulkankuppen finden.

Im Süden wird hier auch der Odenwald miteinbezogen, dieses liebliche Waldgebirge zwischen Rhein, Main und Neckar, teils mit recht handlichen Wacker-Quacker-Naturfelsen, teils mit ansehnlichen Steinbruchwänden bestückt.

Kirner Dolomiten

Die Kirner Dolomiten, hier die Guglia von Süden.

Als Kletterkindergarten sind sie bezeichnet worden, und ihre – nach den burgenbauenden Rittern des 12. Jahrhunderts – zweite Erschließungsperiode (laut der fabelhaften Geschichtsschreibung eines gewissen Herrn Nicolo Milanese „verwirklicht" durch Luis Trenkers Filmteam für „Berge in Flammen") hat dafür gesorgt, daß diese hübschen Quacken jetzt die Namen deutlich eindrucksvollerer Alpengipfel tragen.

Lage Bei Kirn an der B 41, etwa 17 km nordöstlich von Idar-Oberstein, überwiegend am nördlichen Hang des westlich von Kirn ins Nahetal einmündenden Hahnenbachtales. Felsen gegenüber und oberhalb vom Ortsteil Kallenfels.

Felsen Hübsche, bis 20 m hohe Quarzitfelsen, teilweise als Grate am Talhang.

Ökologie Derzeit entspannte Situation zwischen Klettern und Naturschutz. Vernünftiges Verhalten wird vorausgesetzt.

Routen Einige Dutzend, überwiegend genüßlich in den unteren und mittleren Schwierigkeitsbereichen, meist maßvoll verbühlert. Z. B. KOPFTÖRLGRAT (9 Seillängen, 300 Klettermeter, bis IV+/A0). RUINE KALLENFELS mit u. a. *Dibona* (IV). Beim nah benachbarten Oberhausen die MUGONISPITZE mit *Gelbe Kante* (IV+), *Schöner Riß* (IV–), GUGLIA mit *Höllenschlund* (V), MOSERMANDL mit *Rizzikamin* (IV+), *Delagowand* (IV) und *Schleierkante* (V), VAL-DI-RODA-KAMM mit *Gran Pilaster* (IV–).

Weitere Felsen Weiter nördlich TEUFELSFELS bei Schneppenbach und KOPPENSTEIN. Nahe der Grenze zu Luxemburg, westlich von Trier, nur als lokaler Klettergarten bedeutende 10-m-Kalkwändchen bei Igel und Sandstein bei Prümzurley.

1: Kopftörlgrat, 2: Ruine Kallenfels, 3: Guglia.

Rotenfels

Diese beachtlichen, gedenktafelträchtig baufälligen Felsabstürze sind nur für die ausgesprochen alpin interessierten und auch vor saftigem Bruch nicht zurückschreckenden Kletterer ein Ziel. Idealfelssüchtige Sportkletterer dagegen wenden sich mit Grausen und verbreiten negative Werturteile. Das läßt diesem Gebiet die niedrige Besucherzahl, die es ohnehin braucht.

Lage Südwestlich von Bad Kreuznach, am Nordhang des tief eingeschnittenen Nahetales.

Felsen Die bis fast 200 m hohen Massivwände und Grate gehören zu den höchsten außeralpinen Felsen unseres Landes – wenn man dieses Material denn Fels nennen will. Das Gestein ist ein großblockiger, weithin schrofiger und üppig bewachsener Quarzporphyr von beachtlicher Veränderungsfähigkeit. Daß die meisten Routen mit einigen Bohrhaken ausgestattet sind, ist bei Verhandlungen mit absturzbereiten Felsteilen ein wichtiger Trost, wenn auch ebensowenig ein Allheilmittel wie ein guter Helm.

Ökologie Heikel. Die Position oberhalb der Straße und Bahnlinie begrenzt die Klettermöglichkeiten ebenso wie die Ausweisung als Naturschutzgebiet. Bis Ende Mai totales Kletterverbot. Danach sind manchmal einige, bei den einheimischen Kletterern zu erfragende Teilbereiche frei. Die Basteiwand als westlichstes und höchstes Massiv ist allerdings dauernd gesperrt.

Routen Östlich der BASTEIWAND der GLOCKENGRAT (III+), SPITZER TURM (III+), MITTELWAND mit *Alter Mittelwand* (IV) und *Emporwand* (V), STUMPFER TURM und MAINZER WAND.

Weitere Felsen Bei Münster am Stein der Rheingrafenstein mit Flutlicht, aber dafür Totalverbot (Privatbesitz).

Konfliktfeld Greifvögel

Wanderfalken sind als seltene, in Felsen brütende Greifvögel bekannt. Lange galten sie als bedroht. Wegen Parasiten (wie z. B. Paratyphus) in ihren bevorzugten Beutetieren, wegen Pestizidanreicherung infolge ihrer Stellung als Endglied einer langen Nahrungskette und vor allem wegen der skrupellosen Gelege- und Jungvogelräuberei durch geldgierige Falkner. Denn immer noch werden von kapitalkräftigen Liebhabern Phantasiepreise für zur Beizjagd abgerichtete Jungvögel gezahlt.

Deshalb werden die Horste sorgfältig und rund um die Uhr bewacht (teilweise auch von aktiven Kletterern). Vor allem natürlich wegen der Falkner. Aber zugleich, um auch sonstige Störungen der während Brutzeit und Aufzucht der Jungvögel recht störungsempfindlichen Tiere zu verhindern. Deshalb kann während dieser Zeit in der unmittelbaren Nähe des Horstes kein Klettern zugelassen werden. Andererseits haben die Greifvögel große Reviere. Und die Fluchtdistanzen sind immerhin so gering, daß es erfahrungsgemäß genügt, vom Horst einen Abstand von 50 bis 100 Metern einzuhalten (bei Horsten auf Wandvorsprüngen etwas mehr, bei Horsten in Wandeinbuchtungen eher weniger). Deshalb ist eine Sperrung ganzer Klippengruppen oder langer Wände von der Sache her nicht gerechtfertigt.

Auch Bewachung der Horste bietet keine Garantie für das Gelingen der Brut. So können Falkner eine kurze Lücke in der Bewachung abpassen und dann rasch zulangen. Oder es können andere Tiere, wie z. B. ein Iltis, das Gelege erbeuten. Es ist sogar schon passiert, daß die Falken plötzlich Appetit auf ihre eigenen Eier verspürten und sie auffraßen.

Immerhin haben die Bewachung der Horste und vielleicht auch eine etwas abnehmende Pestizidbelastung in den letzten Jahren wieder eine Stabilisierung und sogar Ausweitung der Populationen des Wanderfalken gebracht. So hat er seit Mitte der 80er Jahre z. B. wieder im Westharz gebrütet und ist auch im Weser-Leine-Bergland wieder gesichtet worden. Daß diese Ausweitung trotz gestiegener Zahl von Kletterern erfolgte, spricht für sich.

Aber nun ist gerade durch menschliche Einwirkungen ein neues Problem für den Wanderfalken erwachsen – und zwar sinnigerweise ausgerechnet durch Greifvogelfreunde: Da gibt es nämlich auch Uhu-Fans, die den Uhu als den bei uns schon lange ausgestorbenen größten Greifvogel wieder heimisch machen wollen. Diese Uhu-Fans haben Uhus gezüchtet und ausgesetzt und haben mit der Wiedereinbürgerung des Uhus (der wohlverstanden kein ausgesprochener Felsbrüter ist) auch durchaus einige Erfolge. Und diese Erfolge gehen in Felsgebieten auf Kosten des Wanderfalkens. Denn der ist in der Konfrontation dem Uhu klar unterlegen.

So kam es 1990 an einer großen westdeutschen Felswand, in der die Kletterer seit vielen Jahren in der Brutzeit großflächig auf das Klettern verzichtet hatten, um den bedrohten Wanderfalken nicht zu gefährden, zu einem Verlust der Wanderfalkenbrut durch den Uhu. Zwar waren die Wanderfalkenbewacher bei den Kletterern vorstellig geworden, als sie gesehen hatten, daß das erste Falkenjunge vom Uhu geschlagen worden war. Aber auch ein von den herbeigeholten hilfsbereiten Kletterern eilends in der Nähe des Horstes angebrachter Klingelzug, mit dem der angreifende Uhu von den Bewachern vertrieben werden sollte, nützte nur vorübergehend. Irgendwo abseits des Horstes wurde auch der verbliebene junge Falke ein Opfer seines überlegenen Gegners. Und die Wanderfalkensympathisanten sahen nur ein Heilmittel: Eigentlich müßte an der Felswand mehr geklettert werden, um den scheuen Uhu von den Felsen und den Falken fernzuhalten . . .

Dieses Ereignis beleuchtet die Künstlichkeit der anscheinend so natürlichen Situation. Ist der Wanderfalke schon wieder stärker verbreitet als eigentlich im intakten natürlichen System möglich? Ist die Wiedereinbürgerung des Uhus wirklich eine weise Entscheidung? Und: Was ist eigentlich „natürlich"?

Hocheifel

Lage Bei Gerolstein, östlich Krankenhaus.
Felsen Bis 35 m hohe Kalksteinwände.
Ökologie Die Felsen sind zwar nachts auch nach der Ausweisung als Naturschutzgebiet weiterhin teilweise flutlichtbeleuchtet, jedoch jetzt mit Ausnahme einer Wand (Hustley) für das Klettern verboten. Wegen den wenigen verbliebenen Routen nur noch von lokaler Bedeutung.
Kletterregeln Es sollten sich nie mehr als 20 Kletterer gleichzeitig am Fels befinden.

Gebiet Mayen

Lage Etwa 20 km westlich von Koblenz, nördlich von Mayen, bei Ettringen.
Felsen Alte Basaltsteinbrüche aus festem, groß-blockigem, fingerfressend rauhem Basalt mit Ein-sprengseln anderer Gesteine. Im Nordbruch sind die Wände 10–20 m hoch, im Südbruch bis über 35 m.
Kletterregeln Im nördlichen, von der Sektion Koblenz gepachteten Bruch Klettern nur tagsüber und nur für DAV-Mitglieder erlaubt. An den gelb markierten Umlenkhaken abseilen statt nach oben auszusteigen.

Routen Überwiegend Extremrouten (ab VII), die Routennamen stehen meistens am Einstieg ange schrieben.
Weitere Felsen Der niedlich kleine Quarzitgrat TEU-FELSLEY (496 m; NSG) nördlich von Dümpelfeld, über der B 257, zwischen Altenahr und Adenau. Die DAV-Sektion Koblenz hat Pflegschaft und begrenzte Kletter-erlaubnis. Nur von lokaler Bedeutung. Ansehnliche, bis über 50 m hohe, nicht bekletterte Schieferfelsen weiter nördlich bei Altenahr.

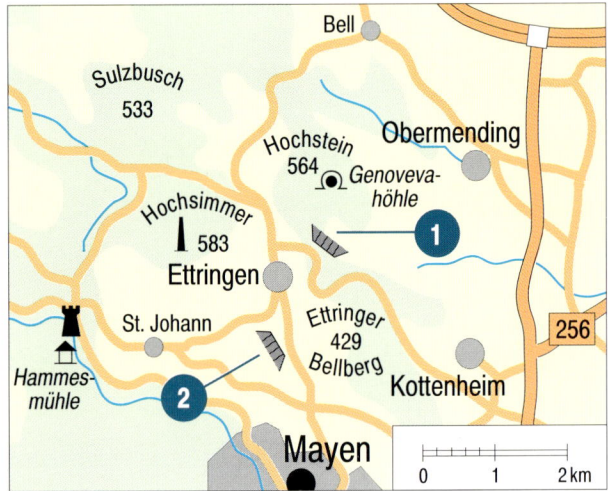

1: Mayen-Nordbruch, 2: Mayen-Südbruch.

Helga Gebhardt klettert die Route „Phönix" (VII) im alten Basaltsteinbruch von Mayen. Die Wände dort bieten über-wiegend nur extremere Routen.

Gebiet Mayen – hier die große **Wand** im Bruch südlich von Ettringen.

Morgenbachtal

Dieses westliche Seitental des Rheins hat sich mit steilen, felsdurchsetzten Hängen und der Abwesenheit einer Talstraße als ein recht friedvoller Ort erhalten. Der Trubel des nahen Rheintales ist nur durch einen hübschen Einblick aus der Ferne zu ahnen.

Lage In einem linksrheinischen Seitental des Rheins, 5 km nordwestlich von Bingen. Von Trechtinghausen auf Schottersträßchen in Richtung Gerhardshof am Hang des Rheintales knapp 3 km hinauf zum Parkplatz oberhalb der Klippen. Von dort auf Steig in 2 Minuten schräg rechts abwärts zum Klüverbaumfels.

Felsen Die 17 grauen Quarzitklippen von Hausgröße sind an den Talhängen gratartig angeordnet, über Schotterhalden und lichtem Kümmerwald. Der scharfkantige Fels ist glatt und stellenweise mit winzigen Kristallen überzogen. Besonders am Sockel der Nordostseiten bewahrt er die Feuchtigkeit überraschend lange und nährt dort auch Algen und Flechten, und feuchter Algenfilm ist beim Klettern bekanntlich eine teuflische Sache.

Ökologie Das Tal ist Naturschutzgebiet. Klettern wird geduldet, aber nur unter Einhaltung der Wege. Die empfindlichen Halden sind unbedingt zu meiden.

Routen Über 100 Routen von II bis VI+, 20 weitere bis VIII+, meist verbühlert, aber Keile zusätzlich vorausgesetzt und ratsam. Überwiegend leichtere und maßvoll schwierige an den Aufschwüngen des ausgeprägtesten Grates: MAINZER TURM *Normalweg* (II), *Südwand* (III), *Rheinseite* (*direkte* IV–; *linke* V) und die recht überflüssigerweise aufdringlich bemalte WAPPEN-WAND mit u.a. *Großer Kante* (IV–), *Wappenwand* (V–) und *Weinertkante* (IV+). Extremere Übungen an der FRANKFURTER WAND, so *Sumpfbiber* (VII–), *Maxitus* (VI+) und *Ochsenscherzsuppe* (oder *Aprilschwanz* oder so ähnlich; VIII).

Weitere Felsen Der kecke, kletterinteressante Zackengrat des NIKOLAUSFELSEN westlich oberhalb vom Mäuseturm und vom Rangierbahnhof Bingen. Nicht bekletterte, sehr hohe Felsen (brüchige Schiefer) weiter rheinabwärts an der Loreley.

Lorsbacher Wand

Ansehnliche Wand mitten im Ballungsraum Frankfurt und entsprechend stark besucht.

Lage Zwischen Wiesbaden und Frankfurt, bzw. Kelkheim und Hofheim, 1,5 km nördlich von Lorsbach, am östlichen Talhang.

Felsen Die bis 30 m hohe Steinbruchwand aus schweißpoliertem und bohrhakengespicktem Quarzschiefer bietet überwiegend schwierige Routen. Oberhalb weitere kleinere Felslein.

Ökologie Unter Erzeugung von zusätzlichem Autoverkehr hin zu ferneren Zielen neuerdings halbjährig gesperrt. Im Namen des Naturschutzes. Sachkundige Kletterer bezweifeln die ökologische Notwendigkeit dieses Kletterverbotes.

Routen Etwa 40 Routen. Dicht gedrängt zwischen Oldies wie *Kante* (IV), *Spitze Verschneidung* (V) und *Schleife* (V+) finden sich bündelweise Ergebnisse feinerschließerischer Bemühungen wie *Rumpelstilzchen* (VII–), *Beschissenes Eck* (VII), die *Rocky-Horror-Lorsbach-Show* (VIII–), *Camilotto* (VIII+) oder auch der *Hausbesetzer-Quergang* (VI+). Die bisher schwierigste Kreation: *Nutella Spezial* (IX).

Weitere Felsen GRAUER STEIN bzw. QUACKEN- und MONSTRANZENBOULDER westlich von Wiesbaden, zwischen Frauenstein und Georgenborn. MAINZER BOULDERWAND (im Stadtzentrum, Weißliliengasse).

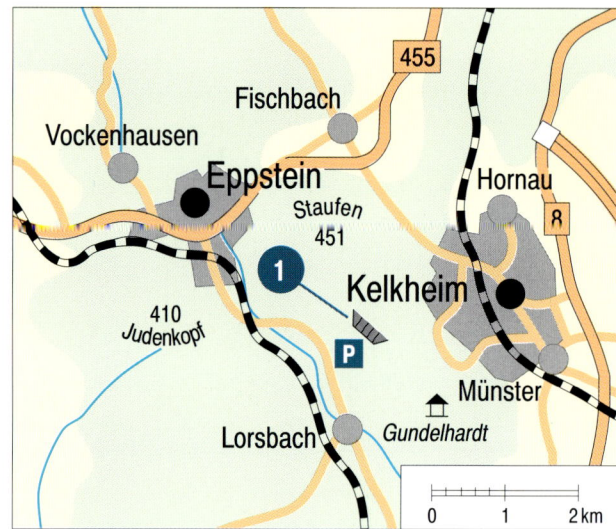

I: **Lorsbacher Wand.**

Eschbacher Klippen

Der schmale Zackengrat, auf einer Kuppe in lichtes Waldgelände eingebettet, erweist sich als echtes, wenn auch oft stark bevölkertes Kleinod. Hier ist Klettern meist eine sehr öffentliche Sache.

Lage 1 km nördlich von Eschbach, bzw. 4 km nördlich von Usingen.

Felsen Der mit maximal 12 m Höhe recht übersichtliche Grat (Buchstein) überrascht mit einer Fülle von hübschen Möglichkeiten kletterischer Kleinkunst. Das Gestein ist eisenharter Taunusquarzit, schon von Natur aus glatt und bei Hitze rasch schwitzig, besonders dort, wo schon viele hingegriffen haben, und das ist hier fast

überall. Selbst wenn tatsächlich mal ein Griff wackelt, dann ist er verzahnt und sicher schon von vielen Leuten getestet worden. Wenn so ein Test doch mißlingen sollte, helfen die Bühlerhaken.

Ökologie Das Gelände ist Landschaftsschutzgebiet. Klettern erlaubt, aber pflegliche Behandlung vorausgesetzt. Wenn die neuerlichen Gerüchte um ein geplantes Kletterverbot wahr würden, wäre das angesichts der ökologischen Ausstattung und touristischen Gesamtsituation ein Hohn.

Routen Ganz schön viele, ganz schön interessante, wenn sie auch immer nur zu rasch enden. Besonders lohnend *Gratüberschreitung* (I–III), *Plattenvariante* (II), *Verschneidung* (III), *Südriß* (IV), *Geiernest* (V+) und nordseitig *Kuhweg* (II+) und *Groschenwändchen* (V bis VII). Beliebig lange Boulderquerung (bis VI+) mit Wiederholungsmöglichkeiten bis zum Abtropfen.

Weitere Felsen Einige 100 m weiter nordwestlich im Wald der SAIENSTEIN mit einigen kürzeren Routen.

I: **Buchstein**, 2: **Saienstein.**

Beilstein

Romantische, im Sommer verschattete Wanderkletter-
felsen hoch oben im Wald, originell und oft feucht und
dann schwer verdaulich, aber nette Abwechslung,
wenn auch ausgeprägte Nursportkletterer besser gar
nicht erst hingehen.

Lage Südwestlich von Niederreifenberg im Taunus,
westlich unterhalb der Gipfelkuppe des Weilberges.

Felsen Klein und kleinsplittrig, wenn auch nicht ganz
so brüchig, wie das kleingefältelte gneisartige Gestein

auf den ersten Augenblick aussieht. Dafür sind die
Griffe nicht immer leicht zu finden, das Gelände steil
und die Haken teilweise noch sehr historisch oder
zugunsten von spärlichen Klemmkeilmöglichkeiten gar
nicht vorhanden.

Routen Nur ein Dutzend. GIPFELKOPF *Nordwestseite*
(IV–), *Südostseite* (IV bis V+), HAUPTFELS *Nordwestseite* (IV und V), *Westkante* (VI–, alpin).

Weitere Felsen Bei Oberems noch ein Hohenstein.

Konradfelsen

Als Exot in seiner geologischen Umgebung ragt dieser
Happen paläozoischer Kalke über der Lahn aus dem
Talhang. Die Nähe von Straße und Bahn sowie ein
knolziges Denkmal auf seinem Gipfel lassen zwar
keine Gefühle von romantischer Weltentrücktheit
aufkommen, aber die landschaftliche Umgebung ist
ansonsten hübsch und die Kletterei anregend.

Lage Östlich von Limburg, zwischen Runkel und
Villmar, dicht an der Straße.

Felsen Der direkt im Fluß fußende, bis 30 m hohe
Kalkklotz zeigt überwiegend festes Gestein. Bühlerhaken vorhanden, Keile zur Ergänzung angenehm.

Ökologie Wer sieht, wie nachsichtig man in dieser Gegend mit herumliegendem Müll ist, sollte meinen, daß
das Klettern hier kaum Verfolgung befürchten muß.

Routen Etwa ein Dutzend, so *Brennesselweg* (IV–, wie
der Name sagt), *Kanzelweg* (IV+, sehr schön), und
direkt über den Fluten die eindrucksvolle *Lahnver-
schneidung* (VII oder V/A0; wer murkst, geht baden).

Weitere Felsen Die Limburger Dome stehen auf
Kalksockeln, sonstige Kalke sind dort industriell
weitgehend aufgefressen. Weiter westlich über der
Lahn der ORANIENSTEIN (Kalk, eingezäuntes Militärge-
lände), der Gabelstein (Schiefer). An der Mündung des
Rupbachtales die STEINSBERGER LEY sowie bei Bad
Ems und an der Lahnmündung bei Lahnstein mehrere
Grate. Westlich von Dillenburg bei Haiger der kleine
Fels WILDWEIBERHÄUSCHEN (Kalk), östlich bei
Oberscheld riesige Diabassteinbrüche. Bei Kirchen an
der Sieg der Druidenstein (Basalt).

Auf der Wappenwand im Morgenbachtal.

Schriesheimer Steinbruch

Gewaltiges Felsobjekt hoch über dem Oberrheingraben, mit weitem Blick auf den Konurbationsbrei von Mannheim-Ludwigshafen.

Lage Südöstlich oberhalb von Schriesheim, 6 km nördlich von Heidelberg. Ausgangspunkt ist die Starkenburg: für Autos bis hierher und nicht weiter.

Felsen Vier lange, über breiten Bermen 20–30 m hoch aufragende Wände aus hellem Porphyr. Verblüffend hübsch, verblüffend fest (nicht überall), verblüffend vielfältig und verblüffend frei kletterbar. Und mit allerlei Gebohrtem verwöhnend abgesichert. Ganz so kletterfreundlich hatte die Steinbruchfirma den Bruch allerdings nicht hinterlassen, denn erst die „anthropogene Feinerosion" (Mailänder) hat die heutige Felsoberfläche ans Licht der Welt gebracht.

Ökologie Zwar ist diese sich in wuchtigen Terrassen aufbauende Arena ein Kunstprodukt, aber die Natur hat nach der Einstellung des Gesteinsabbaus eine Wiederbegrünung besorgt, wie sie ein Rekultivierungsplan kaum besser hinkriegen könnte. Dafür wollte die Steinbruchfirma den Bruch wieder reaktivieren und sprach erst einmal ein Kletterverbot aus. Die Kletterer haben sich in die Initiative zur Erhaltung dieses interessanten Sekundärbiotops eingereiht, wollen aber die Verhandlungen darüber nicht stören. Deshalb bitten die Eingeborenen, bis zu Entscheidungen einstweilen keine Streicheleinheiten auf diese Gemäuer zu vergeben, auf daß dies später wieder umso ungestörter geschehen kann.

Routen Weit über 100, vorwiegend schwierig, und manche mehr wären da noch möglich. Von *Normalweg* (II) und *Kaminchen* (III) über *Robin Hood* (V+) und *Route 17* (VI–) bis zu *Horrorhangel* (VII–) und *Siffilis* (IX+) gibt es alles, was das Kletterherz begehrt. Das Zurechtfinden verspricht nur mit genauen Lageplänen Aussicht auf Erfolg, wenn es auch durch während der Gründerzeit dieses Kletterparadieses wenig sensibel auf die Wände gemalte Krakelzahlen etwas erleichtert wird. Aber einstweilen soll man ja ohnehin nicht . . .

Weitere Felsen Bei Heidelberg stadtnahe Boulderwände in Steinbrüchen. Der RIESENSTEINER BRUCH universitätsnah südöstlich oberhalb der Stadt, beim Parkplatz vor dem Heidelberger Schloß (Oberer Gaisbergweg). Hier gibt's allerlei Sauschweres und scenepoetisch Verklärtes wie etwa *Direkter Wald-Wecker-Kakerlakenweg* (VII–), *Papi on Flight* (VII+), *Fingerberster* (IX) oder *Khoumeni* (VII). Die ZIEGELHAUSER STEINBRÜCHE, 5 km östlich am Nordhang des Neckartales, mit oft nur mittels Keilen selbst abzusichernden Routen wie dem sagenumwobenen Dauerpowerding *Supercrack von Highdelberg* (VII) und *Bohrmeiselverfluchtergebrausdusau* (VIII). Bei Unterabsteinbach STIEFELHÜTTEWAND mit gleichfalls steilen, aber überschwenglich verbohrhakten Routen wie z. B. der vom verklärten Reinhard Karl mit frevlerischen Hilfen kreierten und erst von Richard Mühe ohne den geschlagenen Griff begangenen *Großen Wand* (VIII). In Weinheim befindet sich noch der bis 50 m hohe Granitsteinbruch JAKOBSWAND, der der lokalen Alpenvereinssektion gehört und an dem nur mit deren Einverständnis geklettert werden darf.

Hohenstein

Ein gutmütiges, abgegrabbeltes Naturfelslein am Ende eines Sträßchens auf dem Bergsporn im Buchenwald.

Lage Im Odenwald 1 km südlich oberhalb von Reichenbach, 8 km nordöstlich von Bensheim.

Felsen Bis 12 m hoher Einzelbrocken aus extrafestem Barytgestein, unglaublich glatt, unglaublich gutgriffig, mit teilweise schwindelerregend gähnenden Henkeln.

Ökologie Keine Einschränkungen, aber vernünftiger Umgang mit der Natur und den Menschen vorausgesetzt.

Routen Dicht gedrängt, für jeden etwas und alles Klasse, so westseitig *Autobahn* (= *Gratweg;* I), südseitig *Mannheimer Weg* (IV–), *Weg der Ehe* (VIII–), nordseitig *Weg der Jugend* (V), *Kuhweg* (III+), *Buchweg* (IV), und der Boulder-Classic *Gretschmannwändchen* (VI+).

▷ **1: Hohenstein, 2: Borstein.**

Weitere Felsen In den Wäldern noch allerlei kleinere Quacken ähnlicher Art wie z. B. BORSTEIN, BROMFELS und BILLERSTEIN.

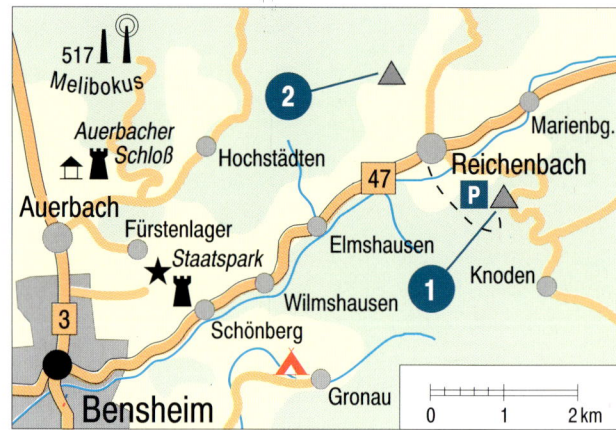

„Odenwaldglühen", erlebt im Schriesheimer Steinbruch.

Zwingenberger Steinbruch

Ganz schön hoch, ganz schön glatt, ganz schön eindrucksvoll.

Lage Oberhalb von Zwingenberg/Bergstraße, nahe der Jugendherberge.

Felsen Die bis 50 m hohe Granitwand ist liebevoll ausgeputzt, mit Bohrhakenleitern gespickt und mit Schweiß und Sohlen poliert worden. An heißen Tagen ein Ort zum Fürchtenlernen – oder zum Chalksüchtigwerden.

Ökologie Auf Felsbändern seltene Sekundärflora, im Ausstiegsbereich durch Toprope-Klettern Erosionsschäden. Beides hat zu einem Kletterverbot beigetragen. Ob der Widerspruch des Alpenvereins auf teilweise Wiederfreigabe Erfolg hat, ist ungewiß. Schön wär's!

Routen Wenige, meist recht lange, wie *Großer Klettersteig* (der keiner ist; III), *Graue Route* (IV+), *Tila Lila* (VII–), *Rote Route* (IX–), *Grüne Route* (V+), *Kante* (IV–). Derzeit alle gesperrt.

Hainstadt

Lage Nordwestlich von Hainstadt, an der B 426, 5 km nordöstlich von Höchst.

Felsen Bis 30 m hohe, in Kiefernwald gekuschelte, eindrucksvolle Steinbruchwand aus massig gebanktem Buntsandstein unterschiedlicher Qualität, zwischen Rührmichnichtan und Superschau, mit interessanten Platten, Rissen und Kaminen – und vielen staubigen Auflegergriffchen. Der Bruch ist von der DAV-Sektion Starkenburg angepachtet.

Ökologie Unproblematisch, aber pflegebedürftig.

Routen Etwa zwei Dutzend, meist steile, meist mit Bohrhaken gut gesichert. Am wenigsten schwierig *Starkenburger Klettersteig* (A0) und *Zeller Turm* (IV+), großartig *Vampirroute* (VI–) mit Ausstieg *Hexentanz* (VII–), *Schuppe* (VII+) und *Fantasia-Verschneidung* (VI+). Für Kämpfernaturen der Ostseitenkamin *Schrubber* (IV+; wie der Name sagt) oder die hübsche Kombination *Lustiger Opa/Lena* (V+) sowie allerlei Extremeres.

Weitere Felsen Steinbruch bei Höchst.

Südpfalz

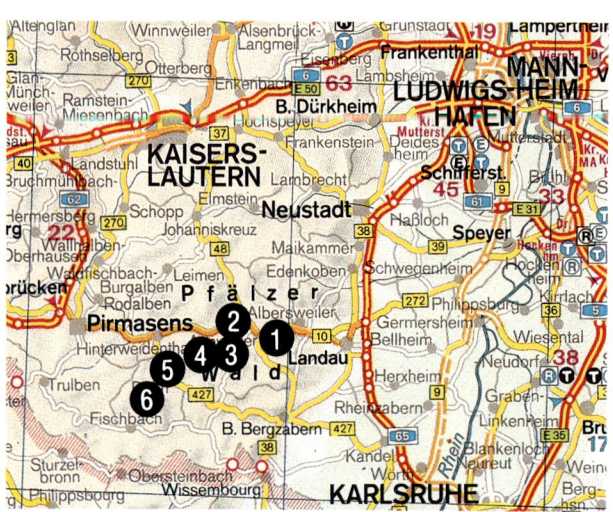

1: Annweiler und Rinntaler Gebiet, 2: Luger und Hauensteiner Gebiet, 3: Vorderweidenthaler Gebiet, 4: Busenberger Gebiet, 5: Dahner und Erfweiler Gebiet, 6: Buchweiler Gebiet.

Mit dem Auto auf der A65 (Speyer-Karlsruhe) bis zur Ausfahrt Landau Nord und weiter auf der B10 14 km nach Annweiler und Hinterweidenthal (weitere 13 km). Oder von der Ausfahrt Landau Süd auf der B38 19 km nach Bad Bergzabern und weiter auf der B427 noch 19 km nach Dahn.

Die mächtigen roten Felstürme über den dunklen Kiefern prägen dieses Land. Sie sind die Ruinen einer aus Wüstenablagerungen des frühen Erdmittelalters entstandenen, später zerschnittenen Buntsandsteintafel, und das Material bleibt oft mehr Sand als Stein. Die Auswahl an Kletterzielen ist reich, das Felsenland weitläufig und zugleich durch ein Netz von Tälern und Tälchen kleingekammert und unübersichtlich. Eine Idylle auch heute.

Felsen Die zahlreichen und vielgestaltigen, insgesamt mehr als 80 selbständigen Türme und mehr als 140 Massive der Südpfalz (auch ‚Wasgau' genannt) ragen meist 20 bis 40 m, teilweise auch bis 60 m hoch auf und sind über eine große Fläche verteilt. So ist es oft eine Leistung im Orientierungslauf, die im Führer ausgewählten Ziele wirklich zu finden. Nach Form, Dimension und Gesteinsstruktur ähneln die Felsen hier auf den ersten Blick denen des Elbsandsteingebirges. Auch hier begegnet einem überall die Wabenverwitterung. Aber die roten Farbschattierungen und die Einschaltung feiner weißer Schichten machen die Pfalzgemäuer unverwechselbar. Dazu handelt es sich hier teilweise um Konglomerate. Das heißt, es sind im Sandstein, oft in ganz bestimmten Horizonten gehäuft, unterschiedlich große, gerundete Steine eingebacken. Und sobald man Hand anlegt, wird rasch deutlich, daß bei der Erschaffung dieses Gesteins nur zu oft mit

Bindemittel gespart wurde und wirklich fester Fels rarer ist als am verwöhnenden Idealsandstein in Sachsen. Dafür gibt es hier mehr und mit kürzeren Hakenabständen gesicherte Routen, deren Absicherung sich durch mobile Sicherungen mit Keilen und Sanduhrschlingen noch zusätzlich perfektionieren läßt.

Ökologie Der Schein von heiler Welt trügt. Alle Diskussionen um Spuren der Anwesenheit von Menschen im Felsgebiet sollten nicht vergessen lassen, daß es da noch ganz andere ökologische Probleme gibt. Die Militärdepots mit gammelnder Giftgasmunition sind zwar inzwischen geräumt, aber was sonst an Waffensystemen und militärischen Altlasten herumliegt, läßt sich kaum ahnen. Außerdem wäre die Verwirklichung der irrwitzigen Autobahnprojekte quer durch das reizvolle Felsenland wegen direkter Schäden und Folgebelastungen ökologisch eine Katastrophe. Diese und ähnliche Bedrohungen bieten Anlaß genug für Frieden und enge Zusammenarbeit zwischen Naturschützern und Kletterern. Im Pfälzer Arbeitskreis Klettern und Naturschutz hat das neuerdings ja auch schon erfreulich konstruktiv begonnen.

Kletterregeln Die traditionellen Pfälzer Kletterregeln verlangen ähnlich wie die sächsischen Kletterregeln Verzicht auf Erstbegehungen mit vorheriger Erkundung oder gar Sicherung und Anbringen von Sicherungsmitteln von oben, dazu Verzicht auf zusätzliche Haken und auf Magnesiaverwendung. Klemmkeile, einschließlich

Heike Wehrle in „Herr der Ringe" (VIII) am Hochstein.

Friends sind in der Pfalz jedoch – im Gegensatz zu den sächsischen Gebieten – erlaubt. Die traditionellen Regeln haben sich mehr und mehr gelockert, und als neuere, noch tolerantere Minimalfassung, die in praktisch allen Gruppen vertreten wird, gilt neben der Forderung, sämtliche Abfälle wieder mitzunehmen, vor allem der strikte Verzicht auf das Schaffen künstlicher Griffe oder Tritte und die Verpflichtung zur Offenlegung aller wichtigen Details über das Wie und Wann von Erstbegehungen.

Die Weitläufigkeit des Gebietes ist im übrigen keine Entschuldigung für das Mißachten von Fahrverboten durch Motorfahrzeuge, ebensowenig wie die Felssperrungen in der Brutzeit der Wanderfalken bereits durch den Wunsch eines Kletterers überflüssig werden, auch im Frühsommer gerade in der Nähe von einem Horst herumzusteigen. Natürlich ist es auch in der Pfalz selbstverständliche Erwartung an Gäste aus anderen Gegenden, daß sie die hier entstandenen Regeln gleichfalls respektieren. Die aktuell gültigen Sperrgebiete und -zeiten werden außen am Kletterladen Reichenbach, an der Asselstein-Hütte und am Bärenbrunner Hof angeschlagen. Gäste sollten sich dort vorab informieren.

Geschichtliches Die ersten Ersteigungen von Gipfeln erfolgten im Zusammenhang mit dem Bau von Burgen, und dabei kamen sicher oft – so wie bei der ersten Ersteigung des Asselsteins im Jahre 1862 – Leitern und Meißel zum Einsatz. Die klassische klettersportliche Erschließung erfolgte seit der Jahrhundertwende bis in die zwanziger Jahre. Dabei galten ähnliche Kletterregeln wie im Elbsandsteingebirge. Auch wenn danach, besonders in den 50er und 60er Jahren, teilweise künstliche Kletterei akzeptiert wurde, so waren die Sicherungen damals meist sparsam und sie wurden entsprechend dem alpinen Ehrenkodex nur von unten angebracht und ohne Bohrhaken als Fortbewegungshilfen einzusetzen.

Seit in den 70er Jahren die neue Freikletterbewegung hier zeitweise ihre Hochburg hatte, werden auch Bohrhaken breiter akzeptiert, und die gleichfalls akzeptierte Verwendung von Klemmkeilen und Friends hat inzwischen dazu geführt, daß viele alte Wege heute wesentlich weniger Mut und Souveränität erfordern als zur Zeit ihrer Erstbegehung.

In den ausgehenden 70er Jahren kam es dann zwischen den Anhängern der traditionsbewußten Vereinigung der Pfälzer Kletterer (PK) und Anhängern der „free climbing"-Szene zum Pfälzer Hakenstreit (siehe Kasten S. 113), der erst allmählich zu einem „unterkühlten Nebeneinander" (Nöltner) zwischen den Anhängern der verschiedenen Kletterstile abgeflaut ist. Die gemeinsamen Bemühungen um Offenhalten der Klettergebiete scheinen in letzter Zeit zu einer echten Zusammenarbeit zu führen – und die ist auch der einzig sinnvolle Weg.

Annweiler und Rinntaler Gebiet

**Die klassische Bockver-
schneidung (VI–) am
Bockturm.**

Lage Im Osten des Gebietes, zwischen Pirmasens und
Landau, an der B10.

Felsen Über 70 Türme und Massive, bis 60 m hoch.

Routen Besonders eindrucksvoll der südlich von
Annweiler bis fast 60 m hoch aufragende ASSELSTEIN
mit Fels vom Besten und ebensolchen Routen: Der
1909 von E. Ney und Gefährten begangene *Normalweg*
(IV–), die 1910 von E. Hartmetz erkämpfte *Ostwand*
(V+), F. Manns bereits 1913 eröffnete Routen *Ostgrat-*

Nordverschneidung (VI–), *Fritz-Mann-Riß* (V+) und
Westwand (V bzw. VI–), der schon 1923 eröffnete
Rolfkamin (VI) und *Pfundstein-Schmidt-Riß* (VI/A1
oder VI+). Härter die 1979 von W. Güllich,
H. Diefenbach und Co. erboulderte *Utopia* (VIII) und
der kriminell riskante *Nordpfeiler* (VII+). Wenig östlich
steht der von einer Burgruine gekrönte, bis 50 m hohe
TRIFELS mit dem empfehlenswerten *Zickzackweg* (VI)
und der bis 40 m hohe, schnittige JUNGTURM mit dem
1904 von F. und K. Jung begangenen, recht ernsthaften
Normalweg (IV), F. Manns bolzigem *Südriß* (VI–/A1
oder VI) und den irren Bouldern der prallen Ostwand
wie *Alte Ostwand* (VI/A1 oder VIII), R. Kochs *Studen-
tenweg* (VI–/A1 bzw. VIII–) und H.-J. Crons *Durchs
Zwielicht* (VIII–) oder *Power-Auflauf* (VIII+). Lohnende
Routen auch bei Waldhambach am HUNDSFELS mit
dem originellen *Byzantinerweg* (III–), bei Rinnthal am
bis über 50 m hohen DINGENTALTURM die *Juniwand*
(VI–/A1 bzw. VII) vom fleißigen H. Laub, weiter die
über 50 m hohen DREI FELSEN u.a. mit *Bogenver-
schneidung* (VI–/A1 oder VII) und *Falkenverschneidung* (VI) und die pralle 50-m-Massivwand WILGAR-
TISPLATTE mit U. Daiggers *Grauer Wand* (VII–).

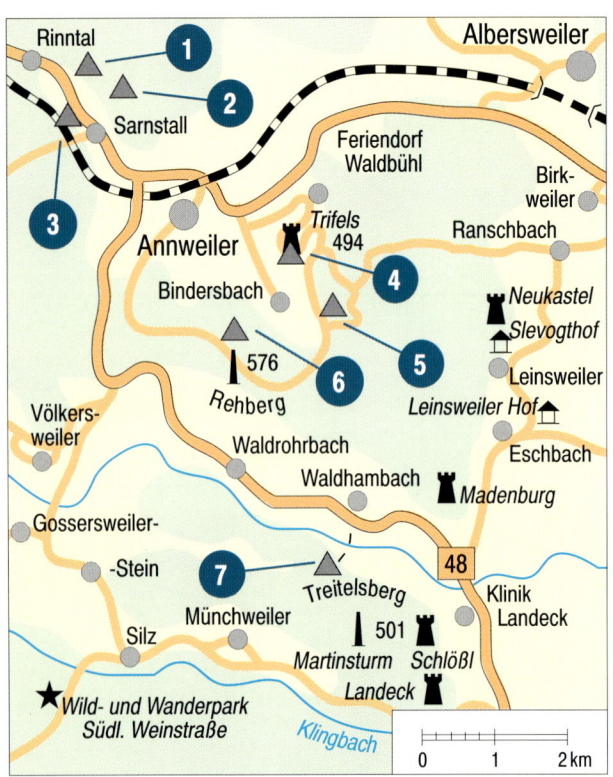

1: Dingentalturm, 2: Schmalbühler Fels, 3: Buchholzfels,
4: Trifels, 5: Jungturm/Münzfels, 6: Asselstein, 7: Hundsfels.

▷ **Der einmalig markante Felsbau des Teufelstisch.**

Heike Wehrle in der Route „Erendira" (VII–) am Theoturm.

Chipping

Das ist englisch und heißt „etwas abschlagen", bedeutet also beim Klettern soviel wie „Haltepunkte herstellen, wo von Natur aus keine sind". Die Raubritter haben es gemacht und die Wandervereine der Romantik, wenn sie einen steilen Felsen als Ausguck zugänglich machen wollten. Und da wurde geklotzt: Nicht nur Griffe, sondern ganze Geländer, nicht nur Tritte, sondern Treppen wurden für solche Steiganlagen aus dem Fels gehauen.

Beim sportlichen Klettern mit dem Schlagen von Griffen oder Tritten der Natur nachzuhelfen, das ist bei uns im Lande, vom (unsportlichen) Bau von Klettersteigen einmal abgesehen, bisher zum Glück ganz seltene Ausnahme geblieben. Aber das Problem ist so fern nicht. In Südfrankreich ist in einigen Gebieten geradezu die Unsitte eingerissen, an ganz aussichtslosen Passagen künstliche Haltepunkte herzustellen, z. B. durch Hammerschlag, Meißeln, Bohren – doch ist das letztlich nur eine neue Variante der künstlichen Kletterei. Und weil das Schaffen der Haltepunkte an den häufiger werdenden künstlichen Kletteranlagen ohnehin üblich ist und von daher leicht Denkgewohnheiten gedankenlos auf das Klettern an den Naturfelsen übertragen werden könnten, stehen hier noch einmal die Gründe, warum es unbedingt nötig ist, daß Chipping an Naturfelsen absolutes Tabu bleibt:

1. Es wäre eine zusätzliche Dimension von Eingriff in die natürlichen Felsformen (die ohnehin sehr oft als Naturdenkmale geschützt sind). Damit widerspricht es ganz massiv dem für den Frieden mit dem Naturschutz nötigen Prinzip des Sanften Kletterns.

2. Es würde an unseren Felsen die sportliche Herausforderung des Sich-an-die-vorgefundenen-Schwierigkeiten-Anpassens ersetzen durch ein unsportliches Die-vorgefundene-Schwierigkeit-auf-das-eigene-Niveau-Herabholen.

Und das war ja auch die Sackgasse des künstlichen Kletterns gewesen, bevor die Renaissance der Freikletterbewegung kam.

Luger und Hauensteiner Gebiet

Lage Westlich von Annweiler.

Felsen Insgesamt über 80 Objekte aller Sorten und Formate.

Routen Markant der bis über 60 m hohe LUGER FRIEDRICH, u.a. mit F. Manns *Erstersteigerweg* (V) und *Talkante* (VI/A1 oder VI+), der DIMBERGPFEILER mit *Südverschneidung* (V–), die langgestreckten LUGER GEIERSTEINE mit E. Schlemmers *Normalweg* (III+), N. Mailänders *Geierwally* (VII) und H.-J. Crons *Gabis Weg* (VII+ bzw. VII–/A0) sowie der bei Hauenstein gelegene, über 50 m hohe BACKELSTEIN mit den Paraderouten *Große Südverschneidung* (V+) und *Rote Wand* (V+/A1 oder VII) und der SPIRKELBACHER RAUHFELS mit u.a. *Wenger-Gedächtnisweg* (VI) und *Blockverschneidung* (V+/A1 oder IX–).

1: **Wilgartsplatte**, 2: **Drei Felsen**, 3: **Luger Geiersteine**, 4: **Luger Friedrich**, 5: **Rauhbergpfeiler/Rauhfels**, 6: **Hülsenfelsen**, 7: **Kahler Fels**, 8: **Backelstein**, 9: **Burghaldefels**, 10: **Hauensteiner Turm**, 11: **Stephanstürme**.

Vorderweidenthaler Gebiet

Lage Südlich vom Luger Gebiet.

Felsen Insgesamt 20 Türme und Massive, bis 60 m hoch.

Routen Ganz herausragend das bis fast 60 m hohe Massiv des RÖDELSTEIN mit u.a. *Normalweg* (II), H. Laubs *Oliverweg* (VI+ oder V/A1) und *Dezemberweg* (VII oder VI–/A1), W. Kraus *Kochplatte* (VIII+) oder *Ameisentrail* (VIII) und *Vollstreckung* (IX).

Im „Oliverweg" (VI+) am Rödelstein.

Dahner und Erfweiler Gebiet

Hier gehäuft besonders große Brocken.

Lage 25 km südöstlich von Pirmasens, um die Ortschaften Dahn und Erfweiler.

Felsen Insgesamt über 70 Felsen, teilweise bis über 50 und 60 m hoch.

Routen Bei Erfweiler der SCHAFSFELSEN mit der wegen Einsturzgefahr leider gesperrten Gipfelnadel der SCHANDARIE (Führer: „. . . es wäre um die Kletterer genauso schade wie um das Naturdenkmal"). Der RAPPENFELSEN u.a. mit der klassischen, schrubbeliger aussehenden als seienden Quetsche des von F. Frey 1940 begangenen *Emil-Gessner-Gedächtnisweges* (V/A0 oder V+) und der fast 50 m hohe NEYTURM (am GLASFELSEN) mit der *Großen Südwand* (VI). Lohnende Routen auch am KUMBTFELSEN und HEEGERTURM. Bei Dahn der massige HOCHSTEIN mit dem *Hochsteinnadel-Normalweg* (III), H. Laubs *Grauer Wand* (IV+), *Dornenriß* (V) und *PK-Kante* (V+). Der delikat oberhalb der Häuser fast 60 m hoch aufragende JUNGFERNSPRUNG mit den Laub/Frey-Classics *Nordverschneidung* (VI–) und *Franz-Seiler-Gedächtnisweg* (V+/A1 oder VII+). Der LÄMMERFELS mit dem bis 60 m hohen BOCKTURM mit *Normalweg* (II) und der clean-eleganten *Bockverschneidung* (VI–). Der BÜTTEL und der HIRTFELSEN sowie das bekannte Felspaar BRAUT und BRÄUTIGAM.

Der Pfälzer Hakenstreit

Aus der Sicht der Vereinigung der Pfälzer Kletterer (PK) sah der so aus:

„Als Ende der siebziger Jahre von den so selbstgenannten ‚Outsiders' die Freikletterregeln des Elbsandsteingebirges (a.f.) zum Vorbild genommen wurden, war die damit verbundene Leistungssteigerung zunächst eine Sache, der man Respekt und Bewunderung entgegenbrachte. Als sich jedoch herausstellte, daß ein wesentliches Element der sächsischen Kletterethik, nämlich das grundsätzliche Erschließen der Neutouren von unten, nicht ‚mitimportiert' worden war, kam es zwangsläufig zum Konflikt. Verschärft wurde die Situation dadurch, daß die ‚Machart' der neuen Routen hartnäckig verschwiegen wurde. Auf Grund des Mandats, welches die Klettersport treibenden Vereine der Vereinigung der Pfälzer Kletterer übertragen hatten, wurden daraufhin die von oben erschlossenen Routen des VII. Grades abgebaut...". (Walter Ehrhardt/Rainer Scharfenberger/Heinz Illner nach Kletterführer Südpfalz, 1989).

Die Sicht von „Outsider"-Anhängern dagegen: „Hinter der modernen Spielart des Kletterns (...) verbirgt sich jedoch (...) ‚Lebensauffassung' und ‚Selbstverwirklichung'. (...) Frei klettern macht Spaß, es befreit von eigenen Ängsten und vom Zwangskorsett traditioneller Konventionen. Hauptsache man ist gut gesichert. . .". (Thomas Nöltner nach Kletterführer Südpfalz, 1989, S. 16 f). Oder wie Reinhard Karl selig es ausdrückte: „Selbstverwirklichung, oder was die Stadtmenschen davon halten, klingt gut, am besten gelingt das noch bei einer Erstbegehung. Erstbegehung klingt auch gut (...) Wenn wir diese Erstbegehungen richtig von unten ausgeführt hätten, dann (...) (wäre) Klettern ein Krampf gewesen. Da seilten wir uns lieber von oben ab, putzten die Route, betonierten Betonbohrhaken genau an der richtigen Kletterstelle. Dort, wo es am schwierigsten wurde, und damit wir nicht in den Dreck fallen würden. Wir wollten Kletterer bleiben und nicht Rollstuhlfahrer werden. (...) Wir wollten die schönstmögliche Route kreieren. Wie monumentale Landschaftskünstler. Das Ergebnis waren Kletterrouten, die so schwierig wurden, daß fast niemand sie klettern konnte. Trotzdem konnte man daran nicht abstürzen." (R. Karl, Zeit zum Atmen, 1980, S. 88 f).

Aber auch manche alten „free climbing-Pioniere" sind mit der weiteren Entwicklung nicht glücklich und empfinden sie als Degeneration, hier pointiert aufgespießt beim bereits erwähnten Thomas Nöltner im Kletterführer Südpfalz von 1989:

„Eher erschwert wird dies (Nebeneinander) durch eine andere Entwicklung im Windschatten der jüngsten Kletter-Generation, die eine weit bedeutendere Leistungssteigerung im Freiklettern erreicht hat als die ‚Outsiders' der 70er Jahre. (...) So ist es heute üblich geworden, in bestehenden älteren Routen zusätzliche Sicherungsringe anzubringen, wobei Anzahl und Abstand der Ringe durchaus eine Frage des persönlichen Geschmacks und der Tagesverfassung potentieller Wiederholer und solcher, die es gerne wären, sind (...). Erste Anzeichen solcher Neuner für Karl-Otto sind an einigen Felsen zu bewundern . . .".

Oder: „War man vor einigen Jahren schon der Meinung, daß zwei Routen im Abstand von zwei Metern doch sehr eng beieinander liegen würden, so erfindet man heute noch eine mittendrin, selbstverständlich muß sie dann unbedingt eigene Sicherungsringe bekommen, und wenn rechts und links bewegliche Ringhaken, die am Fels anliegen, verwendet werden, dann nimmt man dazwischen natürlich möglichst starre Ösen, das verhindert Probleme bei der Routenfindung und belebt die öde Sandsteinfassade. Traurig ist nur festzustellen, daß solche bedeutenden Eroberungen zu 90% oder häufiger mit Seilsicherung von oben wiederholt werden . . ."

Oder: „Zunehmend wird von aufmerksamen ‚free climbern' auch erkannt, daß es im Pfälzer Sandstein ein gewisses Potential an Neurouten gibt, in denen die natürliche Oberflächenverwitterung leider vergessen hat, den einen oder anderen Griff zu modellieren. Aber was soll's, so eng darf man das nicht sehen: Nach einigen weiteren tausend Jahren Wind und Regen wär' das sowieso ein Griff gewesen. (...) Für mich stellt das Anbringen künstlicher Griffe in Routen (...) allenfalls einen Rückschritt in die Bronzezeit des Pfalzkletterns dar."

Und so mögen sich die alten Gegner aus der Zeit des Pfälzer Hakenstreites dann doch noch eines Tages ganz zusammenfinden in der Einsicht, daß das Klettern ohne Regeln einfach nicht gut geht. Zumal die entscheidende Frage der Kletterverbote eine gemeinsame Interessenvertretung verlangt und man nur mit Selbstbeschränkungen im Sinne von „Sanft klettern" zu Kompromissen mit Landschafts- und Naturschutz kommen kann.

„Clean climbing' muß als Herausforderung verstanden werden und der Bedeutung ‚sauber', das heißt, keine Spuren hinterlassen, gerecht werden". (PK) Und diese Forderung ist angesichts der heutigen Probleme aktueller denn je.

Busenberger Gebiet

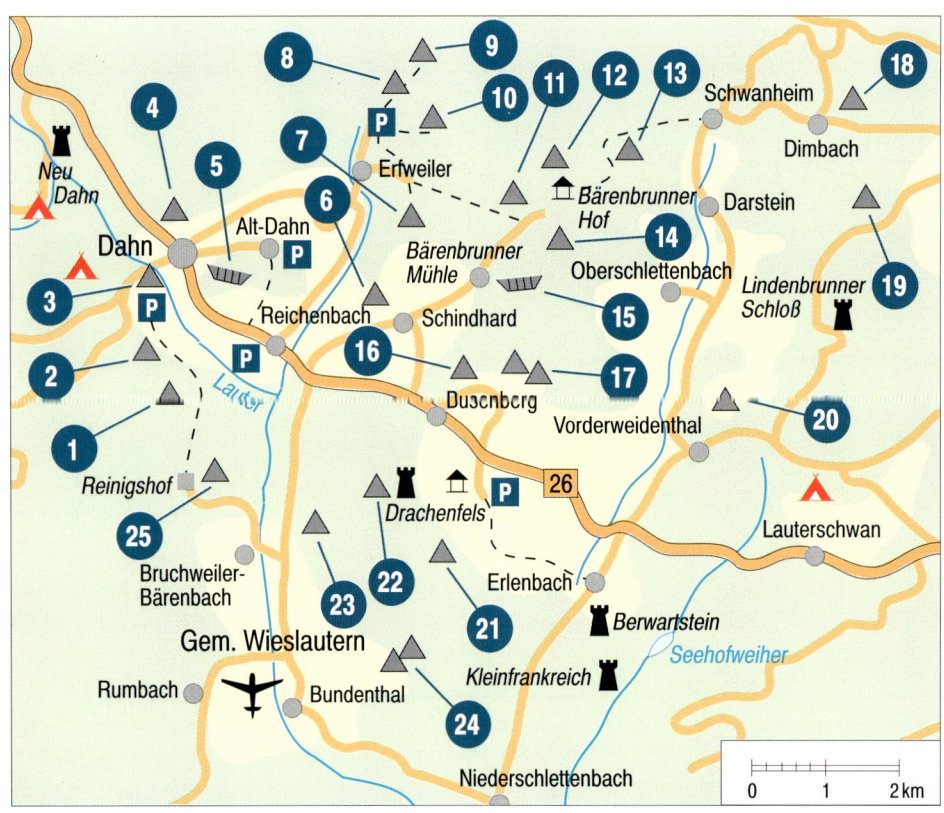

1: Lämmerfels (Bockturm u.a.), 2: Büttel, 3: Braut und Bräutigam, 4: Jungfernsprung, 5: Hochstein, 6: Kapellenfels, 7: Schafsfelsen, 8: Rappenfels, 9: Kumbtfels, 10: Glasfelsen, 11: Klosterfels, 12: Nonnenfels, 13: Honigfels, 14: Sternfels, 15: Pferchfeldfelsen, 16: Strackfels, 17: Buhlsteine, 18: Dimbergpfeiler, 19: Rötzensteinpfeiler, 20: Rödelstein, 21: Heidenpfeiler, 22: Schulerfels, 23: Bruchweiler Geierstein, 24: Fladensteine, 25: Dürrensteine.

Lage Westlich von Vorderweidenthal.

Felsen Insgesamt, einschließlich Umgebung Schindhard und Bärenbrunner Tal, über 40 Türme und Massive, teilweise 30 bis 40 m hoch.

Routen Bei Busenberg an der Ruine Drachenfels der SCHULERFELS u.a. mit H. Laubs *Talwand* (VI– oder VI+) und *Rainbow Warrior* (VI+). Der HEIDENPFEILER mit H. Laubs und F. Freys 1960 begangener *Himmelsleiter* (VI–/A0 oder VI, teilweise brüchig) sowie R. Mühes *Siebenschläfer* (VII–) und *Topspin* (VIII–). Im Bärenbrunner Tal das 1 km lange, reichhaltige Felsriff des im Frühjahr und Sommer meist gesperrten PFERCHFELDFELSEN u.a. mit der prächtigen Rißkletterei der *Turm-Südverschneidung* (VI–) und *Massiv 3. Südrampe* (V–). Der STERNFELSEN u.a. mit *Nordwandquerung* (IV+ oder III+/A0) und *Nordwand* (VI). Der allseits überhängende HONIGFELSEN u.a. mit *Normalweg* (V/A0 oder VI–). Der NONNENFELS u.a. mit F. Freys von 1937 stammender *Alter Route* (IV), H. Laubs und F. Freys 1960 erschlossertem *Jubiläumsriß* (VI–/A1 oder VII), L. Helbigs ernster *Lutzverschneidung* (VI/A1 oder VI+) und der von Güllich und Kraus vollendeten Richard-Mühe-Kreation *Im Westen nichts Neues* (IX). Schließlich der KLOSTERFELS mit der schon 1939 von R. Scheiber und Gefährten gekletterten *Klosterwand* (V/A1 oder VI+) oder Härterem wie *Flammende Herzen* (VIII–) oder dem etwas sandigen *Ceromax* (IX–).

Der Theoturm, durch dessen Nordseite u. a. die Route „Erendira" (VII–) verläuft.

Magnesia

Magnesia (= „chalk" = hygroskopisches, leicht basisches, weißes Magnesium-karbonat) bindet Feuchtigkeit und ist – ebenso wie die Reibungsklettersohle aus haftendem Weichgummi – eines der Hilfsmittel beim Klettern. In sportlicher Hinsicht ist es nie umstritten gewesen, daß die Verwendung für die Benutzer das Klettern erleichtert, daß eine Begehung ohne dieses Hilfsmittel also sportlich wertvoller ist als eine mit (vgl. Begehungsstile „Rotpunkt extrem" und „Rotpunkt ideal").

Aus der langen Diskussion um die Folgewirkungen hat sich herauskristallisiert:

1. Das am Fels verbleibende Magnesia nimmt bei Regen oder Nebel Feuchtigkeit bis zur Sättigung auf und trocknet nur wesentlich langsamer ab als die übrige Felsoberfläche. Im nassen Zustand schmiert es.
2. Magnesia wirkt unterschiedlich auf die verschiedenen Felsarten: Es kann, nach einer DAV-Studie, auf Kalkstein unter Laborbedingungen (!) die Entstehung von Felspolitur bremsen. Andererseits sind aus rheinischen Klettergebieten Beobachtungen bekannt, die belegen, daß Magnesia die Bindemittel von Sandstein und Konglomeratfels angreift. Auch Gneis verändert es nachteilig.
3. Ökologisch wirkt das basische Magnesia dem Versauerungseffekt des Sauren Regens entgegen. Im direkten Kontakt ist jedoch mit einer Beeinträchtigung der Mikroflora und -fauna (z. B. Flechten, Schnecken) zu rechnen.
4. Das aufgetragene Magnesia bleibt bis zum nächsten starken Regen – unter Überhängen auf Dauer – am Fels sichtbar. Dies kann ästhetisch (optische Veränderung) und sportlich (Griffmarkierung, Entfallen des Entschlüsselungs-problems) als nachteilig empfunden werden.

Heute gibt es in vielen Gebieten von Behörden oder Felseigentümern erlassene oder durch Konsens unter den Kletterern des Gebiets beschlossene Magnesiaver-bote, an deren Einhaltung oft sogar die Klettererlaubnis hängt. Gleich aus welchen Gründen sie erlassen sind, ist von Gästen so viel Rücksichtnahme zu erwarten, daß sie diese Verbote als Teil der lokalen Kletterregeln respektieren.

Bruchweiler Gebiet

Die Felsen um Bruchweiler samt Reininghof, Bunden-thal und Rumbach.

Lage Südlich von Dahn.

Felsen Über 30 Türme und Massive, einige um 40 bis 50 m hoch.

Routen Besonders bekannt, lang und lohnend an den FLADENSTEINEN der BUNDENTHALER TURM mit u. a. dem 1904 begangenen schönen Kamin des *Normalwe-ges* (II), dem *Ilexweg* (IV) und *Westlichen Nordriß* (V), der tollen Linie des von F. Frey und Co. 1948 eröffneten *Großen Südriß* (VI–), der 1951 eröffneten *Götterver-schneidung* (VI–/A1 bzw. VI+) sowie L. Brückners heiklem *Dampfhammer-Riß* (V+/A1) von 1973. Der BRUCHWEILER GEIERSTEIN mit Delikatessen wie dem klassischem *Mittelturmweg* (IV) von F. Mann aus dem Jahr 1923, von 1935 R. Scheerers *Schnapsweg* (V/A1 oder VI–), Laub/Freys *DAV-Weg* (V/A1 oder VI) oder der – 1978 wegen der von oben gesetzten Ringe noch umstrittenen – Nöltner/Güllich-Route *Superlative* (VIII); ebenso die 1982 von Hunsicker/Daigger extrem schwierige, aber kaum weniger unklassisch hergestellte *Hühnerleiter* (IX+). Beim Reinigshof die DÜRREN-STEINE mit den Türmen FRIEDRICH und MARIA sowie der kecke NAPOLEON.

Weitere Felsen Weitere Klettergebiete im Grenzgebiet bei Schöna (u. a. KASTELLFELS, KALTENBRUNNER TEUFELSTISCH und ADELSNADEL) und Fischbach (z. T. in Militärgelände eingesperrt) sowie um Hinterweiden-thal (u. a. der bis 40 m hohe HEUFELS), Leimen und Pirmasens.

Fichtelgebirge

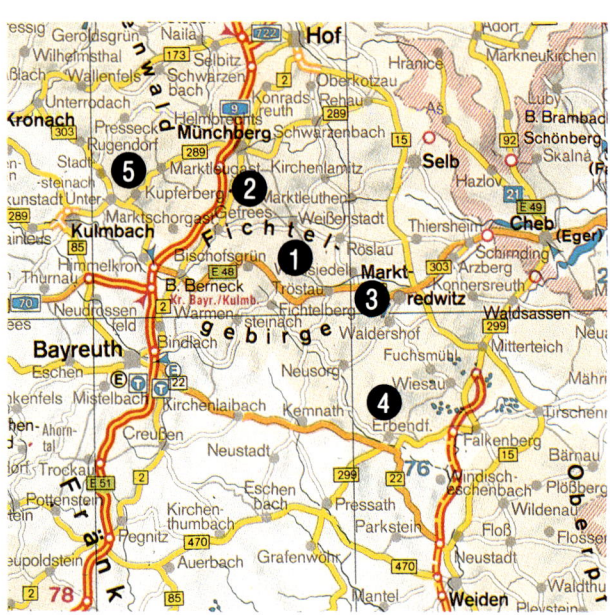

1: Rudolfsteingebiet, 2: Waldstein, 3: Gebiet Wunsiedel/Markredwitz, 4: Steinwald, 5: Frankenwald.

Rudolfstein: Mit dem Auto auf der A9/E51 bis zur Ausfahrt Bad Berneck und auf der B303 bis hinter Bischofsgrün, dann nordöstlich 9 km bis nach Weißenstadt.
Waldstein: Von der BAB-Ausfahrt Münchberg über Sperneck weiter zur Burg Waldstein.
Steinwald: Von der BAB-Ausfahrt Bayreuth auf der B22 38 km nach Erbendorf, dann nördlich über Wetzldorf 6 km nach Pfaben.

Das Fichtelgebirge als Ursprung von Main, Saale, Naab und Eger sowie der südlich angelagerte Steinwald stellen die Verbindung vom Thüringer Wald zum in gleicher Richtung verlaufenden Oberpfälzer Wald und Bayerischen Wald her. Zugleich ist das Fichtelgebirge die Nahtstelle zum Erzgebirge. Bis zu den höchsten Erhebungen wird es von Nadelwald überzogen. Die Felsen sind meist großblockige, grobkristalline alte Granite und liefern ausgiebig Gelegenheit zur Reibungskletterei – ob es nun an den wenigen höheren Felsen ist oder an den zahlreichen Blockfeldern. Besonders die letzteren sind das Reich des Boulderers. Bouldern, das ist klettertechnische Kleinkunst, in der dicht über dem Boden, unbeschwert von Material oder der Angst vor weiten Stürzen, an fingerkuppenaufrollenden, fingernagelfressenden Rauhigkeiten unter akrobatischen Verrenkungen mit den wohlkalkulierten Zuckungen heißer Dynamos Millimetersiege über die Schwerkraft ertüftelt werden. Und weil all diese großen Kleinstprobleme so zahlreich sind und bei dieser Unübersichtlichkeit das Drüber-Diskutieren und Damit-Renommieren etwas schwierig ist, wurde der Boulder-Parcours erfunden. Den man dann „gemacht" hat, wenn alle Einzelprobleme hintereinander abgehakt worden sind – eine Art klettersportliche Variante des Rosenkranzbetens also . . .

Unterkunft

Rudolfstein und Waldstein
Zeltplatz am Weißenstädter See, Jugendherberge in Marktredwitz und bei Oberwarmensteinach.

Steinwald
Alpenvereinshaus in Pfaben oder Zeltplatz in Trevenhammer. Privatzimmer.

Führer
Oskar Bühler: Frankenjura (Nur im Anhang der 5. Aufl.).
Bernhard Thum: Topoführer Fichtelgebirge und Steinwald.

Bernhard Thum in der Route „Coitus interruptus" (IX–) im Wllertal.

Rudolfsteingebiet

Zwei der hübschen Drei Brüder im Rudolfsteingebiet.

Beachtliche Grate und Türme in rauher Kammlage, aus vermutlich erst durch den Sauren Regen gebleichtem Granit.

Lage Südlich von Weißenstadt. Zugang am besten vom Meierhof (4 km südöstlich von Weißenstadt); vom Parkplatz beim Forsthaus in westlicher Richtung.

Felsen Die 9 Türme und Grate sind bis fast 30 m hoch. Der kompakte, bombenfeste und meist rauhe Granit ist geprägt von der Wollsackverwitterung und bietet interessante Reibungskletterei an oft teuflisch abschüssigen Griffen und Tritten, bei oft nur spärlichen Möglichkeiten für Klemmkeile. Wo es wirklich ruppig wird, trösten hin und wieder Bühlerhaken, aber nicht überall.

Ökologie Die Lage im Naturschutzgebiet macht eine strikte Beachtung der Auflagen für alle Besucher/innen zur Pflicht, damit die Felsen weiter zum Klettern frei bleiben.

Routen Etwa zwei Dutzend, eine wie die andere lohnend. Am längsten am TREPPENSTEIN mit dem gesamten Nordgrat (IV+), Hauptturm-Südwestweg (IV+), 3. Gratturm-Nordwestkamin (II), Westkamin (III) und Westwand (VI+) sowie Gratturm-Westwand (VIII). Am RUDOLFSTEIN Schräger Otto (VI), Köterweg (VIII+, direkt VII–). Am KREUZTURM Nordwand (IV+), Westriß (V), Arzberger Weg (VIII–). Hübsch auch die Routen an den schlanken Felsen der DREI BRÜDER.

Weitere Felsen 2 km südöstlich vom militärisch verschandelten Schneeberggipfel (1053 m) am vom Waldsterben verwüsteten Gipfel des NUSSHARDT (972 m). An den exquisiten Riesenblöcken gibt es einen z.T. extrem schwierigen Boulder-Rundweg (Trip durch das Kalte Herz), der in jüngster Zeit ironischerweise aus Naturschutzgründen verboten wurde. Etwa aus Pietät vor den im Koma liegenden Bäumen und Flechten?

1: Kreuzturm und Rudolfstürme, 2: Treppenstein und Rudolfstein, 3: Drei Brüder, 4: Schwesternsteine und Amboß.

Waldstein

Lage 5 km nordwestlich von Weißenstadt, am Kamm bei der Burg und Freilichtbühne Waldstein.

Felsen Großblockiger Granit, teils bis zu 20 m hoch, teils von eher bescheidenen Felshöhen, mit vielen netten Routen, in jüngster Zeit auch als Bouldergebiet beliebt. Etwas höher der weiter westlich gelegene ARNDTSTEIN mit gut einem halben Dutzend Routen. 7 km nördlich von Weißenstadt am Kleinen Waldstein der HOHENSTEIN mit Felshöhen bis zu 20 m. Ein gut sortiertes Klemmkeilbündelchen erhöhen im gesamten Gebiet das Wohlbefinden ungemein.

Routen An den Wänden und Wändchen des Waldstein finden sich neben allerhand Genüßlichem, wie Orientierungslauf (III), Querschläger (V) oder Krabbeltier (V) auch Anspruchsvolleres im Bereich VI und VII, wie Willi-Merkl-Gedächtnisweg (VI–), Kirche und Volk (VI+), Chefsessel (VII–) oder Fingerprinz (VII+), und darüberhinaus mit Punknudel (IX–/IX) und Rauhfasertapete (IX) zwei der extremen Vorzeigerouten des Gebietes. Am ARNDTSTEIN der Alte Weg (IV+), Platte (V) und Schwierigeres wie Je steiler desto geiler (VII) oder mit Dach und Krach (VII+). Am HOHENSTEIN u.a. Alter Weg (VI+) und Sucht der Spinner (VIII).

Weitere Felsen 3 km nordöstlich von Niederlamitz der etwa 15 m hohe HIRSCHSTEIN.

▷ **Thomas Fickert in der Route „Kissenschlacht" (VIII+) am Treppenstein im Rudolfsteingebiet.**

Gebiet Wunsiedel/Marktredwitz

Lage 3 bis 5 km westlich von Bad Alexandersbad.
Felsen Granit. Am höchsten der HABERSTEIN (bis 15 m, durch Aussichtsplattform verbaut) mit meist extremen Routen, jedoch überwiegend Bouldergebiet. Nett und unterhaltsam mit allerlei unglaublicher Kleinkunst versehen.

Routen Vor allem die Boulderzirkel bei der Luisenburg im GROSSEN LABYRINTH und KLEINEN LABYRINTH (=*Bestienrummel;* derzeit Kletterverbot) sowie am KAISERFELSEN und am BURGFELSEN.
Weitere Felsen Zwischen Bad Berneck und Nagel das Bouldergebiet PRINZENFELS.

Frankenwald

Nordwestlich vor dem Fichtelgebirge, im Frankenwald, befindet sich nördlich von Kulmbach bei Stadtsteinach, in der Steinachklamm eine bis 35 m hohe Granitwand, die mit einigen Routen erschlossen ist.

Steinwald

Dieser südöstlich angelagerte Höhenzug trägt auf der Südabdachung, neben dem Rudolfstein, die höchsten Felsen des Gebietes.
Lage 4 km nordwestlich von Erbendorf, 1 km westlich vom Weiler Pfaben.

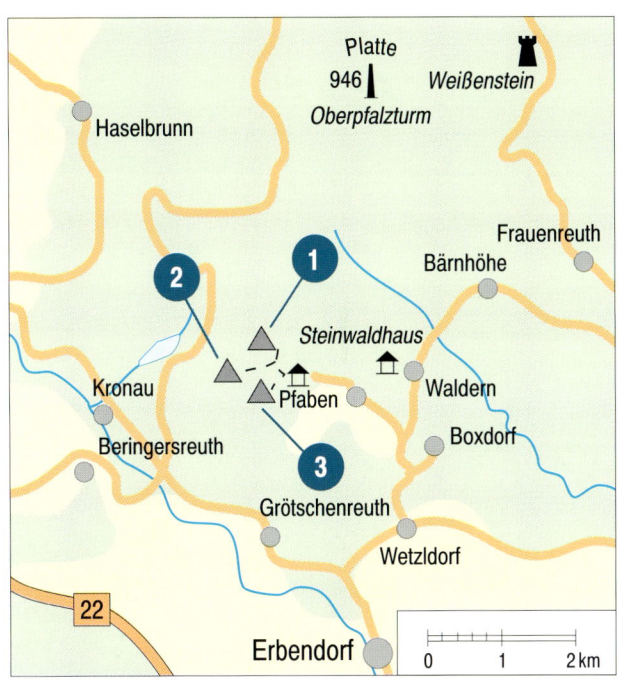

1: Räuberfelsen und Fuchsfelsen, 2: Vogelfelsen,
3: Ratsfelsen und Waldkopf.

Felsen Im düsteren Fichtenwald verstreut 8 Granitfelsen, bis fast 30 m hoch. Typisch für diese Felsen ist, daß sie an ihrer Nordseite steil abbrechen und von herzhaften Rissen durchzogen werden, in denen Klemmkeile manchmal recht tröstlich sind, während auf den Südseiten die runden Formen der Wollsackverwitterung vorherrschen. Das Klettern hat hier lange Tradition und wird hoffentlich auch weiterhin akzeptiert.
Ökologie Der Saure Regen hat die Feinwurzeln der Bäume schon so ausgedünnt, daß bald durch weitere Windwürfe die völlige Freistellung der Felsen zu erwarten ist.
Routen Am lohnendsten der RÄUBERFELSEN mit *Fichtenweg* (III), *Piazkante* (V–), *Südwestkante* (VI), *Nordverschneidung* (VI), *Holzkeilriß* (VII), *Muffenweg* (VII), *Dresdner Weg* (VII+) und *Sachsenweg* (VIII) und VOGELFELSEN mit *Eselsweg* (III), *Südkamin* (III), *Fliegerwand* (VI), *Lange Kante* (VII) und *Kaminpfeiler* (VII). Reichhaltiges Routenangebot aber auch der RATSFELSEN.
Weitere Felsen Südlich vom Steinwald die als Kletterfelsen nicht aufgesuchten, jedoch eindrucksvoll anzusehenden Vulkanstümpfe des Parkstein (594 m; 15 km südlich von Erbendorf, mit Kapelle am Gipfel, Südwand aus Basaltsäulen) und des Rauhen Kulm (682 m; 15 km westlich von Erbendorf, Basaltblockmeere, Aussichtsturm).

◁ **Bernhard Thum im „Köterweg" (VIII+) am Rudolfstein.**

Frankenjura

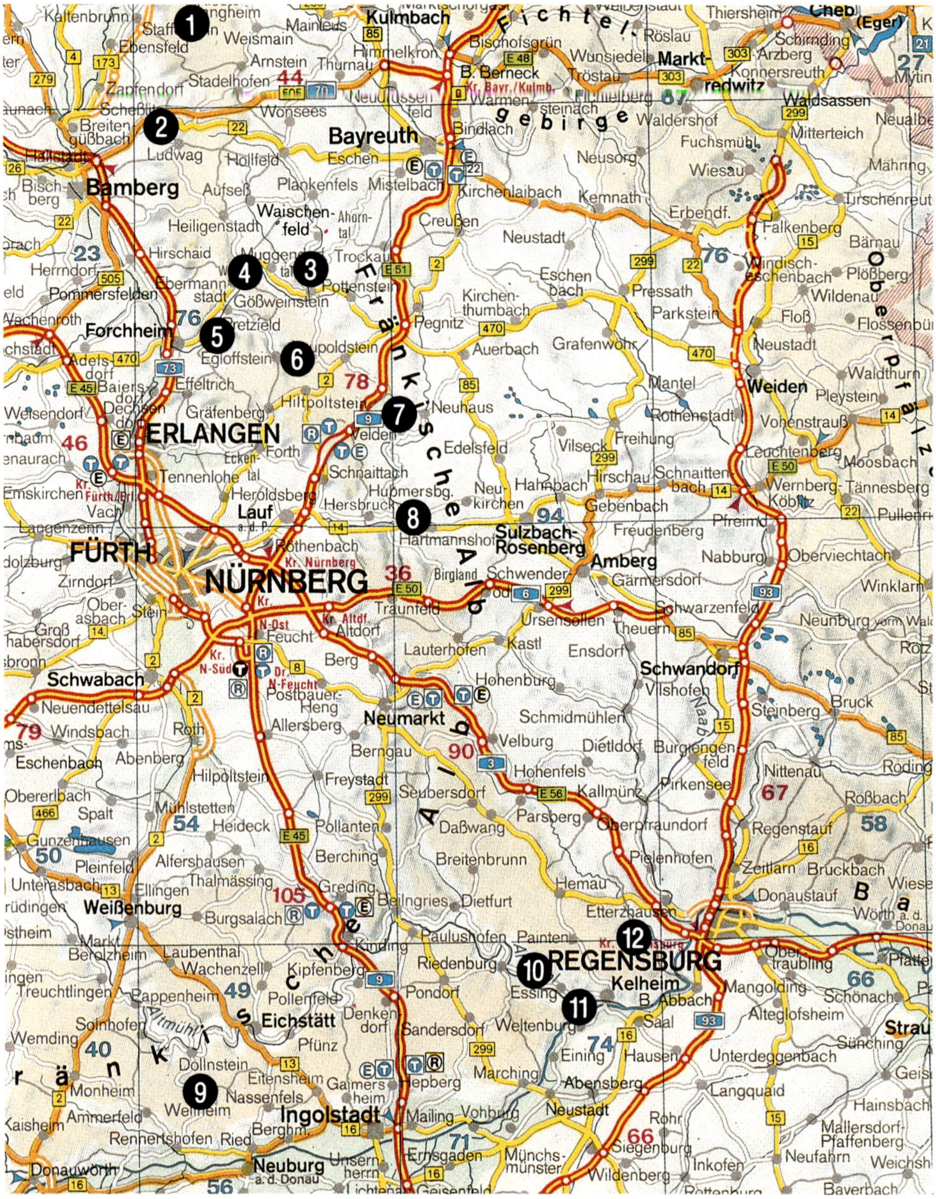

Ausfahrt Lauf/Hersbruck auf der B 14 etwa 15 km in östlicher Richtung zu den verschiedenen Ausgangspunkten.

Zum Walberla und ins untere Wiesenttal auf der A 73 über Erlangen oder von Westen auf der A 3/E 45 bis Höchstadt und auf der B 470 in östlicher Richtung weiter nach Forchheim. Von dort über Reuth südlich weiter nach Schlaifhausen (Walberla) oder auf der B 470 weiter bis nach Ebermannstadt und Streitberg (Wiesenttal). Bamberger und Würgauer Gebiet sowie Kleinziegenfelder Tal: Auf der A 73 nach Bamberg und weiter auf der B 505 bzw. E 48 zu den verschiedenen Ausgangsorten. Zum Staffelstein über die A 173.
Südlicher Frankenjura: Ins obere Altmühltal auf der A 9/E 45 bis Ingolstadt und über die B 13 nach Eichstätt und im Altmühltal weiter nach Dollnstein (Burgfels). Nach Konstein/Aicha (Dohlenfels) besser über Neuburg–Bergen–Wellheim oder noch direkter über Dünzlau–Nassenfels–Biesenhard. Unteres Altmühltal und Weltenburger Enge: Von Ingolstadt/Manching über die Schnellstraße B 16, die 5 km östlich von Kelheim die Donau erreicht. Hierher auch von Nordwesten, von der A 9/E 45, Ausfahrt Altmühltal. 40 km entlang des Main-Donau-Kanals bis in das Klettergebiet Prunn. Naab- und Laabertal: Auf der A 3/E 56 Ausfahrt Laaber nach Regensburg bis zur Ausfahrt Nittendorf bzw. Laaber.

1: Nördlichster Frankenjura,
2: Bamberger Gebiet,
3: Oberes Wiesenttal,
4: Unteres Wiesenttal,
5: Walberla, 6: Trubachtal,
7: Oberes Pegnitztal,
8: Hersbrucker Schweiz,
9: Oberes Altmühltal,
10: Unteres Altmühltal,
11: Weltenburger Enge,
12: Laabertal.

Nördlicher Frankenjura: Von Berlin über A 9/E 51, bzw. von München auf der A 9/E 45 und E 51 (Richtung Berlin) bis zur Ausfahrt Pegnitz/Grafenwöhr und von dort auf der

B 470 über Pottenstein 17 km ins Wiesenttal nach Gößweinstein, bzw. 30 km bis Ebermannstadt. Oder auf der B 2 14 km nach Leupoldstein und von dort nach Obertrubach im Trubachtal. Hersbrucker Schweiz und Pegnitztal: Von der BAB-

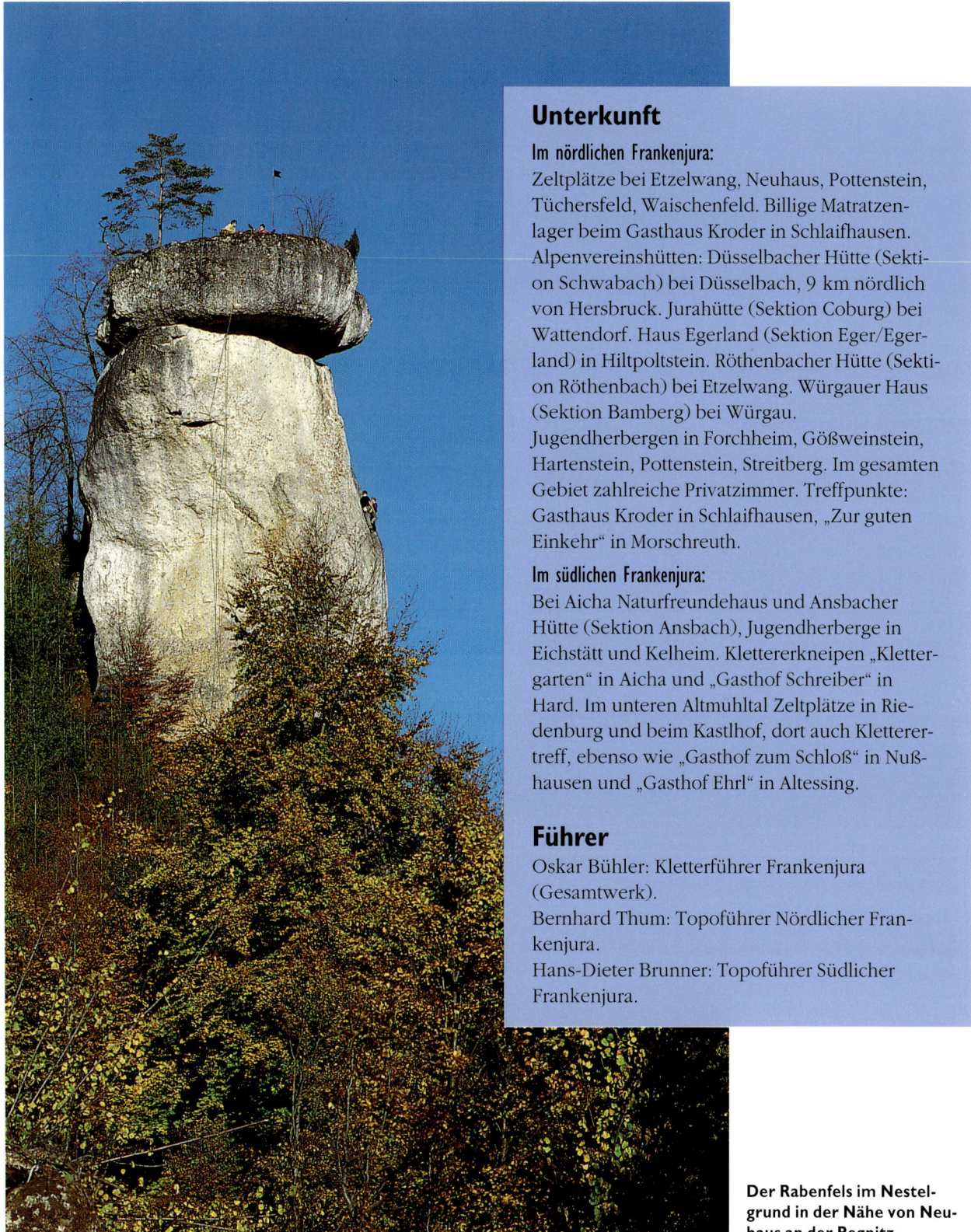

Der Rabenfels im Nestelgrund in der Nähe von Neuhaus an der Pegnitz.

Dies ist ein Teil des süddeutschen Schichtstufenlandes zwischen Schwarzwald, Bayerischem Wald und Fichtelgebirge. Die mächtigen Sedimente, die im Erdmittelalter als Meeresablagerungen auf den alten kristallinen Grundgebirgen entstanden, sind von Verwitterung und Abtragung je nach ihrer Widerstandsfähigkeit unterschiedlich gestaltet worden. Die festeren Kalke und Sandsteine wurden als mächtige Landstufen oder steile Kanten der Talhänge herauspräpariert, die weicheren Tone dagegen besonders intensiv ausgeräumt. Die weiten Flächen sind meist Ackerland, an den Stufen und Talhängen dominiert Wald.

Die Felsen des Frankenjuras erscheinen in dieser Landschaft als plattige Türme und Massive, die über

den Wiesentälern grau oder knallweiß aus dem Wald-
grün lugen. Sie bestehen aus meist festem Kalk und
Dolomit – mit oft spürbar kleineren Griffchen, als man
auf den ersten Blick erwartet. Dies ist das flächen-
größte und vielfältigste Felsgebiet aus Juragestein, eine
riesige Gesteinstafel, von Tälern zerlegt, an deren
Hängen die Felsen gewöhnlich aufgereiht sind. Am
höchsten ragen sie im Süden empor, weil dort die Täler
besonders tief eingeschnitten sind. Und unter der
Oberfläche werden sie von weitläufigen Karsthöhlen-
systemen durchzogen.

Felsen Die Felsgebiete des Frankenjuras bestehen
durchwegs aus weitgehend dolomitisierten Malm-
kalken. Sie sind in die voneinander weit entfernten
Bereiche des nördlichen Frankenjuras (zwischen
Nürnberg/Fürth und Bayreuth) und des südlichen
Frankenjuras (Altmühltal und Donautal) zu unterglie-
dern. Diese beiden Bereiche unterscheiden sich auch
deutlich nach Felscharakter und Art der Kletterei.
Im nördlichen Frankenjura herrscht durch oft scharf-
kantigen Löcherfels griffige Wandkletterei vor, an
zahlreichen, in der Landschaft weit verteilten Felsobjek-
ten mit – im Originalzustand – meist recht rauhem Fels.
Dies gewährleistet auch eine gewisse Auswahl an
weniger extremen Routen, wenngleich die Häufigkeit
von überhängenden Felspartien rasch die Frage nach

der Größe von Fingerkraft und Bizeps stellt. Im südlichen Frankenjura sind die Kletterziele meist eng
gedrängt in einigen besonders attraktiven Bereichen zu
finden. Der Anteil der weniger schwierigen Routen ist
noch geringer als im nördlichen Frankenjura, und der
Fels ist plattiger und glatter, wenn auch die Tendenz
zur Politur in den populäreren Routen solche Unterschiede rasch verwischt. Aus Gründen der Übersicht-
lichkeit werden die einzelnen Felsgebiete nicht nach
ihrer Bedeutung, sondern durchwegs in ihrer Abfolge
von Norden nach Süden vorgestellt.

Geschichte Im gesamten Frankenjura war das Klettern
seit der Jahrhundertwende üblich, verbreitet und
akzeptiert. Hier wurden nach Anfängen in klassischer
Freikletterei die Trends zu den Hakenrasseln der
Direttissimazeit vorbereitet. Hier wurde mit dem
einbetonierten nichtrostenden Bühlerhaken ein neuer
Sicherungsstandard eingeführt. Und hier wurde in der
Folge mit der genialen Kreation des markanten und
symbolträchtigen roten Punktes durch Kurt Albert zwar
nicht der Anfang der neuen Freikletterbewegung
gemacht, wohl aber ein wirkungsvoller Schritt zu ihrer
breiten Akzeptanz getan.

Ökologie Noch in den 70er Jahren, als im norddeutschen Raum bereits die ersten Kämpfe gegen Kletterverbote gelaufen waren, ernteten Berichte von solchen
Infragestellungen des Kletterns im Frankenjura brüllen-

Das malerische Fachwerkdörfchen Tüchersfeld im Püttlachtal.

des Gelächter über solche „preußischen" Abstrusitäten. Inzwischen ist auch den fränkischen Kletterern das Lachen über derartige Konflikte vergangen. Denn die Selbstverständlichkeit, daß Kletterer klettern dürfen, die ist auch hier dahin. Immerhin wurden die anstehenden Entscheidungen über Felssperrungen nicht nur durch akribische gutachterliche Bestandsaufnahmen des botanischen und zoologischen Inventars vorbereitet, sondern auch durch umfassende Gutachtenwerke über den gesellschaftlichen Wert der verschiedenen Spielformen des Klettersportes und die Wertigkeit der verschiedenen Felsgebiete für Kletterer.

Der Bühlerhaken

Oskar Bühler bei der „Arbeit"; hier beim Sanieren des Mandel-Ged.-Weges am Rotenstein bei Burggrub.

Als erster war es der Nürnberger Oskar („Ossi") Bühler (geb. 1911), der sich aufgerufen fühlte, etwas gegen Unfälle durch ausbrechende Haken zu tun. Und er wußte sehr wohl, daß er gegen ein Tabu verstieß, als er es tat. Gegen das Tabu, sich anders als durch Nutzung von am Fels vorgefundenen Strukturen zu sichern oder fortzubewegen (und das traf letztlich sogar für die heute oft geschmähte klassische künstliche Kletterei mit Hilfe von geschlagenen Haken zu). Andererseits hatte das übliche Steckenlassen einmal geschlagener Mauerhaken schon den Weg dafür bereitet, weil Wiederholer einer Route gar nicht mehr mit den Schwierigkeiten, Mühen und Risiken des sportlich fairen, klassischen Hakenschlagens konfrontiert waren (und die steckenden Haken obendrein oft in ihrer Haltefestigkeit überschätzten). Außerdem alterten die steckengelassenen Haken. Denn sie bestanden aus normal rostanfälligem Eisen oder Stahl und wurden im Laufe der Jahre angefressen. Und zwar tückischerweise besonders innen, in den Rissen.

„Ossi" fragte sich schlau, experimentierte einige Jahre mit selbstgebauten Bohrhaken aus Flacheisen und entwickelte schließlich 1964 den nach ihm benannten Haken aus nichtrostendem Chromvanadium-Stahl. Und er begann, in einem aus Feuerwehrschläuchen selbstgebastelten Sitzgurt hängend, im Frankenjura alte Haken gegen seine neuen auszutauschen. Erst dabei merkte er, wie viele der alten, oft noch sehr vertrauenswürdig aussehenden Haken in Wirklichkeit schon Geräte geworden waren, hinter denen der Totenhansl lauerte.

Was ihn darin bestätigte, in seiner Sanierungsarbeit fortzufahren, viele Jahre lang, mit insgesamt etwa 2000 selbst gesetzten (und bis 1988 von Hand gebohrten!) Haken.

Und auch an dem schönen Septembertag, als der Verfasser dieser Zeilen sich bei ihm rasch noch einmal telefonisch über einige Einzelheiten vergewissern wollte, war „Ossi" unterwegs gewesen, um auch noch als 80jähriger einige Haken zu sanieren, jetzt allerdings mit Sitzbrett und „Hilti", wie er fast entschuldigend hinzufügte . . .

„Ossi" bot auch Kletterern anderer Gebiete seine Haken an, und die griffen dankbar zu. Unbeabsichtigt schuf er damit zugleich eine Ermunterung für die Freikletterbewegung, mit der so perfektionierten Sicherung nun auch vorher künstlich gekletterte Passagen frei zu bewältigen . . .

Übrigens: Schon in den frühen 70er Jahren wurde in Hannover von Wolfgang Garbe beim Nachbau von Bühlerhaken eine Variante Stahl benutzt, die bei gleicher Haltbarkeit und Rostfreiheit eine rauhe und dunkle Oberfläche hat, so daß die Haken nicht mehr so naturfremd glitzern wie die originalen Bühlerhaken. Es wäre im Interesse einer in der Natur möglichst wenig auffallenden Hakenbeschaffenheit gut, wenn sich solche allmählich durchsetzen würden. Die neuen, abgewandelten Haken der IG Klettern haben diese Wahl des Stahls bereits aufgenommen. Mit einer Verkleinerung des Hakenauges gehen sie allerdings von dem von Oskar Bühler bewußt gewählten Grundgedanken ab, daß sein Haken notfalls auch als Griff und Tritt brauchbar sein sollte.

Ansonsten hat der Bühlerhaken inzwischen anderweitig schon lange Konkurrenz bekommen. Vor allem von den in der Form weniger auffälligen DAV-Sicherheitshaken, die der Sicherheitskreis des Alpenvereins, vor allem Pit Schubert, entworfen hat.

Nördlichster Frankenjura

Kurt Albert während der Erstbegehung der Route „Sautanz" (IX–) an den Oberen Gößweinsteiner Wänden im Wiesenttal.

Lage Zwischen Weismain und Kleinziegenfeld.
Felsen Insgesamt über 30 bekletterte Felsen, bis etwa 40 m hoch.
Ökologie Mit Naturschutzbegründungen ist hier in Zukunft auch über die üblichen Sperrungen in der Brutzeit des Wanderfalken hinaus mit weiteren Einschränkungen des Kletterns zu rechnen. Was angesichts der gleichzeitigen Straßenbaupläne sehr fragwürdig erscheint.
Routen Besonders eindrucksvoll ist die wenig nördlich von Kleinziegenfeld gelegene Felsgruppe, u.a. lohnend ROTER MÖNCH mit *Enzianweg* (V+) und *Talweg* (VI–), der jahreszeitlich gesperrte HAMMER-SCHMIEDTURM mit *Hochlandweg* (V+) und *Südostwand* (VI), die ALTBABAWAND mit *Kulmbacher Weg* (V) und ROTE WAND mit u.a. *Gipfelstürmerweg* (III), *Alter Rotwand* (VI–), *Knupper-Gedächtnisweg* (VII) oder *John Lennon* (VIII–). Am STAFFELBERG u.a. *Hans-Walschleb-Gedächtnisweg* (IV+) und *Lichtenfelser Weg* (VI).

Dazu gehört vor allem das nach Norden in Richtung Weismain ziehende Kleinziegenfelder Tal. Außerdem ist der bei Staffelstein hoch über dem Main aufragende Staffelberg mit einigen interessanten Klippen ausgestattet (die allerdings nur auf wenigen ausgewählten Routen begangen werden dürfen).

Bamberger Gebiet

Diese etwa 80 bekletterten Felsen sind meist relativ niedrig und haben mehr lokale Bedeutung. Man unterscheidet die Frankendorfer, Tiefenellerner, Würgauer, Burglesauer, Stübiger, Steinfelder, Paradiestal- und Wattendorfer Felsen.
Lage Im Bamberger Raum, zwischen Scheßlitz und Hollfeld, um die oben genannten Ortschaften verstreut.
Ökologie Entsprechend dem relativ geringeren An-

drang in diesem Gebiet ist das Klettern hier bisher kaum zum Problem gemacht worden.
Routen Auch hier finden sich einige ausgesprochen hübsche und lohnende Ziele, wie z.B. im Würgauer Gebiet der bis 35 m hohe, plattige NÜRNBERGER TURM mit seiner klassischen *Nordwand* (V–), der delikaten *Talseite* (VI+), der *Südwand* (VI+), dem steilen *Naturfreunderiß* (VII–) und der grimmig schwierigen *Mondscheinkante* (VIII).

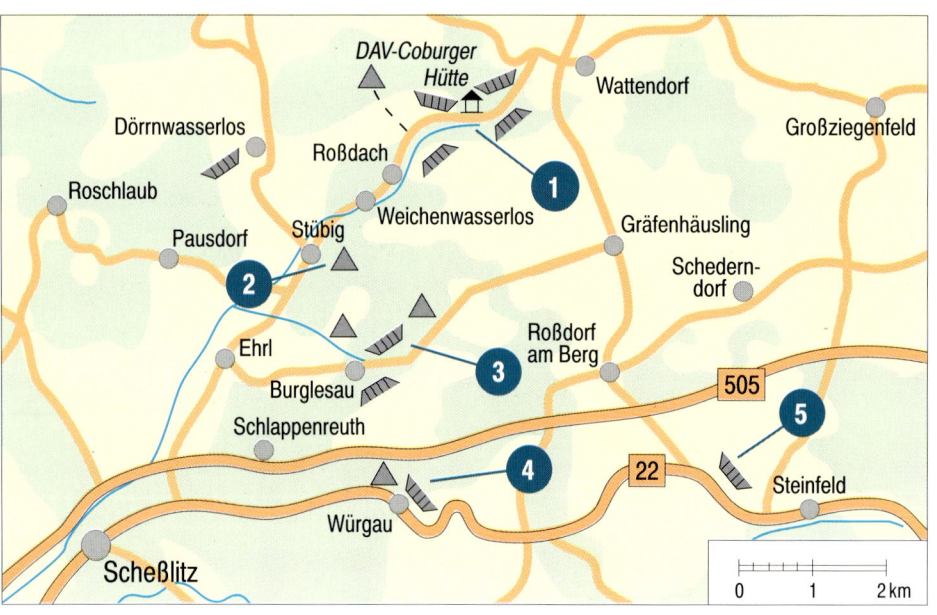

◁ **1: Wattendorfer Gebiet, 2: Stübiger Gebiet, 3: Burglesauer Gebiet, 4: Würgauer Gebiet mit Nürnberger Turm, 5: Steinfelder Gebiet.**

▷ **Heike Ortlieb in „Humbug" (IX–) an den Oberen Gößweinsteiner Wänden im Wiesenttal.**

Wiesenttal

Dies ist eines der Kerngebiete des nördlichen Franken-juras. Als Tip für Regentage ist der Besuch der Potten-steiner Tropfsteinhöhle zu empfehlen.

Lage Man unterscheidet zwischen dem unteren (von Ebermannstadt bis Gößweinstein) und dem oberen Wiesenttal (von Gößweinstein).

Felsen An den Hängen des trotz der Autostraße immer noch andeutungsweise idyllischen Hauptales mit der zwischen den Wiesen dahinmäandrierenden Wiesent gibt es über 90 Felsen, dazu an den Seitentälern bei Frankendorf, im Leinleitertal, im Aufseßtal, im Ails-bachtal und im Püttlachtal insgesamt über 50 mit teils beachtlichen Wandhöhen.

Routen Im unteren Wiesenttal besonders hervorzuhe-ben sind der markante, direkt über der Ortschaft Streitberg aufragende, bis 30 m hohe Plattenturm STREITBERGER SCHILD mit u.a. *Alte Talseite* (VI–), *Fürther Riß* (VII) und *Günther-Kolb-Gedächtnisweg* (VII+), und der ebenfalls bei Streitberg gelegene HUNNENSTEIN mit u.a. *Talseite* (VII). Die direkt gegenüber der Burgruine Neideck gelegene, 55 m hohe, weit überhängende MATTERHORNWAND mit u.a. *Schlesinger Weg* (VI+) und *die Gelbe* (VII) und der

FREUNDSCHAFTSTURM mit u.a. *Talseite* (VI–). Weiter talaufwärts die 40 m hohe SACHSENMÜHLER WAND mit *Sachsenriß* (VI) und die 35 m hohe NORISBABA-WAND mit *Norisbaba* (VI) und *KEK-Verschneidung* (V+). Bei Gößweinstein die gut 40 m hohe MARTINS-WAND mit dem *1000-Pfund-Weg* (VII–) und *Gemsen-weg* (VI+). Darüber liegen die OBEREN GÖSSWEIN-STEINER WÄNDE mit über 30 Routen u.a. Berühmtheiten wie K. Alberts *Sautanz* (IX–), *Schleim-spur* (IX–) oder *Katapult* (IX). Direkt unter Gößwein-stein auch die bis 30 m hohe, aufregend schmale Felsscheibe des NAPOLEON mit u.a. dem spürbar klassischen *Westriß* (V), der *Westwand* (IV+), der *Südwestwand* (VI+) und der *Südkante* (VII). Gleich daneben die EMPORWAND mit *Emporkamin* (VI–), *Westriß* (VI–) und *Silberner Oskar* (VII).

Im oberen Wiesenttal ist besonders die 45 m hohe WOLKENSTEINER WAND zu nennen mit *Rechter Weg* (V), *Linker Weg* (VI–), *Siglvariante* (VI+), *Über den Wolken* (IX–) und dem *Wolkensteiner Überhang*. Die fast 30 m hohe SCHOTTERSMÜHLER WAND mit u.a. *Alter Weg* (V) und *Buhldach* (VII+), der BANDSTEIN mit der originellen Löcherkriecherei des *Prinz-Ge-*

1: Alitzstein, 2: Rabenecker Wand, 3: Bandstein, 4: Felsen im Aufseßtal, 5: Sonnwendwand, 6: Wol-kensteiner Wand und Grünbauer-Ged.-Wand, 7: Schottersmühler Wand, 8: Räuberburg, 9: Schotter-taler Wand, 10: Felsen im Ailsbachtal, 11: Heidenkirche und Schloßbergwände, 12: Sachsenmühler Wand, 13: Norisbabawand, 14: Obe-re und Untere Gößwein-steiner Wände (Martins-wand), 15: Napoleon, Emporwand und Eiben-wände, 16: Dornröschen-wand, 17: Tüchersfelder Wand, 18: Püttlachtaler Wände, 19: Bärenschlucht-wände, 20: Pottensteiner Wand, 21: Stadelhofener Wände.

Manfred Eichhorn klettert die Route „Desaster" (X) an den Bärenschluchtwänden im Püttlachtal.

dächtnisweges (V), dem *Eichhorn-Gedächtnisweg* (VII–), dem *Siegmund-Freud-Gedächtnisweg* (VIII+) und *Jonathan* (VIII+). Die GRÜNBAUER-GEDÄCHT-NISWAND mit der *Großen Verschneidung* (VI+) sowie die teilweise schrofige RABENECKER WAND mit dem finsteren *Frankenländer Kamin* (IV), dem *Tor der Tränen* (III) und dem *Hansenweg* (VII). Aber auch die Seitentäler enthalten Kostbarkeiten. Das Püttlachtal die über 35 m hohe TÜCHERSFELDER WAND mit *Alter*

Weg (V) und *Durchzug* (VIII), die direkt über dem Campingplatz liegenden und daher Publikum garantie-renden BÄRENSCHLUCHTWÄNDE mit harten Routen wie u. a. *Roter Baron* (IX–), *Rauchende Bolts* (IX) und *Center Court* (X) oder die PÜTTLACHER WÄNDE. Im etwas weiter entfernten Leinleitertal die hohen TOTEN-STEINWÄNDE mit u. a. *Edelweißverschneidung* (V+), *Emilienriß* (VI), *Falkenweg* (VI+) und der lohnenden *Hohe Liebe* (VII–).

Walberla

Lage Das Walberla ist ein isolierter, weithin sichtbarer Zeugenberg 8 km östlich von Forchheim, bei Schlaifhausen. Es gibt daran 7 Felsen, darunter 2 lange, bis fast 30 m hohe Wände.

Ökologie Das Walberla ist wegen seiner landschaftlich reizvollen, herausgehobenen Position, aber sicher auch wegen seiner verkehrsgünstigen Lage, bei Kletterern und Wanderern besonders beliebt. Dazu kommt ein relativ großer Anteil von sehr schönen weniger schwierigen Routen. Das verursacht große Besucherzahlen und damit Überlastungserscheinungen. Diese haben wiederum eine besondere Schärfe der Konflikte programmiert, was sich zwar nicht für Massenveranstaltungen wie das alljährliche Walberla-Fest, wohl aber für das Klettern in Form von besonders massiven Verboten und Einschränkungen niedergeschlagen hat. Hier ist ganz besonders wichtig, an den noch freigegebenen Felspartien die Auflagen (u. a. genaues Einhalten der Zugangswege und Nutzung der Umlenkhaken zur Schonung der Felsköpfe sowie Magnesiaverbot) genau zu beachten, um keine Anlässe für weitere Sperrungen zu bieten. An der bereits seit Jahren gesperrten Geierswand wurden in jüngster Zeit unsinnigerweise alle Haken entfernt.

Routen Die 30 prächtigen Kletterwege der ostseitigen GEIERSWAND sind ganzjährig gesperrt (Haken entfernt!), die am südseitigen RODENSTEIN unter Auflagen weiterhin frei. Dort finden sich die altehrwürdigen Klassiker wie *Schlaifhausener Kante* (III+), *Rodensteinkamin* (III+), *Galerie* (III–), *Edelweißriß* (III), *Edelweißverschneidung* (V+), *Drachenriß* (V–), *Alter* (VI) und *Neuer Zinnenweg* (VI), *Säntisblick* (V+), *Malmriß* (VI–), *Margarethenwand* (VI–) und *Abenteurerweg* (V+), härteres im *Frankenschnellweg* (VII) oder *Anabasis* (VII–).

Der rote Punkt . . .

Die Freikletterbewegung richtig erfunden hat der Kurt Albert nicht, wenn es ihm auch manchmal zugeschrieben wird. Denn das hatten die Sachsen im Prinzip schon um die Jahrhundertwende. Und es war der in Sachsen geborene und geprägte Fritz Wiessner, der 1967 mit dem Durchsetzen der klaren UIAA-Definition für Freikletterei den Zündsatz für ihre Renaissance legte. Auch die Verschärfung der Freikletterei zu einem Durchstieg in einem Zuge wurde schon früh (z. B. in den USA von Royal Robbins und Yvon Chouinard zu Ende der 60er Jahre) praktiziert.

In Norddeutschland – und zeitgleich parallel in Thüringen – wurde der Gedanke, bis dahin in künstlicher Kletterei gekletterte Routen nun auch möglichst ganz frei zu gehen, schon ab 1967, also noch mitten in der Stiefelzeit, aufgenommen – zunächst, wie in Sachsen üblich, im Sinne von „alles frei" (AF), erst später auch im Sinne von „Rotpunkt" (RPx, vgl. Begehungsstile). Und um das Bewußtsein für die Unterschiede zwischen den verschiedenen Begehungsstilen zu schärfen und die Frage nach dem Wie zu provozieren, wurden in der ersten Ausgabe des Weser-Leine-Kletterführers 1970 sehr bewußt kalkulierend für freie und künstliche Begehungen der entsprechenden Routen zwei unterschiedliche Bewertungen angegeben.

Im Frankenjura lief dieses Spielchen – als eigenständige Idee – um 1975 an. Und Kurt Alberts origineller Beitrag zur Freikletterbewegung war dabei – neben seinen brillanten Kletterfähigkeiten und seiner andere Leute inspirierenden Art – die Sache mit dem roten Punkt. Ein roter Punkt, am Einstieg auf den Fels gemalt (nach ersten Übertreibungen genügte ein Zentimeter Durchmesser) und dazu verbreitet, daß dieser rote Punkt bedeutet: Dieser Weg ist völlig frei und ohne Zwischenrast an Sicherungsmitteln geklettert worden. Das war einfach genial. Das war anschaulich und provozierte. Das brachte diesen Stil in die Köpfe aller Kletterer. Und reizte zur Nachahmung . . .

. . . und der blaue Punkt

Der machte später von sich reden. Er wurde allerdings nicht auf die Felsen gemalt, sondern war Titel für ein Merkblatt: Unter diesem Signet versuchten Günther Bram und Freunde, die Notwendigkeit des Sanften Kletterns in die Köpfe der Steilwandleute zu bringen. Damit die Konflikte mit dem Naturschutz begrenzt und reduziert werden und die herrliche Akrobatik der Rotpunktrouten auch weiterhin kletternd gewürdigt werden kann.

Zäune

Im Frankenjura hatte das Wort Zaun in den frühen 70er Jahren einen besonderen Klang. Da hatte nämlich ein im Uhu- und Wanderfalkenschutz engagierter Herr eine Sonderaktion zum Schutz von Wanderfalkenhorsten angeleiert. Sie betraf eine Reihe von beliebten Kletterfelsen, u.a. die Kastlwand im Altmühltal und die Heidenkirche und den Hammerschmiedturm, für die Oskar Bühler in seinem Kletterführer Frankenjura schon seit vielen Jahren und durchaus mit Erfolg einen eindringlichen Appell losgelassen hatte, dort in der Brutzeit des Falkens nicht zu klettern. Doch diese Felsen wurden nunmehr eingezäunt. Die üppigen Kosten – 40 000 bis 60 000 DM für jeden Zaun – stammten aus Professor Grzimeks Sammelbüchse. Und als die Einzäunerei fertig war, waren die Falken weg. Ob nun wegen der Zaunbauerei, die natürlich mit dem bei solchen Arbeiten üblichen Getöse verbunden gewesen war, oder deswegen, weil ihnen gerade zu diesem Zeitpunkt von den vielen Pestiziden in ihren Beutetieren schlechtgeworden war, das wird wohl nie festzustellen sein. Was man sicher feststellen konnte, das waren die – von wohlmeinenden Leuten wie Oskar Bühler schon vorher prophezeihten – Einbrüche in der Akzeptanz des Wanderfalkenschutzes, die diese Einzäunungsaktion in der kletternden und nichtkletternden Bevölkerung bewirkte. Am spektakulärsten waren die metergroßen, noch aus Kilometerentfernung lesbaren Lettern, die über Nacht auf der Kastlwand auftauchten: „Ein Forststaat – der Bürger ist Zaungast". Nicht nur Kletterer nickten dazu Beifall. Und die teuren Zäune hatten es schwer . . .
Die Zäune sind heute verfallen, der Zorn darüber verraucht. Naturschützer und Kletterer können jedoch noch heute daraus lernen, daß nur in gemeinsamen Bemühungen gefundene und dann mit breiter Akzeptanz getragene Lösungen eine Chance haben können, der Natur wirklich zu helfen.

Blick auf die Matterhornwand im unteren Wiesenttal.

Trubachtal

Dieses engere südliche Paralleltal zum Wiesenttal gehört gleichfalls zu den Paradezielen des Frankenjura.

Lage Rund um Egloffstein, zwischen Wannbach und Obertrubach.

Felsen Neben den über 30 Felsen des Haupttales gibt es zahlreiche weitere in der Umgebung. Am zeitweilig völlig gesperrten Rötelfels wurde ein vernünftiger Kompromiß gefunden und die Wand wieder freigegeben.

Routen Besonders empfehlenswert die lange Wand des RÖTELFELS mit einer Fülle von beliebten Anstiegen, darunter *Daniel Westseite* (II) und *Ostkamin* (IV+), *Linksdiagonale* (IV+), *Rechtsdiagonale* (V–), *Treusteiner Weg* (VI), *Teufelskrallenweg* (VI), *Jubiläumsweg* (VII–) und auch Tierereien wie *Welzenbach-Gedächtnisweg* (IX, früher V–/a1). Direkt gegenüber von Egloffstein die breite, über 30 m hohe EGLOFFSTEI-NER GEMSENWAND (=PFARRFELS) mit u. a. dem kernigen Classic *Alter Gemsenweg* (VI–), dem feingriffigen *Auckenthaler-Gedächtnisweg* (VI+) und dem delikaten *Albertinaweg* (VI+). Im abzweigenden Todsfelder Tal die durchaus hübsche BRÜCHIGE WAND mit *Alter Weg* (IV+). Im eigentlichen Trubachtal der mit einem überdimensionalen Mauerhaken originell verunzierte, bis 30 m hohe ZEHNERSTEIN mit u. a. *Südwestkante* (IV), *Gerader Westwand* (IV+), *Kauperriß* (VI–), *Holzkeilriß* (VI+), *Lineal* (VII–), *Affenschaukel* (VIII–) und *Satisfaction* (VIII+) und der direkt an der Straße stehende, bis 25 m hohe HARTLSTEIN mit u. a. *Südwand* (III), *Südverschneidung* (V) und *Südpfeiler* (VI+) sowie der RICHARD-WAGNER-FELS mit den Zuckerlis *Westverschneidung* (V+) und *Adolf-Göttner-Gedächtnisweg* (VI–), aber auch jüngeren Toprouten wie *Fight Gravity* (VIII+) und *Magnet* (IX).

△ 1: Schlöttermühle und Umgebung, 2a: Richard-Wagner-Fels, 2b: Hartelstein, 3: Bleisteine, 4: Wolfsberger Wand, 5: Zehnerstein, 6: Großenoher Wand, 7: Fuchsstein, 8: Haselstaudener Wände, 9: Brüchige Wand, 10: Albrecht-Dürer-Fels, 11: Egloffsteiner Felsentor, 12: Egloffsteiner Gemsenwand.

◁ Freizeit total – die Bärenschluchtwände im Püttlachtal.

▷ Wolfgang Güllich in seiner Route „Ghettoblaster" (X+) am Rabenfels.

Oberes Pegnitztal

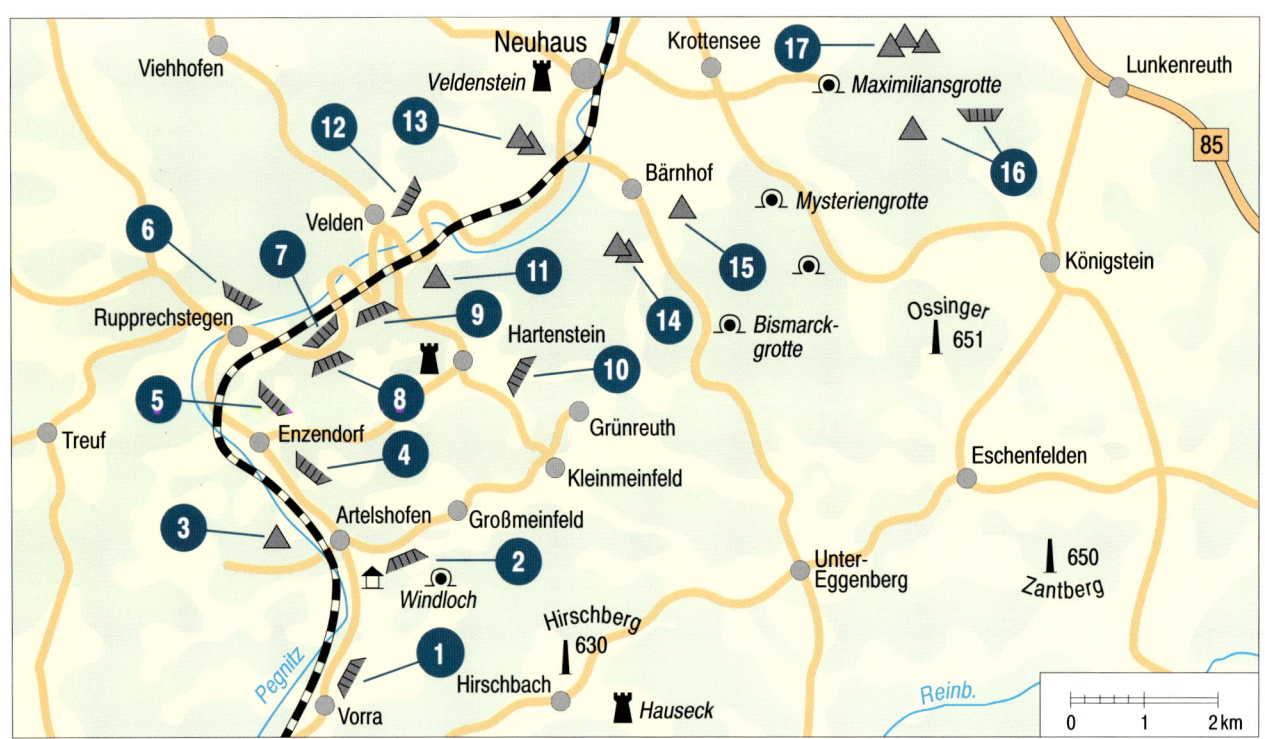

Das breite, gleichfalls gewundene Tal der Pegnitz zieht im Oberlauf zunächst mit engem Querschnitt nach Süden, um dann bei Hersbruck mit einer weitgespannten Aue in westliche Richtung umzubiegen.

Lage Zwischen Hohenstadt und Neuhaus.

Felsen Im oberen Talbereich liegen über 50 Felsen, darunter einige besonders lohnende.

Routen Durch die beachtlichen Felshöhen besonders eindrucksvoll der bis 40 m hohe ROTE FELS bei Rupprechstegen mit u.a. *Rotwand* (V–), *Langer Riß* (V), *Dülferriß* (VI+), *Optimist* (VII), *Schaumschläger* (VI+), *Sackwand* (VII) oder *Jean-Couzy-Gedächtnisweg* (VIII). Genau gegenüber, auf der anderen Talseite die bis 45 m hohe ZSIGMONDY-GEDÄCHTNISWAND mit *Rosengartenweg* (VIII) oder dem für Kurze unfreundlichen *Johnny Controlletti* (X–). Weiter talauswärts der pralle STUDENT mit *Heiße Finger* (IX) oder *Simon* (X–). Bei Affalter der bis 30 m hohe HOHE RIFFLER mit den Uralt-Classics *Talkamin* (V), *Rauher*

Kamin (V) und *Vollrathriß* (VI) sowie befreiten Hakenrasseln wie *Dolomitverschneidung* (VII–) oder *Dachrinne* (VIII). Aber auch unter den vielen weniger hohen Felsen gibt es absolute Leckerbissen wie etwa die EMPORWAND mit dem *Eitrobieweg* (VI+), den PAVIAN mit *Südriß* (V+), *Linke Talwand* (VI) oder *Rechte Talwand* (VI+) oder den kräftig überhängenden und daher als Schlechtwetterfels beliebten WEISSENSTEIN mit u.a. *Entsafter* (VIII+), *Dampfhammer* (VIII) oder *Strohdach* (IX–). Nahe Neuhaus auch das Kultobjekt KROTTENSEER TURM mit W. Güllichs nun schon seit Jahren als eine der Welt-Toprouten geltenden *Wall Street* (XI–) und der benachbarten, Genußvolleres bietenden MAXIMILIANSWAND. Oder der WALDSTEIN mit des gleichen Meisterathleten neuester Kreation *Action Directe* (XI), für deren „Terroranschlag auf die Fingergelenke" (Güllich) diese Bewertung weltweit zum ersten Male ausgeworfen wurde – was auch diesem Klapf satte Popularität verschaffen wird.

Hersbrucker Schweiz

Dazu werden die Felsen des unteren Pegnitztales ebenso gerechnet wie die weiter östlich in den Seitentälern und auf den Höhen gelegenen.

Routen Bei Schnaittach, oberhalb Kersbach in eindrucksvoller Lage der bis 30 m hohe GLATZENSTEIN. Im Hirschbachtal u.a. der bis 30 m hohe SPRUNG-

STEIN. Ansonsten der furchtbar abgegrabbelte PRELLSTEIN, das SCHLARAFFENLAND (RABENSTEINER WAND, SCHMIDBERGWAND) mit vielen neueren sportlichen Übungen, die 30 m hohe MITTELBERGWAND mit u.a. *Kletterboumweg* (VII–), aber auch die beiden Uralt-Vie-Ferrate *Norissteig* und *Hohenglücksteig*.

◁ 1: Kleine und Hohe Wacht, 2: Artelshofener Wand,
3: Siglitzberger Nadel, 4: Student und Pavian, 5: Weißer
Grat, 6: Ankatalwand, 7: Roter Fels, 8: Zsigmondy- und
Emporwand, 9: Löwenstein und Hängender Stein,
10: Hartensteiner Wand, 11: Schlanke Agnes, 12: Neuen-
sorger Wand, 13: Neuhauser Turm, 14: Katzenlöcher,
15: Sulzfelsgebiet, 16: Krottenseer Turm und
Maximilianswand, 17: Steinerne Stadt.

△ 1: Glatzenstein, 2: Riffler,
3: Düsselbacher Wand,
4: Sprungstein, 5: Norissteig,
6: Mittelbergwand,
7: Rabensteiner Wand und
Schmidbergwand, 8: Hohen-
glücksteig, 8a: Prellstein,
8b: Weiße Wand.

Das Konsteiner Klettertreffen

Ein bekanntes Münchner Sporthaus hatte zu Beginn der 80er Jahre die Idee, zu einem Klettertreffen einzuladen. Prominenz aus dem In- und Ausland und natürlich das kletternde Fußvolk. Denn schließlich war der Veranstalter ein Sportgeschäft und wollte möglichst viele Leute erreichen mit der Botschaft, daß gerade dieses Geschäft etwas für die Kletterer tue. Nachdenkliche Leute sahen der Sache mit Bauchschmerzen entgegen: So viele Menschen auf die paar Felsen bei Konstein loslassen, und das ohne die dafür nötige Infrastruktur wie Hütten, ausreichend Toiletten usw? Das mußte doch das Klettern in Verruf bringen. Es kamen etwa 3000 Leute (in Worten: dreitausend). Immerhin gab es eine Menge Programm in einem Zelt auf dem Parkplatz. Das beschäftigte die Besucher/innen erst einmal. Und am Dohlenfels hatte die viele Prominenz einen verblüffend beruhigenden Effekt: Nur die Topleute kletterten, die anderen guckten bloß zu, eingeschüchtert von der perfekten Akrobatik eines Kurt Albert, John Bachar, Ron Fawcett oder Wolfgang Güllich. Dabei standen sie allerdings auf den ohnehin schon sehr trittgeschädigten Wiesenhängen herum, zu Tausenden, und der Trockenrasen wurde davon nicht besser. Auch die hygienischen Verhältnisse machten Probleme, umso mehr, wo doch der Alkoholkonsum beachtlich war. Obendrein hielt sich der ökonomische Erfolg in Grenzen, zumal sich die Ausstellungsstücke des Veranstalters auf wundersame Weise dematerialisierten. Und dann fuhren all die sonst meist am Wochenende kletternden Leute wieder nach Hause, nach einer Wochenendaktivität, die etwa der eines Fußballfans entsprochen hatte. Das Treffen hatte trotzdem zwei gute Effekte: Der erste war, daß die Unverträglichkeit solcher Massenveranstaltungen in einem Felsgebiet offenbar geworden war. Und daß hierzulande seither niemand wieder versucht hat, etwas Entsprechendes zu organisieren. Der zweite war, daß bei dem Abstecken der Rahmenbedingungen für Kletterwettkämpfe auf die Anregung der Deutschen hin in den internationalen UIAA-Wettkampfregeln festgelegt wurde, daß sie grundsätzlich an künstlichen Objekten und nicht an Naturfelsen stattfinden sollen.

Oberes Altmühltal

Westlich von Eichstätt sind bei Dollnstein und bei Konstein einige Felsgruppen zu finden. Es gibt zwar im Vergleich mit dem nördlichen Frankenjura relativ wenige Felsen. Die größten von ihnen halten allerdings dem Vergleich mit dem, was da im Norden so herumsteht, locker stand.

Ökologie An den Schaustücken von Konstein hat der geradezu beängstigende Besucherverkehr deutliche Spuren hinterlassen, zumal dort vor Jahren eine Massenveranstaltung bewiesen hat, wie naturunverträglich solche Spektakel sind (siehe Kasten S. 135). Immerhin wurden inzwischen durch Wegebau die Zugänge zu den Felsen kanalisiert.

Routen Das beste Stück des Konsteiner Gebietes ist der bis über 50 m hohe DOHLENFELS mit seinem über 20 beliebten und entsprechend polierten Routen wie dem *Südgrat* (V) und den herrlichen Westwandanstiegen wie u. a. *Schaumrolle* (V+), *Wenzelweg* (V+), *Emil-Solleder-Gedächtnisweg* (VI+), *Nürnberger Weg* (VI) und *Neuburger Weg* (VII). Besonders extreme Wege bieten bei bescheideneren Felshöhen die nicht weniger schöne AICHAER WAND, die FENSTERLWAND und die WEISSE WAND, alle direkt über der Ortschaft Aicha gelegen. Bei Dollnstein der BURGSTEIN mit u. a. *Westverschneidung* (IV+), *Dolomitweg* (V+) und *Schulze-Gedächtnisweg* (VI–).

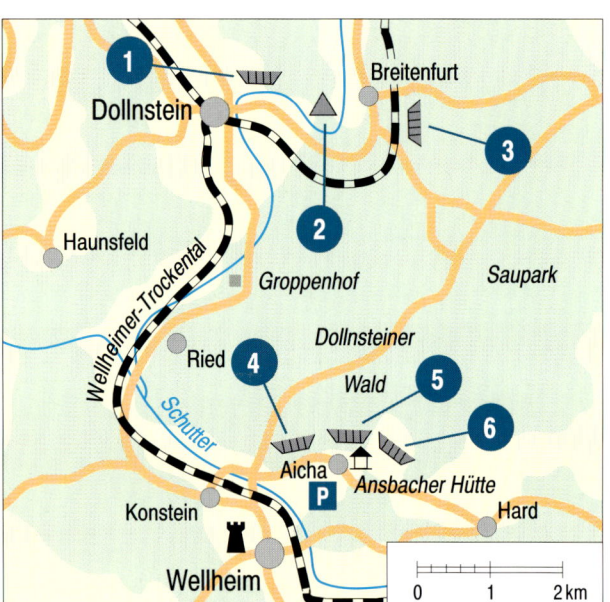

◁ **1: Dollnsteiner Wand, 2: Burgstein, 3: Bubenrother Wand, 4: Konsteiner Wand und Dohlenfels, 5: Aichaer Wand, Weiße Wand, Fensterlwand, 6: Oberländer Wand und Lochwand.**

▽ **1: Prunner Turm u. a., 2: Schloßfels und Keilstein, 3: Klammfelsen u. a., 4: Guglia di Prunn, 5: Kastlwand, 6: Schulerlochfelsen, 7: Schellneckwand und -pfeiler, 8: Bayerischer Löwe und Bischofsbucht, 9: Lange Wand, 10: Römerwand, 11: Bienenkorb, 12: Peter und Paul.**

Unteres Altmühltal

Lage Kurz vor der Einmündung in die Donau wird das Tal zwischen Prunn und Kelheim noch einmal eindrucksvoll felsig.

Felsen Ein gutes, recht mächtiges Dutzend mit einer teilweise frustrierend glatten Oberfläche.

Ökologie Hier wurde in jüngster Zeit mit dem Main-Donau-Kanal das „nach dem Turmbau zu Babel dümmste Bauprojekt" (Hauff) ohne Rücksicht auf die Landschaftszerstörungen durchgezogen – und sinnigerweise zum gleichen Zeitpunkt das Klettern als Problem für die heile Landschaft entdeckt. Botanische und zoologische Gutachten wurden erstellt, dann jedoch – in wohltuendem Gegensatz zu bei Behörden oft praktizierten einsamen Entscheidungen – anläßlich des Naturschutzreferententages 1989 des Deutschen Alpenvereins der Öffentlichkeit vorgestellt und auch bei Exkursionen vor Ort ausgiebig diskutiert. Die dabei erkannte Notwendigkeit einer detaillierten Betrachtung der Rahmenbedingungen des Kletterns führte zu einem weiteren Gutachten über die Bedeutung dieser Felsen für den Klettersport. Und zu einem verlängerten Verfahren, an dessen Ende (hoffentlich) fairere Kompromisse stehen als sonst bisher üblich. Und das auch für die Diskussion entsprechender Konflikte in anderen Teilen der Republik Beispiel sein könnte und sollte. Nicht zuletzt, indem statt Totalverboten auch differenzierende Lösungen ins Auge gefaßt werden, wie die bereits praktizierten Ruhigstellungen von Felsköpfen durch Umlenkhaken oder nur zeitlich befristete Sperrungen oder Ausdünnung eines zu dicht gewordenen Routennetzes (um zwischen den Routen mehr Bereiche unbetreten zu lassen).

Die Schnellneckwand ist vom 1.2. bis 31.7. gesperrt, falls der Wanderfalke dort auch weiterhin wohnen will. Die Kastlwand steht nur lokalen Sektionen offen. Aktuellen Stand der Felssperrungen vor Ort erfragen.

Routen Weit über 100. Am bis 45 m hohen PRUNNER TURM, straßennah und entsprechend poliert, Gemäßigteres wie *Südostverschneidung* (V–) und Extremeres wie *Totenvogel* (VII), *Oberbayrische Analyse* (VIII) oder *Ruhe vor dem Sturm* (IX). An der 60 m hohen KASTL-WAND sowohl Altclassics wie *Alte Nordkante* (III+), *Südwestkante* (IV+), *Regensburger Weg* (VI), *Direkte Nordkante* (VI) und *Kastlweg* (VII–) als auch Strapaziöseres und Kritischeres wie *Kanal im Rücken* (X) und *Supergau* (IX–). Weiter talabwärts ist vor allem das pralle, bis 50 m hohe Ensemble von SCHELLNECK-WAND und SCHELLNECKPFEILER der Blickfang, an dem mit extremen Routen Sportklettergeschichte gemacht wurde, so in *Lange Kante* (IX–), *Mr. Magnesia* (IX+) oder *The Face* (X–). Um die kennenzulernen, reisen Leute aus aller Welt an.

Die Ortschaft Nußhausen im unteren Altmühltal.

Weltenburger Enge

Dieser Abschnitt des Donautales, vom Kloster Weltenburg bis Kelheim, ist für den außeralpinen Raum schon eine landschaftliche Besonderheit. So eng ist dieser Durchlaß, daß hier noch nicht einmal Straßen den Fluß begleiten, und die Zugänge zu den gewaltigen Felswänden, durch die sich die Donau ihren Weg gegraben hat, sind teilweise kompliziert.

Ökologie Ein so schwierig zugängliches Stück Gelände ist natürlich auch Rückzugsraum für Pflanzen und Tiere. So verwundert es nicht, daß hier die Raritätenlisten der kartierenden Biologen länger wurden als anderswo. Und natürlich müßte man die Sensibilität einer Dampfwalze haben, wenn man dieses Gebiet nicht als schutzwürdig anerkennen wollte. Ob daraus allerdings zwingend zu folgern ist, die Kletterer aus diesem Gebiet völlig zu vertreiben oder ob nicht doch unter bestimmten Bedingungen eine teilweise Freigabe vertretbar ist, darüber läßt sich durchaus streiten. Und darüber ist noch nicht abschließend entschieden.

Routen Über 90, vom Besten. Einige der Superlative des gesamten Frankenjuras sind hier versammelt, etwa die bis 100 m hohe RÖMERWAND mit – anspruchsvoll alpinen und deshalb ohnehin nicht für Massen begehbaren – Klasserouten wie *Bamberger Weg* (VI–), *Alpiner Weg* (VI), *Halbmondweg* (VII+) und *Phönix aus der Asche* (VII+) sowie die breite, bis 50 m hohe Sonnenwand der BISCHOFSBUCHT mit idealen Routen aller Schwierigkeiten wie *FF-Kamin* (III+), *Spiralriß* (V), *Kirschbaumriß* (V–) und *FF-Kante* (V+), *Schwarze Wand* (VI+) oder *Superwahn* (VII), *Weltenburger Pfeiler* (VIII–) und *Donauweg* (VIII). Aber auch an dem niedrigeren BIENENKORB gibt es – direkt am befestigten Weg – mit S. Gschwendtners spektakulärem 7-Meter-Dach *Bavarian Reality* (IX–) eine kletterhistorische Berühmtheit (inzwischen noch vor den behördlichen Entscheidungen von „Naturschützern" ausgenagelt – was das wohl für den Schutz der Natur gebracht hat? . . .).

Marille Walch am „Weltenburger Pfeiler" (VIII–), im Hintergrund das Kloster Weltenburg.

Welche Felsen sind für das Klettern unverzichtbar?

„. . . Für die Frage, welche (...) Sperrungen für die Ausübung der Natursportart Klettern in einer Region praktisch die Existenzfrage stellen würden, sind folgende Aspekte zu berücksichtigen:

1. Klettern ist Natursportart: Felsen sind Naturobjekte, die im einzelnen jeweils von einmaliger Gestalt sind. Jede Route ist im Detail anders und bietet sowohl ästhetisch als auch klettersportlich von den anderen Routen unterschiedliche Dimensionen. Der Reiz der Natursportart liegt dabei wesentlich in der Mischung von Naturerlebnis und ganzheitlicher sportlicher Auseinandersetzung mit den jeweils verschiedenen und auch durch den Wechsel der Wetterbedingungen dauernd variierten steinernen Naturobjekten. Dies ist ein stark emotionaler, die Beteiligten sehr ganzheitlich fordernder Vorgang, der mit intensiven Naturerfahrungen verbunden ist und deshalb auf eine ökologische Sensibilisierung auch von naturentwöhnten Städtern hinausläuft. Aus alledem folgt: Klettern kann nicht ohne eine Verkrüppelung seiner Erlebnismöglichkeiten aus der Natur auf künstlich geschaffene Objekte verlagert werden. Kletterer brauchen die Natur zum Anfassen.

2. In jeder Route stellt sich klettersportlich gesehen ein individuelles Entschlüsselungsproblem (= Herausfinden, wie man – unter Nutzung der naturgegebenen Möglichkeiten – am besten hinaufkommt). Die Perfektionierung des Bewegungsablaufes und die Wiederholung von ästhetisch besonders eindrucksvollen Routen haben zwar ebenso wie bei anderen Sportarten oder beim Wandern durchaus ihren Reiz, die volle Breite der Anforderungen stellt jedoch nur die unbekannte Route. Dies ist besonders für alle diejenigen von Bedeutung, die auch in den Hochgebirgen klettern wollen. Aus alledem folgt, daß eine große Auswahl an Routen nötig ist, weil sonst die Fähigkeit, in der unbekannten Situation rasch die günstigste Möglichkeit zu erfassen, verkümmert oder gar nicht erst entwickelt werden kann. Dieser Sachverhalt hat zugleich die Tendenz zur Folge, daß Felsen und Routen, die ein Kletterer bereits kennengelernt hat, dann auch – von den besonders schönen und großen abgesehen – erst einmal zugunsten von anderen, noch nicht bekannten Zielen seltener aufgesucht werden. Eine große Auswahl an Routen ist im übrigen auch deshalb nötig, damit an den einzelnen Felsen Überlastungserscheinungen vermieden werden können.

3. Ebenso wie verschiedene Routen verschiedene Anforderungen stellen, gilt dies in besonderem Maße dann, wenn diese Routen unterschiedliche Felsarten aufweisen. Daraus folgt (...), daß (im Interesse einer guten Vorbereitung auf fremde Gebirge) eine ausreichende Auswahl von Felsen aus jeder Gesteinsart bzw. jeder Faziesausprägung zugänglich bleiben muß.

4. Weiterhin ist dem Bedürfnis Rechnung zu tragen, daß auch abgelegene und deshalb ruhige Bereiche zugänglich bleiben müssen, denn diese werden gerade von besonders naturverbundenen Kletterern bevorzugt aufgesucht – und es wäre eine wahrhaft völlig unbillige Naturschutzpolitik, wenn sich Verbotsmaßnahmen im Namen des Naturschutzes besonders gegen Menschen richten, die für ihre seelische Gesundheit den (behutsamen) Umgang mit intakter Natur brauchen (und die sich meist auch besonders aktiv für ihre Erhaltung einsetzen).

5. Schließlich ist auch das Bedürfnis nach Abwechslung zu berücksichtigen, zumal die landschaftlichen Eigenheiten der verschiedenen Gebiete im einzelnen durchaus immer wieder differieren. Es sind also auch in den Gesteinen, in denen zahlenmäßig eine große Zahl an Felsen vorhanden und zugänglich ist, verschiedene Felsgebiete offen zu halten.

6. Ein letzter Gesichtspunkt ist, daß die vom Alpenverein unter großen Opfern geschaffene und erhaltene Infrastruktur in Form von Stützpunkten (Hütten, Zeltplätzen) und die Angebote an öffentlichen Verkehrsmitteln berücksichtigt werden müssen, indem die hüttennahen und die mit öffentlichen Verkehrsmitteln anfahrbaren Felsgebiete im wesentlichen zugänglich bleiben müssen. . ."

(aus dem klettersportlichen Gutachten des Deutschen Alpenvereins, 1990)

**Vegetations-
schäden . . .**

gibt es überall, wo Menschen herumlaufen. So auch durch Kletterer. Dabei ist zu unterscheiden zwischen bewußten Felsputzaktionen und unbeabsichtigten Pflanzenschädigungen. Erstere kamen früher in felsarmen Gebieten gelegentlich vor, so z. B. im Hönnetal, wo die Kletterer jahrelang sogar behördlich den Auftrag hatten, im Interesse der Verkehrssicherung jeden lockeren Stein herunterzuholen. Heute werden solche Aktionen wegen eines gestiegenen Problembewußtseins praktisch nicht mehr betrieben (vgl. Regeln „Sanft klettern").

Was die unbeabsichtigten Eingriffe angeht, so ist die Situation sehr differenziert zu sehen. Genaue botanische Gutachten haben immer wieder erbracht, daß die Felsspaltenflora (wie z. B. die seltene eiszeitliche Reliktflora) im Bereich der steilen Wände kaum geschädigt wird. Wenn man den Klettervorgang genau betrachtet, verwundert dies nicht. Denn beim Klettern ist es vorteilhaft, vor allem die Felsvorsprünge zu betreten, weil hier der Körperschwerpunkt am weitesten außen bleibt und so Fingerkraft gespart wird. Außerdem werden wegen der Rutschgefahr möglichst unbewachsene Felsoberflächen als Tritt gewählt.

Dagegen sind auf den geneigten Felsköpfen durchaus Trittschäden zu beobachten ebenso wie auf den Wandabsätzen und Felsbändern oder am Wandfuß und im Wald. Hier wird mit ganzer Sohle aufgetreten und auch nicht so genau hingesehen, wohin man tritt. Allerdings werden die typischen seltenen Felspflanzen in diesen Bereichen üppigerer Vegetation ohnehin schon durch die natürliche Konkurrenz mit anderen Pflanzen zurückgedrängt.

Neben der etwas Verwitterungsboden benötigenden Felsspaltenflora gibt es die flächenhaft auf dem Fels wachsenden, teilweise sehr sensiblen Flechten und Moose (die wegen ihrer hohen Empfindlichkeit gegenüber Schadstoffen auch als Bioindikatoren für den Grad der Luftverschmutzung benutzt werden). Sie sind durch das Klettern im Bestand ihrer Populationen nicht bedroht. Denn beim Klettern an steilerem Fels werden selbst im unmittelbaren Bereich der Routen nur ganz wenige Prozent der Felsoberfläche tatsächlich berührt – bei schwierigeren Routen sind es sogar wegen der Winzigkeit der Haltepunkte nur wenige Promille. Lediglich an sehr oft bekletterten Routen oder Abseilstellen über geneigte Felspartien sind flächenhafte Abnutzungserscheinungen zu beobachten. Solange die Routen nicht allzu dicht nebeneinander verlaufen, ist das jedoch verträglich.

**. . . und was
man tun kann,
um sie zu
mindern.**

Die Trittschäden auf den geneigten Felsköpfen lassen sich vermeiden, indem man vor zu schützenden Bereichen verläßliche Haken anbringt und von diesen wieder abseilt. Diese Maßnahme wird bereits in vielen Gebieten angewandt und auch von den Kletterern ohne nennenswerte Konflikte angenommen. Schließlich ist das Klettern an steilen Felsen die Herausforderung und nicht das Übersteigen unschwieriger Felsköpfe.

Wo es um den Schutz von Flechten und Moosen geht, ist dagegen an geneigtem Fels der Umlenkhaken wegen der Auflage des Seils auf dem Fels eher schädlich. An solchen Stellen ist es schonender, nach oben auszusteigen und im Wald hinabzugehen.

Den auch Laien auffallenden Trittschäden, die in stark besuchten Gebieten an Wandfuß und Hängen auftreten, läßt sich durch Anlage von Wegen für Zu- und Abstieg begegnen. Sie konzentrieren die Belastung auf die wichtigsten Linien und stellen so die übrige Fläche ruhig. Gelegentlich können auch die Zugänge durch Abseilstellen ersetzt werden, wie es z. B. im Battert eingeführt wurde. Die Erfahrungen, z. B. am Walberla im Frankenjura und am Ith, haben gezeigt, daß solche Regelungen zur Entschärfung des Konfliktes zwischen Naturschutz und Klettern gut angenommen werden. Zumal die modernen, hochspezialisierten Reibungskletterschuhe zum Gehen auf Erdhängen denkbar ungeeignet sind. Obendrein kommen die Kletterer ja, um zu klettern, und nicht, um kreuz und quer an steilen Waldhängen herumzutapern . . .

Die Laabertalwand bei Schönhofen.

Der Apollofalter

Beispiel für Verflechtungen der einzelnen Glieder von Lebensgemeinschaften ist der Apollofalter. Er hat als einzige Wirtspflanze für seine Raupe den Weißen Mauerpfeffer. Diese Pflanze liebt sonnige, steinige Rasen und Felsköpfe. Ein Entfernen oder Zertreten von Weißem Mauerpfeffer reduziert deshalb die Lebensmöglichkeiten des Apollofalters. Also: Mauerpfeffer tabu!

(vgl. AV-Faltblatt Sanft Klettern)

Laabertal/Naabtal

Westlich von Regensburg finden sich bei Eilsbrunn und Schönhofen im Laabertal und gegenüber von Deckelstein im Naabtal noch ein gutes Dutzend Felsen mit Höhen bis 35 m und genüßlichen Routen vor allem im mittleren Schwierigkeitsbereich. Besonders lohnend sind die Wände bei Schönhofen im Laabertal, wie die wegen Vogelschutz halbjährlich gesperrte STEILWAND, die LAABERTALWAND mit allerlei Genüßlichem im Bereich V bis VII und die EISENBAHNERWAND.

Schwäbische Alb

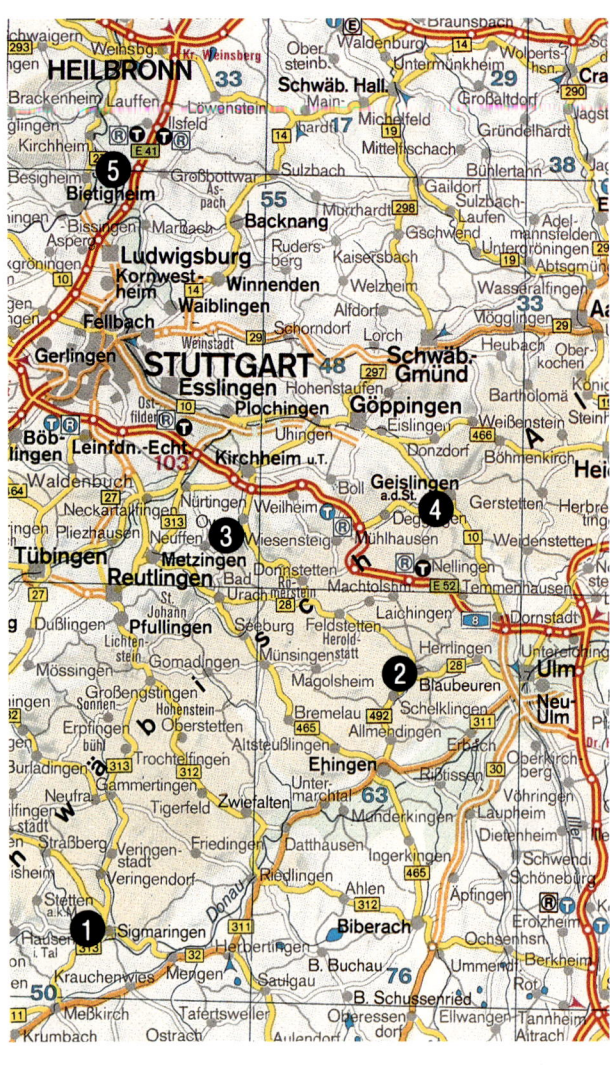

1: Oberes Donautal, 2: Blautal, 3: Nordalb/Lenninger Alb, 4: Östliche Alb, 5: Hessigheimer Felsengärten.

Oberes Donautal: Von Westen auf der A81 bis zur Ausfahrt Tuningen und über Tuttlingen auf der B311 nach Neuhausen ob Eck, dann nördlich über Fridingen nach Beuron und Sigmaringen. Von Nordwesten auch günstig von der BAB-Ausfahrt Empfingen auf der Schnellstraße B463 über Balingen-Albstadt 48 km nach Sigma-

ringen. Vom Raum Ulm hierher entweder auf der B311 und B32 oder A30 bis Biberach und dann weiter auf der B312.
Ins Blautal von Ulm auf der B28 18 km nach Blaubeuren.
Nordalb/Lenninger Alb: Auf der A8/E52 bis zur Ausfahrt Kirchheim und weiter auf der B465 oder Ausfahrt Hohenstadt.
Ostalb: Von BAB-Ausfahrt Mühlhausen auf die B466 oder von der Ausfahrt Ulm-West auf der B10 nach Geislingen.

W eite, nur sanft gebuckelte Landflächen, beackert oder als Grünland genutzt, und tief eingeschnittene Täler mit gelassenen, weitgeschwungenen Mäandern und saftige Wiesenböden bestimmen das Bild der Schwäbischen Alb. Dies ist gewissermaßen eine Fortsetzung des Frankenjuras mit anderen Dimensionen. Zwar in den gleichen geologischen Formationen und gleichfalls als Schichtstufenland ausgebildet. Aber weniger ausgedehnt. Mit oft weniger festem Fels. Dafür in größerer Höhenlage und mit entsprechend rauherem Klima, mit höheren Felsen und längeren Höhlen. Und weithin mit weniger Leuten.

Der Reichtum dieses Landes an Felsen hat dazu geführt, daß selbst fast ein Jahrhundert unbefangener Kletterer-schließung nur einen kleinen Prozentsatz der Felsen erfaßt hat. Dies hat allerdings nicht verhindern können, daß sich hier einige Naturschutzverbände darin verrannt haben, ausgerechnet das Klettern zur Umweltgefahr hochzustilisieren. Worauf die Kletterer die erste Fels-erfassung durchführten und die erste landesweite Felskonzeption erstellten. Bleibt nur zu hoffen, daß die von den Kletterern selbst vorgeschlagenen Beschränkungen nicht nur als Beginn einer Runde weiterer intensiver Sperrungen angesehen werden.

Unterkunft

Alpenvereinshütten Ebinger Haus (Sektion Ebingen) in Hausen im Tal im oberen Donautal, unterhalb vom Stuhlfelsen gelegen. Donautalhaus der Naturfreunde in Stetten. Geislinger Hütte in Geislingen–Steige. Harpprechthaus (Sektion Schwaben) in Lenningen-Schopfloch. Karl-Vorbrugg-Hütte in Heidenheim/Benz. Kreuzberghütte (Sektion Hohenstaufen) in Nenningen. Albhaus (Sektion Stuttgart) in Lenningen. Jugendherberge in Bad Urach, Blaubeuren, Sigmaringen. Privatquartiere. Campingplätze, u. a. in Hausen. Auf keinen Fall wild zelten oder an den Felsen kampieren, weil das kletterfeindliche Stimmungen verstärkt! Als Kletterertreffs beliebte Kneipen die „Traube" in Kreenheinstetten und das „Bahnhöfle" in Hausen.

Führer

Achim Pasold: Topoführer Schwäbische Alb, Band 1–5 (Neuauflagen!).

In der Route „Genesis" (VIII) an der Westlichen Hausener Zinne im Oberen Donautal.

Oberes Donautal

Der bis zu 60 Meter hohe, mit einem Schloß gekrönte Schreyfels.

Die eindrucksvollsten Jurafelsen Deutschlands stehen hier. Und an den höchsten Wänden kann man sich schon fast wie in echt alpinem Gelände fühlen.

Lage Einige Kilometer flußabwärts von der Stelle, wo die Donau sich für einige Zeit in die Höhlensysteme des Untergrundes verabschiedet, im Talabschnitt zwischen Beuron und Sigmaringen.

Felsen Insgesamt sind zwei Dutzend große, 50 bis 120 m hohe Felsen zum Klettern frei. Das Gestein ist plattiger, fester und in den populären Routen stärker abgeklettert als in den meisten anderen Gebieten der Alb. Wohl nicht zuletzt deshalb, weil hier die meisten alten Rostgurken schon fleißiger durch solide Bohrhaken ersetzt worden sind. Ein Sortiment Keile ist jedoch auch hier – ebenso wie sonst auf der Alb – trotzdem vorausgesetzt.

Ökologie Auch dies ist natürlich ein schützenswertes Stück Land. Und die Zusammenarbeit zwischen Kletterern und Naturschutz hat, z. B. beim Wanderfalkenschutz, eine lange Tradition. So gehören die Sperrungen zur Brutzeit ebenso zu den bewährten Kompromissen wie danach die Wiederfreigabe der Felsen. Zwar sind etwa die Hälfte der zahlreichen Felsen gesperrt, aber bei dem reichen Inventar läßt auch dies den Kletterern reichlich Raum. Hoffentlich auch noch nach der Umsetzung des neuen Biotopschutzparagraphen.

Routen Über 300. Das Glanzstück bleibt die von mehr als 40 Kletterwegen durchzogene, über 100 m hohe Wand des straßennahen SCHAUFELSEN (wobei das mit dem Glanz auch durchaus wörtlich zu verstehen ist). Aber wer unter all jenen, die sich das zutrauen können, möchte sie denn nicht kennenlernen, diese großzügigen, klassischen, von Legenden umwobenen Kletterwege wie *Ebinger Turm* (V+), *Normalweg* (V+), *Gerader Riß* (V+), *Schöner Riß* (VI+), *Schurer-Gedächtnisweg* (VII–), *Trizeps* (VII), *Klaus-Werner-Gedächtnisweg* (VII+) und natürlich den phantastischen *Kaiserweg* (VII). Noch besser ist der Fels an den HAUSENER ZINNEN, direkt über der Ortschaft Hausen, von *Eigerturm* (V), *Eichkatzlkamin* (V) und *Alter Hausener Wand* (V+) bis hin zu *Watzmann* (VII), *Großer Wahnsinn* (VIII–), *Welcome to Verdon* (VIII+) und *Apokalypse* (IX). Am bis 60 m hohen, Schloß gekrönten SCHREYFELSEN oberhalb von Langenbrunn u. a. *Opakante* (III+), *Dülferverschneidung* (VI) und *Preußriß* (VI). Am über 120 m hohen EICHFELS die klassische *Südkante* (VI+) und N. Mailänders *Der Widerspenstigen Zähmung* (VII+). Talaufwärts PAULUSFELS, FLEISCHBANK und ZUCKERHUT und talabwärts die im Frühjahr gesperrte Felsscheibe der RABENWAND mit *Rabenkante* (VI–) und allerlei fingeraufrollenden Plattenschwindeleien sowie die Platten der DONAU-CALANQUES.

1: Paulusfels und Zuckerhut, 2: Eichfels, 3: Schreyfels, 4: Hausener Zinne, 5: Dachstein, 6: Schaufels, 7: Falkenwände, 8: Rabenwand.

Fels- und Routennamen

Sie dienen dazu, einen Felsen oder eine Route – und damit eine Abfolge von zu ihrer Durchsteigung nötigen Bewegungsabläufen – zu einem Begriff zusammenzufassen und dadurch kurz und eindeutig zu benennen.

Die Namen der großen, auffallenden Felsgestalten sind meist sehr alt, die der weniger markanten wurden gewöhnlich erst von Kletterern geprägt, wobei oft – ebenso wie bei den alten Felsnamen – vom Aussehen des Felsens ausgegangen wurde (z. B. Kamel, Keule, Küssende Sau).

Dagegen stammen die Routennamen durchwegs von den Kletterern, meist von den Erstbegehern. Und sie sagen eine Menge darüber, was in deren Köpfen vorging. In der Frühzeit der Kletterei waren die Bezeichnungen nach den Himmelsrichtungen beliebt wie „Nordwand", „Ostwand" usw. Das half beim Auffinden, und obendrein erinnerte so eine Bezeichnung in der guten alten heroischen Zeit an die gewaltigen alpinen Ziele der Leute, die Tod und Teufel nicht fürchteten . . .

Brauchte man wegen der Parallelrouten mehr Namen, so wurden zuerst Zusätze wie „Neue Nordwand" oder „Direkte Nordwand" benutzt, später auch oft Bezeichnungen nach Erstbegehern, Klettergruppen oder Herkunftsorten bemüht, und dann auch mit den Gedächtniswegen an alpin oder sonstwie verschiedene Kumpane erinnert.

Und erst allmählich wurde auch bewußt zu originelleren und oft witzigen Namen gegriffen, die an Besonderheiten der Route oder an Ereignisse und Stimmungen bei der Erstbegehung anknüpfen.

Solche Namen geben der Route Individualität, erzeugen bestimmte Assoziationen, ein bestimmtes Image. Und wenn sie etwas Charakteristisches treffen oder verstärken, dann trägt dies dazu bei, wie erfolgreich eine Route Wiederholer anlockt. Und daß ihre Kreationen im Nachvollzug wegen Schönheit, Intelligenz der Linie, Schwierigkeit oder Kühnheit oder sonstwas bewundert werden, das möchten die Erstbegeher und Erstbegeherinnen doch eigentlich alle gern.

Ach du liebe Eitelkeit . . .

Die Ortschaft Hausen im Donautal, im Hintergrund die Hausener Zinnen.

Kletterführer

Für die Alpen sind sie einander schrecklich ähnlich, weil der Alpenverein ihre Förderung als Teil seines Vereinszweckes und Mitgliederservices ansah und für ihre Erstellung schon lange Richtlinien aufgestellt hat. Durchaus zweckmäßige. Und durch die UIAA (Union Internationale des Associations d'Alpinisme) wurden sie nochmals international vereinheitlicht.

Für die lange Zeit als unwichtig abgetanen Mittelgebirgs- und Flachlandfelsen sind die Kletterführer dagegen nach wie vor Wildwuchs, meist von Amateuren erstellt und zugleich auch ihre jeweiligen finanziellen und technischen Möglichkeiten widerspiegelnd.

Da gibt es die alten, historischen Führer der klassischen Klettergebiete wie etwa den 1908 von Rudolf Fehrmann erstmals herausgebrachten Elbsandsteinführer oder das 1939 von Rudolf Behrens vorgelegte Büchlein über die Felsen Niedersachsens. Mit liebevoll zusammengestellten Ausführungen nicht nur zu den Felsen, sondern auch zur Landschaft ringsum, die Routen möglichst vollständig erfaßt, überwiegend in Wortbeschreibungen (weil Klischees von Strichzeichnungen damals sündhaft teuer waren und solche von Rasterbildern erst recht), und das Ganze solide professionell gesetzt, gedruckt und gebunden.

Auch heute noch gibt es solche Führer als Versuche einer umfassenden Dokumentation, wie etwa den zuletzt über viele Auflagen hin von Dietmar Heinicke fortgeschriebenen, jetzt siebenbändigen Elbsandsteinführer oder Oskar Bühlers Frankenjuraführer oder die des Verfassers über Weser-Leine-Bergland und Harz. Während solche Produktionen bis dahin bierernst abgefaßt waren, versuchte letzterer mit dem Weser-Leine-Führer 1970 erstmals – bei aller angestrebten Exaktheit der Dokumentation – das Opus mit lockeren Sprüchen zu würzen, was allgemein einschlug und sehr rasch Schule machte. Am köstlichsten und ausgiebigsten in den Blödeleien des Oeuvre von Nico Mailänder und Achim Pasold (Panico).

Mit der Entwicklung der Symbole für Routenskizzen bekamen die einige intellektuelle Konzentration erfordernden Wortbeschreibungen Konkurrenz. Mit Topos lassen sich die durch zahlreiche neue Routen gewachsenen Informationsmengen leichter bändigen, besonders wenn die neuen Routen auf dem gleichen Felsen verlaufen. Weil jedoch für jede Felswand ein extra Topo nötig ist, tendieren Topoführer stark zum Auswahlführer. Und Vollständigkeitsversuche wie der Albführer von Panico oder der neue Weser-Leine-Kletterführer des J. Berg Verlags (mit – zusätzlich zu Lageskizzen – nicht weniger als 341 Topos), machen deutlich, warum . . .

Aber auch bei den Topo-Auswahlführern gibt es deutliche Unterschiede. Manche sind ausgedünnt auf wenig mehr als das bloße Wo und Wie der Routen (wie etwa der Rotpunktführer DDR), andere schwelgen in humorig-fabulierender Ausgestaltung (wie etwa die Panico-Produkte über die Schwäbische Alb oder das Rhein-Main-Gebiet), noch andere bemühen sich um besonders sensible, liebevolle Darstellung der Besonderheiten des Kletterns in dem beschriebenen Gebiet und um Würdigung der historischen Dimension (wie beispielhaft Bernd Arnolds Elbsandsteinführer in zwei Bänden bei Panico).

Neben solchen anspruchsvollen Produkten ist die Primitivform kopierter Schreibmaschinentexte und Lage- und Ansichtsskizzen – heutzutage oft als Fingerübung von Computerfans – zu nennen, mit denen die Routen kleiner und kleinster Gebiete dokumentiert werden, für die ein Führer nicht lohnt oder noch nicht existiert.

Und dann gibt es schließlich noch die „apokryphen" Führer. Über so sensible Gebiete, daß sie um Himmels willen gar nicht bekannt werden sollen. Wenn damit doch Papier schwarz gemacht wird, dann wird es nur unter besten Freunden weitergegeben und unter Schwüren der Verschwiegenheit. Aber noch besser bleibt man über so etwas bei der mündlichen Überlieferung . . .

Blautal

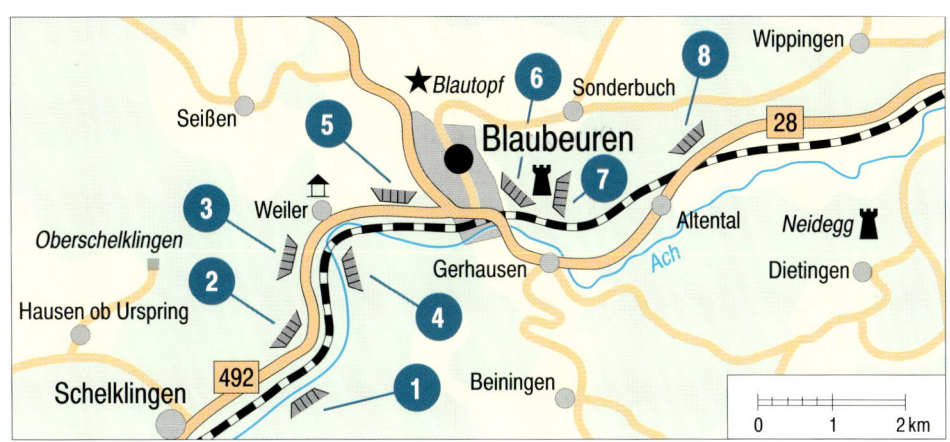

1: Hohler Fels und Schildfels, 2: Sirgenstein, 3: Peiler- wände und Schneck, 4: Bischof und Brucker Grat, 5: Küssende Sau und Felsen- bank, 6: Bismarck, 7: Rusen- schloß, 8: Katzentaler Fels.

Das westlich von Ulm nach Süden zur Donau ziehende Blautal ist das zweite Eldorado für Kletterer im Schwabenland. Wer dorthin zieht, hat auch Gelegenheit, den Blautopf zu sehen, „das kalte Herz der Alb", eine beeindruckende Karstwasserquelle, in der von dem Einzelgänger Jochen Hasenmeyer in sorgfältig vorbereiteten abenteuerlichen Vorstößen Pionierleistungen im Langstreckentauchen vollbracht und ein gewaltiges Höhlensystem entdeckt wurde.

Lage Die meisten Felsziele liegen um Blaubeuren an den Hängen des Blautales.

Felsen Über 50 Objekte mit Felshöhen bis 70 m, Felsqualitäten von super (auf plattig) bis schauderhaft, meist mit einem Minimum an Gehaufwand zu erreichen und wegen hemmungsloser Toprope-Erschließung inzwischen mit einem oft klaustrophobisch dichten Routennetz überzogen.

Ökologie Außer einigen jahreszeitlich begrenzten Sperrungen aus Gründen des Vogelschutzes bisher keine besonderen Probleme. Der Blautopf erinnert daran, wie sehr die Qualität unserer Gewässer nicht nur von ihrer unmittelbaren Umgebung, sondern auch vom Zustand des Bodens und Wassers in den oft sehr weiträumigen Einzugsgebieten abhängig ist.

Routen Hunderte, satt verbohrhakt. Die beachtlichsten am RUSENSCHLOSS bei Gerhausen wie z. B. *Lange Kante* (VI- oder IV/A0), *Hugverschneidung* (VI), *Grauer Riß* (VI–), *Obere Wand* (IV+), *Gelbe Wand* (V+), *Schinder* (VI+) oder die schlechtwettersicher in einer Grotte verlaufenden Linien *AG-Weg* (VII+) und *Trimm-Dich-Pfad* (VIII+). An der FELSENBANK oberhalb von Weiler u. a. Alte *Südwand* (IV+), *Westkante* (VI– oder IV/A0) und *Last not least* (VIII). Am SIRGENSTEIN, etwa 2 km vor Schelklingen, u. a. *Kamin* (IV+), *Westriß* (VI+), *Rote Liebe* (VII+) und *Cassin* (IX–). Originell von der Felsgestalt, wenn auch weniger hoch, die KÜSSENDE SAU bei Blaubeuren u. a. mit *Obere Wand* (VI–), *Ulmer Weg* (VII–) oder *Madonna* (VI–).

In der Rabenfels-Südwestwand (VI+) im Bäratal.

147

Nordalb

Hierzu gehören sowohl die Felsen unterschiedlicher Formate am nordwestlichen Rand der großen, durch Täler ausgefransten Malmstufe als auch die an den Hängen der langen, die Stufenfläche zerlegenden Täler.

Lage In der Umgebung von Urach, Pfullingen, Dettingen und Lenningen.

Felsen Bei Urach über 30, bei Pfullingen 3, bei Dettingen über 10, bei Lenningen über 30. Die Felshöhen liegen meist um 20–30 m, erreichen jedoch in einzelnen Wänden mehr als das Doppelte. Das Gestein

bröckelt hier und da und möchte pfleglich behandelt werden, aber dazwischen gibt es auch immer wieder erlesenes Material.

Ökologie Dies sind die nächsten Felsen zum Ballungsraum Stuttgart, und von dort her sind sie verführerisch rasch zu erreichen. Das hat natürlich zu entsprechenden Zeiten auch eine entsprechend höhere Klettererdichte zur Folge. Ob die ökologisch angemessene Reaktion darauf allerdings ist, das Klettern nun hier möglichst umfassend zu verbieten – wie es in jüngerer

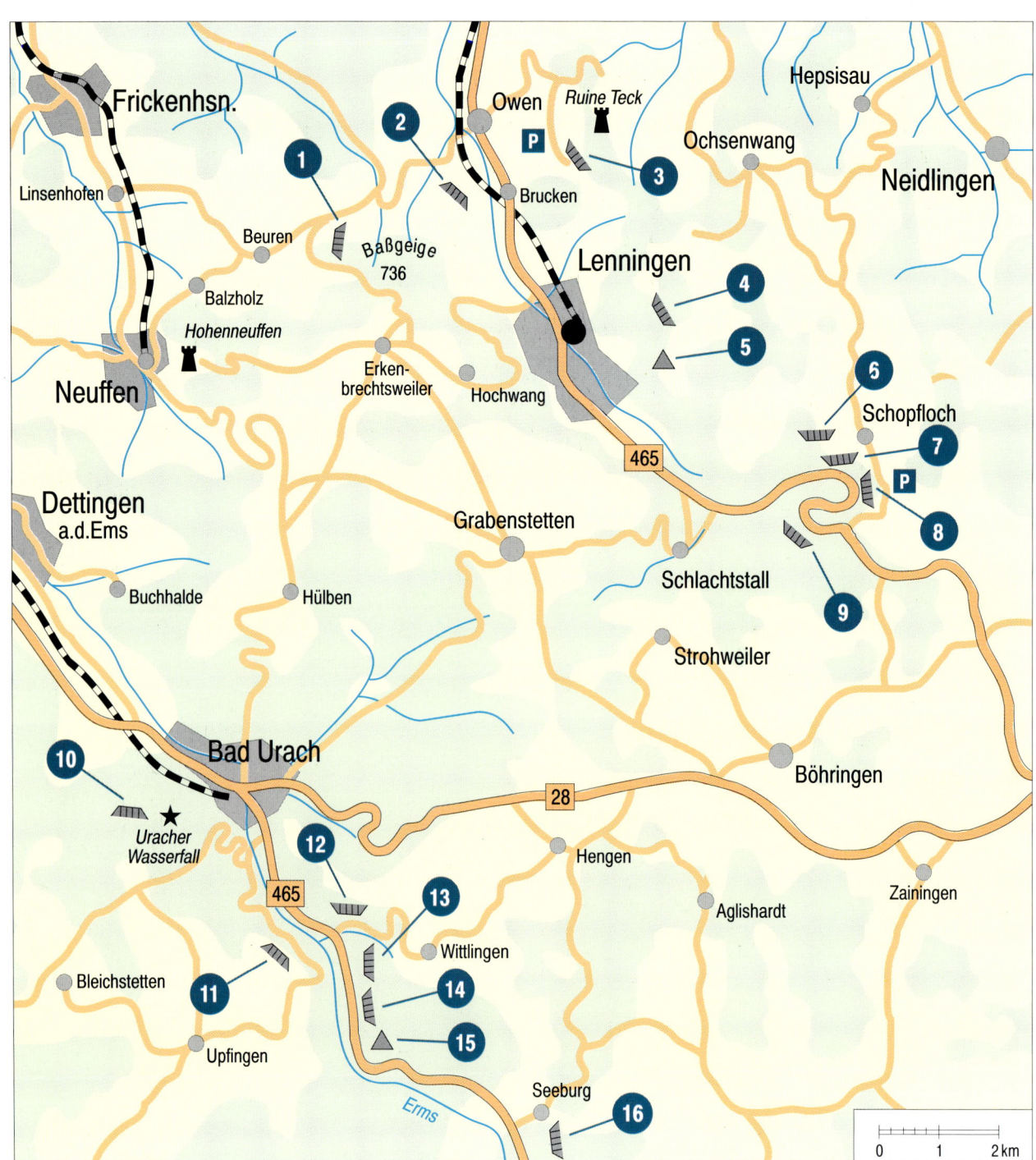

Zeit teilweise geschehen ist – das muß jedoch bezweifelt werden. Denn das Umweltschädlichste am Klettern bleiben allemal die Autobewegungen bei der Anfahrt, und die werden durch solche Verbote nur länger. Aktuellen Stand der Kletterverbote vor Ort erfragen.

Routen Bei Urach besonders herausragend in jeder Beziehung der bis 60 m hohe, nur im Herbst freigegebene RUTSCHENFELSEN mit u.a. *Viererweg* (V+), *Normalweg* (VI–), *Höllwand* (VI), *Notdurftweg* (VII), *Direttissima* (VIII). Im Seeburger Tal die derzeit gesperrte RUINE BALDECK mit u.a. *Bergwegiinstallateur* (VI), *Baldachin* (VII–), *Aquaplaning* (VII) und *Atomruß* (VIII–) und der sehr kompakte, derzeit gesperrte GESCHLITZTE FELS mit ausschließlich extremen Angeboten. Dauernd frei sind hier die SIRCHINGER NADELN mit *Kleine Nadel Bergseite* (III), *Rechter Eulerriß* (V+) oder *Paris-Dakar* (VIII) und LINKE WITTLINGER mit *s' Grädle* (III), dem eindrucksvollen *Schülerkamin* (IV+), Nico Mäiländers *Schmidtchen Schleicher* (VII–) und Ralph Stöhrs *Flying Dutchman* (VII+). Auf der Lenninger Alb sind besonders KESSELWAND mit u.a. *Knödlerweg* (V+), *Putzteufel* (VI+) und *Teddyplatte* (VII–) sowie der herrlich gelegene GELBE FELS u.a. mit *Knödlerweg* (V) und dem eindrucksvollen *Normalweg* (V+) zu nennen. Besonders überlaufen der REUSSENSTEIN mit *Hauserweg* (IV+).

◁ 1: Beurener Fels, 2: Brukker Felsen, 3: Gelber Fels, 4: Tobelfels, 5: Wielandstein, 6: Kompostfels, 7: Reiterfels, 8: Kesselwand, 9: Stellfels, 10: Rutschenfelsen, 11: Sirchinger Nadeln, 12: Linke Wittlinger Felsen, 13: Rechte Wittlinger Felsen, 14: Geschlitzter Fels, 15: Ruine Baldeck, 16: Uhufelsen.

Der „Albtraufguru" Achim Pasold im eindrucksvollen „Normalweg" (V+) am herrlich gelegenen Gelben Fels.

Östliche Alb

Neben den anderen Gebieten der Alb weniger markant, weniger bekannt und weniger besucht. Was auch so seine Vorteile hat.

Lage Um Geislingen und Heidenheim.

Felsen Insgesamt etwa 50 Felsen mit Wandhöhen von meist 15–30 m, gelegentlich bis 50 m.

Ökologie Bisher fast nur Einschränkungen während der Brutzeit der Wanderfalken.

Routen Am größten der westlich oberhalb Eybach aufragende HIMMELSFELS mit u.a. *Wackerführe* (V–) mit allerlei extremen Varianten in der Gipfelwand und der langen *Ostkante* (VI–). Im Roggental weiter talauf-

wärts der ALBANUS mit *Albanus* (VII) und talabwärts die LÖWIN mit u.a. *Ostriß* (V–), *Westwand* (VI) und *Südriß* (VII+). Reichhaltige Möglichkeiten auf engem Raum an den südexponierten Felsen zwischen Geislingen und Hausen wie etwa WALFISCH und LANGE HAUSENER WAND.

Weitere Felsen Siehe Karte.

1: Kleine Hausener Wand, 2: Lange Hausener Wand und Walfisch, 3: Heidenheimer Wand, 4: Spitzfels und Ramsfels, 5: Löwin, 6: Himmelsfels, 7: Franzosenstein, 8: Albanus, 9: Roggenstein, 10: Gabelfels, 11: Sphinx.

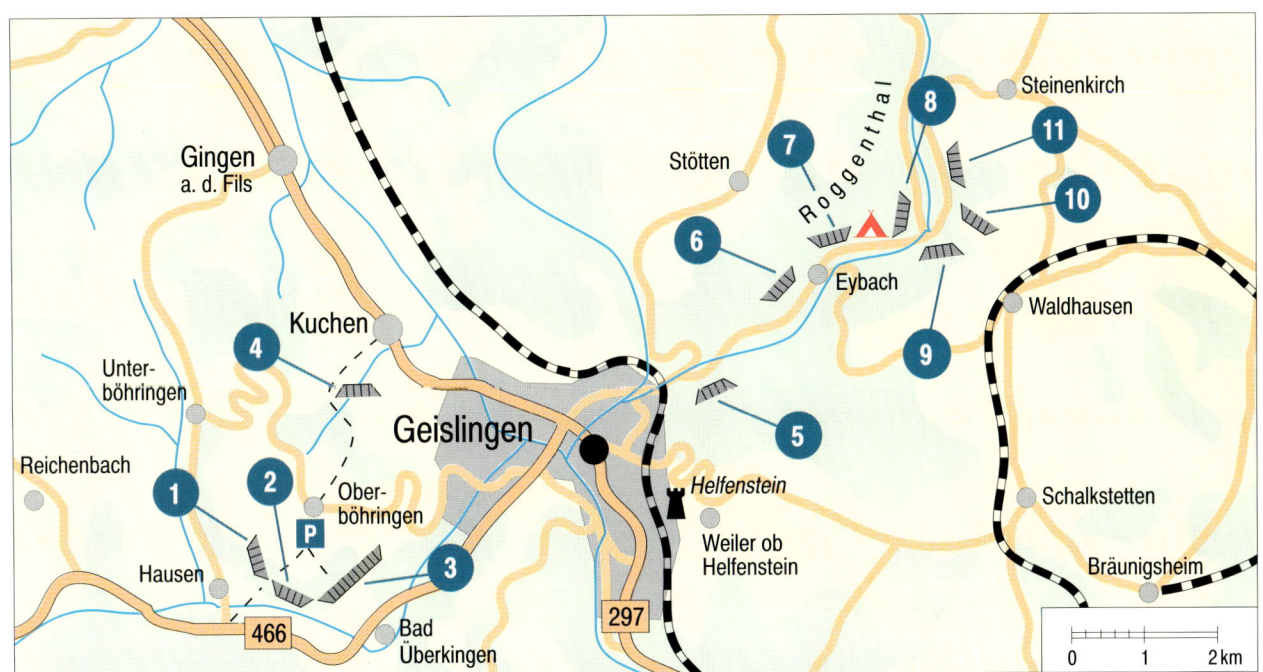

Hessigheimer Felsengärten

Dies ist ein geradezu winziges Klettergärtchen, jedoch eine von den hier beheimateten Kletterern heiß geliebte Rarität.

Lage Oberhalb der Weinberge am nördlichen Talhang des Neckars bei Hessigheim, zwischen Heilbronn und Stuttgart.

Felsen Ein bis 15 m hohes Bergrutschwändchen mit einigen davor abgesetzten turmartigen Felskulissen. Hier ist der Muschelkalk, ein wegen kleinteiliger Brüchigkeit und glatten Oberflächen sonst gewöhnlich zum Klettern sehr unattraktives Gestein, in einer durchaus kletterfreundlichen Festigkeit zu finden. Weil

dies eine sehr felsarme Gegend ist, hat dieser seit der Jahrhundertwende von den Heilbronnern intensiv aufgesuchte Klettergarten allerdings Politurqualitäten, die die vermutlich einfach nur überlieferten Schwierig-keitsbewertungen teilweise ganz schön absurd erscheinen lassen.

Kletterregeln Das Klettern ist nur an der Innenseite der Kluft zulässig, nicht aber an den äußeren Wänden oberhalb der Weinberge.

Weitere Felsen Nördlich von Esslingen bei Stetten ein bis 11 m hohes Sandsteinwändchen (SILBERFELSEN). Nur von lokaler Bedeutung.

Tilmann Baumgärtner in der Route „Schubdubdua" (VIII) an der Rabenwand im Oberen Donautal.

Der Biotopschutzparagraph

In einer Novelle des Bundesnaturschutzgesetzes wurde 1986 ein neuer Paragraph 20c eingefügt, der eine Reihe normalerweise besonders interessanter Landschaftsbestandteile pauschal unter besonderen Schutz vor „erheblichen" Eingriffen stellt, z.B. alle naturnahen Ufer von Gewässern, alle Waldränder, alle Trockenrasen, alle Moore, alle natürlichen Blockhalden und Felsen. Die Formulierung ist recht allgemein gehalten und läßt Spielraum für das Tolerieren geringer Belastungen und Wahrung der Verhältnismäßigkeit ebenso wie für die Berücksichtigung bestehender menschlich und gesellschaftlich bedeutsamer Aktivitäten.

Deshalb wurde die Einführung dieses Paragraphen generell akzeptiert und nicht als Bedrohung für die tatsächliche Bewegungsfreiheit der Menschen empfunden.

Entsprechende Paragraphen sind nun in die entsprechenden Landesgesetze einzufügen, und dann kommt die Umsetzung, und der Teufel steckt wie immer im Detail. Denn was ist eigentlich ein „erheblicher Eingriff"? Wenn der Bagger kommt und das Teil abräumt, natürlich. Und solche Überlegungen gegen ruppig zerstörerische Planungen standen auch sicher den Leuten vor Augen, die das Gesetz beschlossen haben. Oder wenn jemand dort Bäume abhackt oder wildert oder Brände legt (was aber sowieso schon verboten ist).

Jedoch, wie ist es, wenn dort jemand Blumen pflückt? Oder auch nur den Weg verläßt und einmal auf natürlichem Untergrund laufen will oder eine Blume fotografieren oder außerhalb einer Badeanstalt baden oder auch nur an einem Ufer sitzen oder an einem Felsen klettern will? Haben die Gesetzgeber alle diese Handlungen an solchen Teilen der Landschaft verbieten und unter Strafe stellen wollen? Was bleibt denn dann noch übrig als Ort von direktem Naturkontakt? Läuft das nicht de facto auf ein pauschales Einkassieren des alten Bürgerrechts auf freien Zugang zur Natur hinaus? Womöglich sogar zeitgleich damit, daß ein Beschleunigungsgesetz für Verkehrsbauten uns 10 000 Kilometer neue Autobahnen beschert – auch durch Naturschutzgebiete? . . .

Die ersten Diskussionen um die scharfe Auslegung des Biotopschutzparagraphen haben nicht nur die Kletterer aufgeschreckt, sondern auch die Wassersportler, Bootsfahrer, Segler, Segelflieger, Schiläufer, Orientierungsläufer, Jogger, Radwanderer, Wanderer und alle, die sonstwie die Natur im direkten Umgang erleben wollen.

Und die beobachten jetzt sehr genau, wie es den anderen Gruppen ergeht und nehmen untereinander Kontakte auf und überlegen gemeinsam, was zu tun ist gegen solche Art von Naturschutz. Und da sitzen plötzlich auch sehr aktive Naturschützer dabei.

Denn getroffen werden von diesen Auslegungen im Namen des Naturschutzes nicht die Leute, die Natur lediglich vom Besucherkanal eines Parks, durch die Windschutzscheibe ihres Autos oder gleich nur noch vom Fernsehsessel aus erfahren, sondern die am Umgang mit der Natur interessierten, von ihr in ihrer seelischen Gesundheit abhängigen – und zugleich in überdurchschnittlichem Maße für ihre Erhaltung aktiven – Menschen.

Sollte dieser Paragraph wirklich so eng ausgelegt und nicht über großzügige Ausnahmeregelungen entschärft werden, muß es dann nicht zwangsläufig zu sehr breiten Koalitionen gegen so verstandenen Naturschutz kommen? Und wird der Naturschutz dann nicht viele seiner bisherigen Verbündeten zum Gegner haben? Versaut der Naturschutz sich dann nicht die in vielen Jahren gewachsene selbstverständliche Akzeptanz?

Muß da nicht genau umgekehrt vorgegangen werden? Etwa indem man für die tatsächlichen Probleme in gemeinsamen Beratungen zwischen Naturschutz und betroffenen Gruppen für beide Seiten tragbare Lösungen sucht (was zugleich die einzige Chance ist, sie auch zu verwirklichen)? Indem man durch Augenmaß bei der Formulierung der Kompromisse und Beschränkung auf die zur Erhaltung der Lebensgemeinschaften tatsächlich nötigen Vorschriften Ängste abbaut?

Und indem man auf der Basis der so entstehenden Zusammenarbeit einen breiten Konsens nicht nur über den Naturschutz im engeren Sinne, sondern auch über die wesentlichen ökologischen Umbau- und Sanierungsaufgaben schafft, für sanfte Lösungen bei der Energieerzeugung, beim Verkehr (für mehr Eisenbahn statt der geplanten 10 000 Kilometer Autobahnen etwa), bei der Gewässernutzung und und und . . .?

▷ **Im „Ebinger Turm" (V+) am mit über 100 Meter Höhe schon recht alpin anmutendem Schaufelsen im Oberen Donautal.**

Schwarzwald

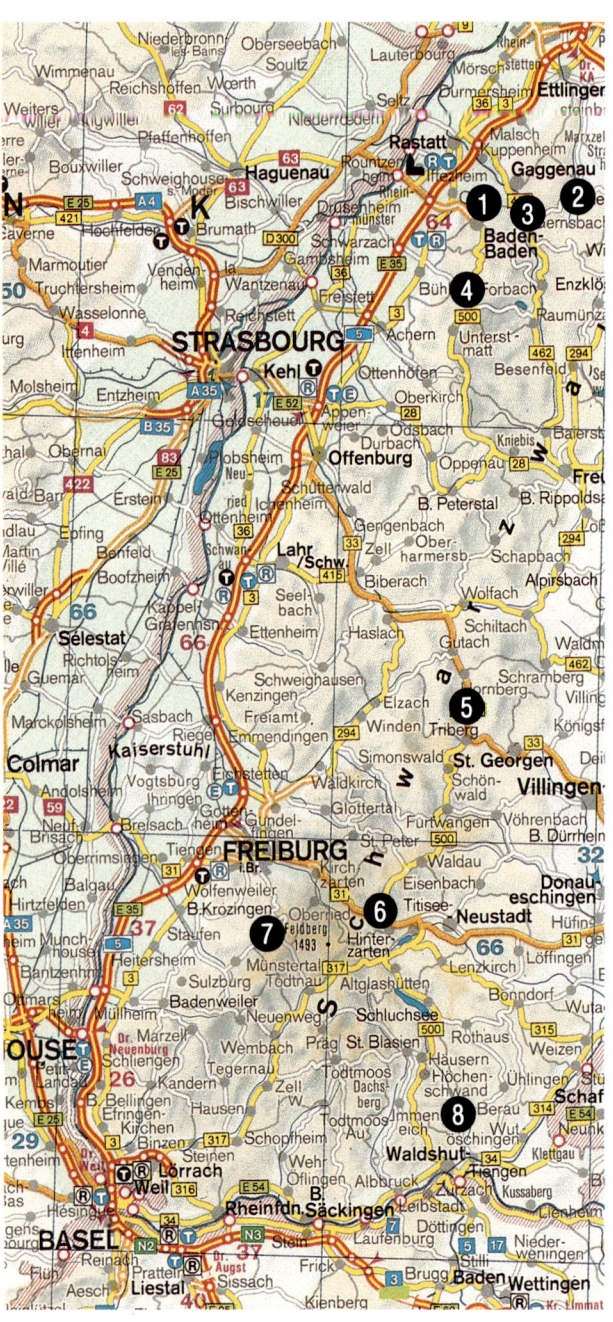

Das höchste deutsche Mittelgebirge, aus alten kristallinen Massen, steil an der Westflanke zum Oberrheingraben gelegen, nach Osten hin sich in allmählich niedriger werdenden Kuppen verlierend zur Schwäbischen Alb. Moospolster und Algenbärte auf Bäumen und Steinen und Halden erzählen mehr von der Häufigkeit der tiefen Wolkenschleppen als der Wetterbericht. Tief eingewühlt hat es sich in die deutsche Seele, mit Schwarzwaldtannen, Schwarzwalduhren, Schwarzwaldhaus, Schwarzwälder Kirsch und Schwarzwaldmädel und neuerlich auch mit Schwarzwaldklinik, Schwarzwaldsterben und Schwarzwalduranskandal.

Weniger geläufig ist es als Felsland. Zwar gibt es auch diesbezüglich einiges, aber die ansehnlichsten Teile sind verbotene Welt. Und was verblieben ist, das wird für Leute von anderswo nur selten zum Ziel, denn schließlich sind die Alpen von hier nicht mehr weit.

1: Battert, 2: Falkenfelsen bei Bad Herrenalb, 3: Murgtal, 4: Plättigfelsen, 5: Mittelschwarzwald, 6: Höllental, 7: Gfällfelsen, 8: Schlüchttal.

Nordschwarzwald: Battert: Auf der A5 und B500 nach Baden-Baden und Ebersteinburg; dort Parkplatz. Zum Plättig von Baden-Baden auf der B500 nach Süden. Ins Gebiet Gernsbach (Lautenfelsen) von der A5 Ausfahrt Rastatt die B462 das Murgtal aufwärts nach Gernsbach. Nach Bad Herrenalb von Gernsbach aus 12 km in nordöstlicher Richtung auf Kreisstraße. **Mittelschwarzwald: Gebiet Triberg:** Von Osten, von Villingen-Schwenningen, über B33/E531, von Süden über die Hochschwarzwaldstraße B500 nach Triberg.

Südschwarzwald: Ins Höllental von Freiburg 22 km auf der B31. In Kirchzarten Abzweigung nach Süden für Oberried, Gfällfelsen und Todtnau. Feldberggebiet mit Titisee-Neustadt: Von Osten, von Donaueschingen, auf der B31 30 km. **Schlüchttal:** Von Süden, von Tiengen, über Ühlingen, von Osten auf der B314 bis Untereggingen und in östlicher Richtung über die Berge ins Schlüchttal.

Unterkunft

Alpenvereinshütten:
Ramshalden-Hütte bei Hinterzarten, Berghütte Schönbrunn am Battert, Schwenninger Hütte bei Triberg.

Jugendherbergen:
Bad Herrenalb, Baden-Baden, Feldberg, Forbach, Titisee, Todtnau, Triberg. Zahlreiche Privatquartiere und Zeltplätze.

Führer
Rolf Gundermann: Battert-Kletterführer.
Sven Weichler: Mittlerer Schwarzwald.
Christian Fütterer/Steffen Schönvogt: Die schönsten Klettergebiete im Nordschwarzwald.

Im „Fledermauspfeiler" (VI) am Battert.

Battert

Der Bockgrat (IV+) an der Falkenwand, vom Rauscher aus gesehen.

Eine landschaftliche Kostbarkeit ist diese Felsgruppe, die hoch oben auf der Bergkuppe aus dem Laubwald hervorlugt. Und wer sie besucht, ist es ihr schuldig, behutsam damit umzugehen.

Lage Gut 1 km nördlich von Baden-Baden, zugänglich vom Parkplatz bei der Ebersteinburg.

Felsen Die bis 60 m hohen Türme und Massivwände mit ihren schnittigen Graten und Kanten bestehen aus relativ feinkörnigen, stark verkieselten Konglomeratablagerungen, die zu Ende des Erdmittelalters auf dem Gneis des Grundgebirges abgelagert wurden und wegen ihrer Härte hier erhalten blieben. Geklettert wird am Battert seit der Jahrhundertwende. Aus dieser Zeit ist vor allem die frühe Erschließertätigkeit des späteren Alpingefahrenforschers und Skipioniers Wilhelm Paulcke zu erwähnen, aus späteren Generationen von Battertkletterern vor allem die von Walter Stösser und Martin Schließler.

Ökologie Nachdem die Halden unter den Wänden in früheren Zeiten als Steinbruch – u. a. für die Burgen auf den benachbarten Höhen – dienten, ist der botanische Seltenheitswert dieser immer waldfrei gebliebenen Bereiche heute erkannt und hat zur Ausweisung als Naturschutzgebiet und auch zu Auflagen für die Kletterer geführt.

Kletterregeln Magnesiaverbot. Zu den Einstiegen der Kletterrouten zum Schutz der seltenen Haldenbiotope nur auf den Wegen bzw. durch Abseilen zum Wandfuß. Diese Rücksichtnahme zu üben, sollte allen Kletterern leicht fallen. Im Interesse der Pflanzen und Tiere, aber auch im Interesse der einheimischen Kletterer. Die möchten nämlich nicht wegen der Disziplinlosigkeit durchreisender Gäste aus ihrer Felsheimat vertrieben werden.

Routen Insgesamt etwa 450, an über 20 teils nach Aussehen, teils nach alpinen Objekten benannten Wänden. Es gibt von jeder Art Kletterei prächtige klassische Anstiege: An Kaminkletterei z. B. *Kuhkamin* (III) und *Delagokamin* (IV), an Graten besonders der *Blockgrat* (IV, mit originellem Überfall-Spreizschritt) und FALKENWAND *Bockgrat* (IV+), an Kanten besonders lohnend die nach der großen alpinen Schwester benannte CIMA DELLA MADONNA *Schleierkante* (V), an Wandklettereien besonders die hohe FALKENWAND mit *Hallweg* (IV+), *Rauscherriß* (V+), dem phantastischen *Weg der Freundschaft* (frei VI–) und der tollen *Neuen Falkenwand* (VII).

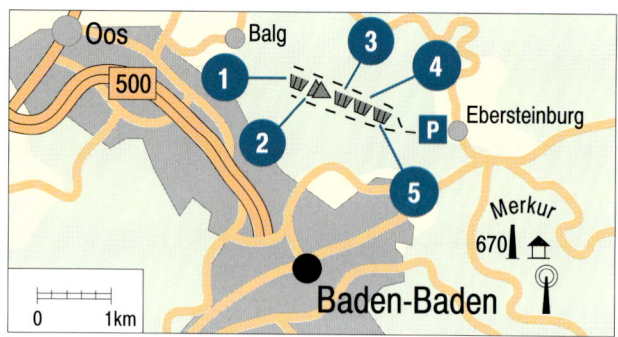

1: Badener Wand, 2: Cima della Madonna und Sass Maor, 3: Falkenwand, 4: Fermeda und Blockgrat, 5: Grüner Battert.

Falkenfelsen bei Bad Herrenalb

Reizvoll gelegenes und im Gestein dem Battert teilweise ähnliches, wenn auch bescheidener ausgestattetes Gefels.

Lage 20 km östlich von Baden-Baden, nördlich vom Thermalbad Herrenalb, am Westhang des Albtales.

Felsen Hübsch über dem Fluß aufragende Gruppe von freistehenden Türmen und Massiven mit Felshöhen bis 30 m. Der deutlich geschichtete, grobkörnige Sandstein ist weniger gut verfestigt als der am Battert.

Kletterregeln An der unteren Felsgruppe vom 1.5. bis 15.6. befristetes Kletterverbot.

Routen Über 30. An den freistehenden Türmen der unteren Felsgruppe hübsch BE-SCHO-SA mit *Alter Weg* (IV+), CAMPANILE mit *Normalweg* (IV) und *Sonnenwandl* (VII–), GROSSER ZUCKERHUT mit der *Kante* (VII) und KARLSRUHER TURM mit *Tannenweg* (VI–). Am MAIKANTENMASSIV *Verscheidung* (V) und *Maikante* (V–). An der oberen Gruppe, dem eigentlichen FALKENFELSEN, u. a. *Parallelriß* (V–), *Holzkeilriß* (VII bzw. VIII) und *Spiralweg* (VII+), *Nasenkante* (V/A1) und *Vagabundenweg* (V/A1), am FALKENTURM *Südrinne* (VI+) und *Talwand* (VI+).

Gebiet Murgtal

Von Natur aus landschaftlich großartig gelegene Felsen, deren schönste Exemplare allerdings in jüngster Zeit für Kletterer zum verbotenen Land erklärt wurden bzw. noch werden sollen. Und die verbliebenen werden großenteils durch ihre Lage direkt an Autostraßen abgewertet werden.

Lage 10–20 km östlich und südöstlich von Baden-Baden, teils im tief eingeschnittenen Waldtal der Murg, zwischen Forbach und Gernsbach, teils in einem Seitental bei Lauterbach.

Felsen Solider Granit von unterschiedlicher Rauhigkeit, mit Felshöhen bis 70 m.

Ökologie Teilweise besonders hübsche Ensembles von Fluß und Felsen, an den Talhängen wegen der Bewirtschaftsprobleme für die Forst weitgehend in naturnahem Zustand. Die Trockenrasengesellschaften der Felsköpfe werden jedoch teilweise durch Nadelholzplantagen verschattet und damit geschädigt (und wo diese deshalb wieder beseitigt werden, wird das gleich mit dem Kletterverbot verbunden, siehe Lautenfelsen). Wegen Wanderfalkenschutz gibt es teilweise halbjährige Sperrungen, die auch respektiert wurden. Trotzdem sind die Sperrungen in den letzten Jahren im Zuge des bundesweiten Trends vielfach zu Totalverboten ausgeweitet worden.

Kletterregeln An den straßennahen Felsen ist äußerste Vorsicht geboten, um nicht Verbote zu provozieren. Heruntergefallene Steine bitte sofort wegräumen. An den Eulenfelsen sind Klemmkeile üblich (Haken hier verpönt).

Routen Trotz langer Klettertradition verboten sind bei Gernsbach die faszinierende Zackenreihe der bis 40 m hohen ORGELFELSEN und der ROCKERTSFELSEN sowie bei Forbach-Langenbach die gestufte, insgesamt 240 m(!) hohe Felswand der FÜLLENFELSEN. Kletterverbot auch an den LAUTENFELSEN mit 30 Routen wie *Südstädter Weg* (IV–), *Herzweg* (V+) und *Schicksalsweg* (VII–). Verblieben sind nur 20 deutlich kleinere Ziele, so der straßennahe GRAFENSPRUNG, die durch Felssprengungen erzeugte, als Parkplatzbegrenzung konfliktträchtige GAUSBACHER STRASSENWAND mit u.a. *Putzteufel* (VI+), die als Clean-Climbing-Area ideale EULENFELSEN mit u.a. *Eulenriß* (VI–) und die idyllisch wassernahen, bei Forbach gelegenen Lustobjekte wie GRAFFITI WALL mit u.a. *Himallaman* (VII–) und *Pumprisse* (VII+).

Im „Großen Plättle" (IV) am Falkenstein im Schlüchttal.

Plättigfelsen auf der Bühler Höhe

Auf luftiger, oft sonniger Höhe über dem nebelträchtigen Rheintal aufragende Felsgruppe mit langer Klettertradition seit den Zeiten der legendären KGB (=Klettergilde Battert – mit dem sowjetischen Geheimdienst weder verwandt noch verschwägert).

Lage Südlich von Baden-Baden, östlich von Bühl, nördlich von Sand, wenig westlich der B 500.

Felsen Prächtiger, extrem rauher Granit mit Felshöhen bis 50 m. Überwiegend Rißklettereien, verbühlert, aber zusätzlich Klemmkeile vorausgesetzt.

Ökologie In den letzten Jahren keine Probleme, aber vernünftiges, naturschonendes Verhalten wird vorausgesetzt.

Routen Zwei Dutzend. An der hohen FALKENWAND u. a. *Alte Falkenwand* (VII– oder V+/A0), *Falkenriß* (VII+) und *Große Verschneidung* (VI). An den niedrigeren, aber formschönen KGB-TÜRMEN u. a. *Doppelrisse* (V+), *DAV-Weg* (VI), *Rechter Westriß* (VI–), *Südwand* (VII–) und *DAV-Dach* (VIII oder V+/A0).

▷ **I: Falkenwand, 2: KGB-Türme, 3: Wiedenfelsen.**

Weitere Felsen An der nordseitigen Steinbruchwand WIEDENFELSEN (bei der Eisbahn) schattige Sommerklettereien auf Reibung. Bei Ottenhofen der KARLSRUHER GRAT und weiter südlich der ECKENFELS.

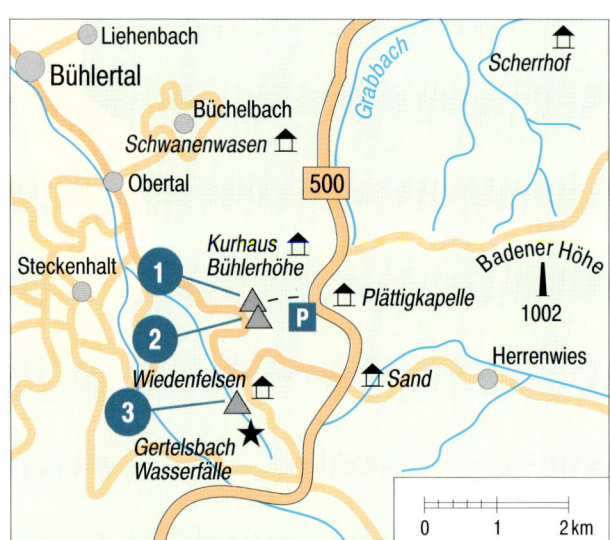

Die **KGB-Türme**, von der Falkenwand aus gesehen.

Mittelschwarzwald

An den mit zerzaustem Fichtenwald bestandenen Hängen, hoch über dem Grund der Täler verstreut, liegen einige relativ selten besuchte graue Quacken und Massive.

Lage In der Umgebung des an der idyllischen Schwarzwaldbahn gelegenen Städtchens Triberg. Die Versammlung der lohnendsten Felsen liegt oberhalb des nordöstlich in ein Seitental gekuschelten Dörfchens Gremmelsbach.

Felsen Mehr als zwei Dutzend. Das Gestein ist ein fellverschleißend scharfer, grobkristalliner, von der typischen Wollsackverwitterung geprägter Granit, flechtenüberzogen und moosbepelzt und bei Nässe grausig glatt. Haken sind reichlich saniert.

Ökologie Traditionell entspanntes Verhältnis zwischen Kletterern und Naturschutz, wohl nicht zuletzt wegen der relativ geringen Zahl von Kletterern. Lokale Beschränkungen an einigen Felsen während der Brutzeit der Wanderfalken.

Routen Am TEUFELSFELSEN, gleich oberhalb Gremmelsbach, rasch zugänglich eine Fülle spürbar abgenutzter Routen wie *Überschreitung* (III+), *Wandbuch* (IV+), *Mittlerer Plattenweg* (V+) und *Lauterbacher Kamin* (VI+). Am weiter oben und ruhiger gelegenen BREITENFELSEN allerlei Brutalos wie *Schindiger Riß* (VI–) oder *Adhäsionsweg* (VII–). Auch am von einem Kreuz gezierten Turm des STEINBIS (= SPITZFELSEN) Masochistisches wie *Schinderriß* (VI oder V/A0), *Spiralweg* (VI oder V/A0), *Hilti* (VII+), *Fingerkuppenschinder* (VIII–) und *Fingerklemmerl* (VII–). Am UNTEREN SCHLOSSFELSEN ruppiger Genuß wie *Hotzenplotz* (IV+) oder *Piazotto* (V+). Am östlich von Triberg gelegenen HEIDENSTEIN Porphyr mit leichteren Routen.

Weitere Felsen Südlich von Schramberg u. a. MÜHLEFELSEN, SCHRAMBACHER KREUZFELSEN, Ruine BERNECK, Ruine FALKENSTEIN. Bei Waldkirch der GROSSE KANDELFELSEN und der RAPPFELSEN, etwas abgelegener das hübsche KOSTENGEFÄLL.

1: Schloßfelsen, 2: Steinbis, 3: Breitenfelsen, 4: Teufelsfelsen, 5: Dromedar, 6: Heidenstein, 7: Rabenfelsen, 8: Kreuzfelsen, 9: Schrambacher Kreuzfelsen, 10: Falkenstein, 11: Ruine Berneck, 12: Labyrinth, 13: Mühlefelsen, 14: Schlößlefelsen.

Katharinenfluh

Steinbruch an der Schluchsee-Talsperre.

Lage Wenig nördlich der an der B 500 gelegenen Staumauer im Wald.

Fels Rötlicher Granit, schonend abgebaut und deshalb kaum zerrüttet. Überwiegend genußvolle Kletterei auf geneigten, aber mit dunklen Algen überzogenen Platten.

Ökologie Am Fels problemlos, allerdings geschädigter Wald ringsum und ein vermutlich wegen Versauerung toter Stausee.

Routen Durchaus hübsch und mit meist 30–50 m langer Kletterstrecke, so *Hirschpfad* (IV), *Lenzekätterle* (V+), *Direkter Bläsiwalder Weg* (VI–), *Bärentritt* (VI).

Höllental

Dies war das Kletterparadies des Schwarzwalds nach Höhe und Felsmassen, mit großartigen Routen und klingenden Namen und langer Geschichte. Aber wegen des durch die Schlucht tosenden Autoverkehrs wurde es nicht nur mit Mauern verschandelt und verlärmt und verdreckt, sondern auch mit einem Kletterverbot überzogen. Wenn aber der Naturschutz eines Tages tatsächlich stark genug wäre, den Moloch auf Rädern aus diesem landschaftlichen Kleinod in einen Tunnel zu vertreiben – ob er dann menschenfreundlich genug wäre, auch den Kletterern wieder Raum zu lassen? Oder muß man nicht eigentlich anders herum fragen: Wenn der Naturschutz so stark werden will, Siege wie einen solchen Tunnel zu erkämpfen, braucht er dann nicht auch alle so naturliebenden Menschen wie die Kletterer als Verbündete?

Lage Zwischen Freiburg und Titisee, kaum zu übersehen.

Felsen Schöne Granite an luftigen Türmen und Kanzeln, bis über 100 m hoch, mit genußvollen Classics der Jahrhundertwende, vom Altmeister Paulcke etwa und anderen Kletter-Promis.

Ökologie In jeder Hinsicht desolate Situation, siehe oben.

Schlüchttal

Die enge, gewundene Schlucht mit den beachtlichen Felsen wird leider auch von einer Autostraße durchzogen.

Lage Nordöstlich von Waldshut, bzw. Tiengen, talaufwärts von Witznau.

Felsen Insgesamt 8 Massive und Grate, teils aus gut verzahntem, festem Porphyr (Falkenstein, Schwedenfelsen), teils aus Granit (Tannholzfluh), mit Wandhöhen bis 100 m. Nordseitig ist der Fels mit üppigen Moospolstern, Farnen und Buschwerk überwuchert, aber die Südseiten sind kletterfreundlich blank, und nur stellenweise mit graugrünen Flechten überzogen.

Ökologie Das Tal ist Landschaftsschutzgebiet, zu einem Viertel auch Schonwaldgebiet. Deshalb dürfen als Zugang nur die vorhandenen Steigspuren benutzt werden. Einige Teile des Gebietes sind ganzjährig, einige jahreszeitlich gesperrt.

Routen Insgesamt etwa 100, teilweise großartig in Kletterei und Position. Die längsten Routen an der TANNHOLZFLUH, so *Schermus* (III+), *Silberblattverschneidung* (VI–), *Faustkampf* (VI+). Die landschaftlich schönsten am Zackengrat des FALKENSTEIN mit *Normalweg* und *Klosterstiege* (beide IV), *Filou* (IV+), *Großes Plättle* (IV) und *Kleiner Riß* (V+) oder *Rudi Grifflos* (VII). Die schwierigsten am weit überhängenden SCHWEDENFELSEN, so *Sachsenweg* (IV+), *Schwedenverschneidung* (VI), *Ursus horribilis* (VI+) bis hin zu Dauerpowersachen wie *Tanz auf den Buchstaben* (VIII+) und *Mondscheinkante* (VIII+).

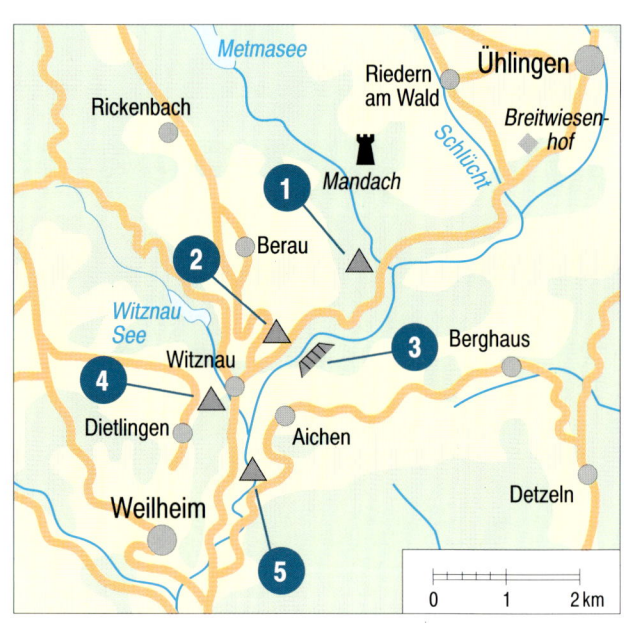

1: Schwedenfelsen, 2: Falkenstein, 3: Tannholzfluh, 4: Burgfelsen, 5: Hagebuchenfelsen.

Gfällfelsen („Räuberfelsen")

Hoch über dem Tal und dem Auto an einer Bergflanke, im zerzausten Tannenwald fußend. Man entsteigt ihm bald und gewinnt Blick in die Weite.

Lage Südlich von Oberried (an der Straße Zarten–Todtnau) vom Vorderen Schneeberghof den steilen Zickzackweg im Wald hinauf zur Abzweigung des Felsenweges und links zu den Kletterzielen.

Felsen Gratartig aus dem Hang ragende Massive mit Türmen und Kanzeln, mit bis 100 m langen Gratkletterstrecken und bis 30 m hohen Wänden. Das Gestein ist ein prächtig griffiger Gneis, dessen grauer Flechtenfilm bei Nässe im Nu glitschglatt wird zum Fürchten.

Ökologie Idyllische Gegend, wenn man von den Waldschäden absieht. Das Klettern ist zulässig und dürfte wegen des kernigen Zustiegs hier auch nie ein Massenphänomen werden. Tip: Wanderung von hier über den langen Bergkamm auf den Feldberg – ein ganz anderes Feldberg-Feeling, als wenn man von Osten kommt.

Routen Etwa 70 Anstiege, davon die Hälfte mit gemäßigten Schwierigkeiten. Besonders schön BAUERNTURM *Normalweg* (III–), *Mittelweg* (III+), *Westweg* (IV), ZIGEUNERWAND mit *Kleinem* (IV–) und *Großem Axtmann* (VI+) und *Traumtänzer* (VII). RASTPLATZWAND mit *Brücklepfeiler* (IV–), *Peterchens Mondfahrt* (IV+), *Schleierkante* (VI) und *Dachkante* (VIII+).

Weitere Felsen Östlich von Oberried im Zastlertal die Scheibenfelsen (5 Massive, 30 Routen bis 2 Seillängen), ebenso bei Todtnau Felsen (aus Gneis, bis 20 m, 60 Routen).

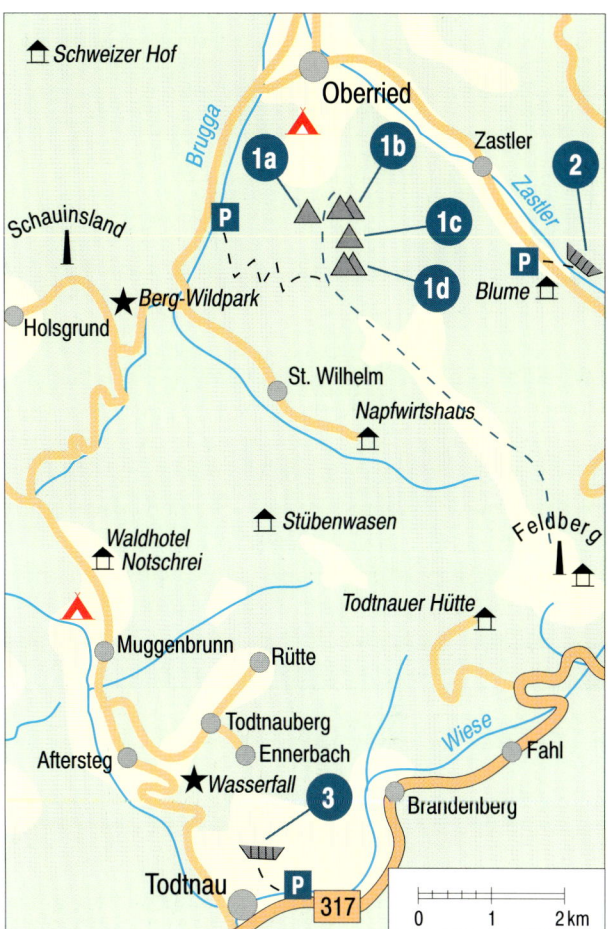

1: Gfällfelsen, 1a: Bauernturm, 1b: Rhode- und Axtmannwand, 1c: Pfifferling, 1d: Schleierwand, 2: Scheibenfelsen, 3: Klingenfelsen.

Ursachen für den Rückgang der Flechten

„Eine bedeutende Rolle spielen Meliorierungen im weitesten Sinn, z. B. Entsteinung und Düngung von Weinbergen mit der Vernichtung der typischen Weinbergmauern in Hanglagen. (...) Zu großen Verlusten von Vorkommen der typischen Rindenflechtenflora der Straßenbäume kam es durch Abholzaktionen von Straßenbäumen. Wie aus topographischen Karten zu entnehmen ist, sind innerhalb der vergangenen 20 Jahre mindestens vier Fünftel der Alleen und straßenbegleitenden Baumreihen vernichtet worden. Zu erheblicher Verarmung der Flechtenvegetation der Wälder haben forstwirtschaftliche Nutzungsmethoden geführt, welche großflächige Standortänderungen zur Folge haben, insbesondere Kahlschlag und Aufforstung mit standortfremden Baumarten, vor allem Nadelbäumen. Sehr negativ auf die Artenvielfalt wirkt sich der Mangel an alten Bäumen im heutigen Wirtschaftswald aus. (...) Zu den bedeutendsten Ursachen des Flechtenrückganges zählt die Verunreinigung der Luft durch Kraftwerke, Industrie, Hausbrand und Verkehr. Nach unserer Kenntnis wirken sich besonders verheerend säurebildende Immissionen aus, einerseits als direkt toxische Substanzen, andererseits indirekt durch Ansäuerung des Regenwassers, das in der Regel direkt vom Flechtenlager aufgenommen wird. Besonders schädigend auf Flechten wirkt Schwefeldioxid (...)"

(V. Wirth, Die Flechten Baden-Württembergs, 1987, S. 23 f)

Kletterkleidung

Im Hochgebirge und während der kälteren Jahreszeit muß die Kleidung einige Schutzfunktionen erfüllen. Aber was man beim Klettern so trägt, das war schon immer nicht nur von praktischen Gesichtspunkten geprägt. Auch die Kniebundhose und die grauen Wollsocken der 30er Jahre spiegelten ein Lebensgefühl. Damals – passend zum heroischen Alpinismus und zur allgemein recht unfriedlichen Zeit – etwas kriegerisch und hart.

Erstmals aufgebrochen wurde dieses Image der harten Männer durch die Seuche der roten Strümpfe, die zu Ende der 50er Jahre ausbrach. Sie signalisierten, daß die Kletterer nicht mehr nur bescheiden-introvertiert ungesehen agieren, sondern durchaus auch gesehen werden wollten. Immerhin war das damals noch punktuell, und der Mut zur Farbe mußte erst zusätzlich durch das Sicherheitsargument Signalfarbe gepäppelt werden („. . . mit dem knallroten Anorak findet dich der Hubschrauber besser").

Zuerst war solcher Mut zur Farbe noch keine Mode. Denn der rote Anorak wurde getragen, bis er auseinanderfiel. Aber auch damit ist die Bekleidungsindustrie inzwischen vorangekommen. Dank Sponsoring, Lancieren entsprechender Fotos in die ach so unschuldig unabhängigen alpinen Zeitschriften und wohlkalkuliert penetranter Einseitigkeit im Angebot auffälliger Farben hat sich das geändert. Ebenso wie in den Abteilungen für andere Sportarten ist der Bekleidungssektor jetzt auch beim Bergsport der größte. Und sein Umsatz wird durch bewußt forcierte Modetrends zusätzlich angeleiert. Wer sich nicht immer gleich wieder neu einkleidet, dem sieht man schon an der Farbe des Vorjahres an, daß er/sie nicht ganz „in" ist . . .

Aber natürlich gilt auch heute noch, daß die Patina der Spuren heftiger Benutzung ein besonderes, veredelndes Image über die schicken Höschen und Anzüge legt . . . Und auch heute gibt es beim Klettern noch Leute, die den Modetrends beharrlich widerstehen und die Klamotten vor allem nach Bequemlichkeit und Kostengünstigkeit wählen. Oder auch solche, die das interessierte Publikum überwiegend nur die Schönheit ihrer bodygebuildeten Muskelpracht bestaunen lassen (und deswegen Wuzelrisse und dergleichen wie die Pest fürchten müssen). Wo Kletterverbote drohen oder bestehen, da gibt es im übrigen auch eine gegenläufige Tendenz zu der Kreischfarbenpracht der Kleidung (die ohnehin nicht unbedingt mit dem Grundsatz des Sanft Kletterns harmoniert). Denn dort sind Tarnfarben wieder deutlich gefragt . . .

◁ **Am Battert, Fermeda von den Drei Halten.**

Bayerischer Wald

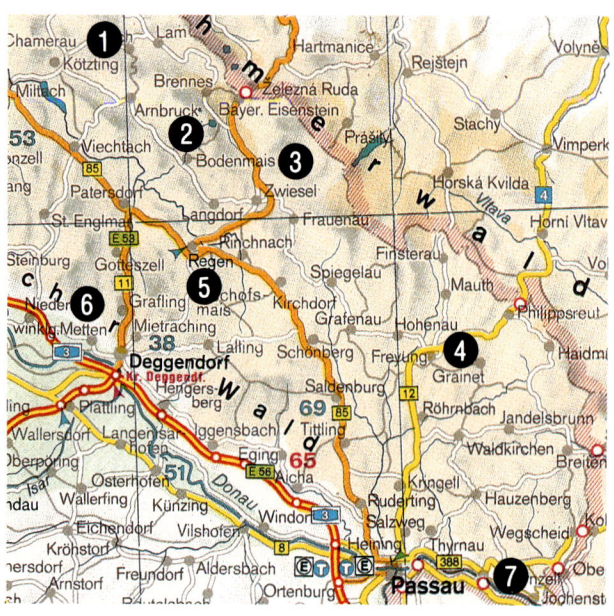

1: Kaitersberg, 2: Arber-
gebiet, 3: Falkensteingebiet,
4: Dreisesselgebiet, 5: Pfahl,
6: Metten, 7: Inntal.

Vom Autobahn-Kreuz Deg-
gendorf (A 3/E 56 und A 92)
auf der B 11/E 53 in nördlicher Richtung, bei Aschers-
dorf die B 85 queren und
weiter über Teisnach nach

Arnbruck (für Kaitersberg)
oder Bodenmais (für Arbergebiet) oder auf der B 85
über Regen nach Weißen-
stein (für Pfahl) oder Zwiesel
(für Falkenstein). Zum Dreisesselgebiet von Passau auf
der B 12 bis Freyung (35 km)
und dann in östlicher Richtung 20 km nach Altreiche-
nau und Frauenberg.

D er „Wald", das behäbige alte Gebirge im Südosten,
jahrhundertelang aus der Sicht hochnäsiger Städter
weit weg, am Ende der zivilisierten Welt, wo überhaupt
nichts zu holen war, wo sich hinter ein paar kargen
Einödhöfen die schrecklichen, großen, düsteren Wälder
dehnten und weiter nichts. Heute sehen wir das anders.
Heute schätzen wir sie als vielfältige Lebensgemein-
schaft, als Bodenbefestigung und Wasserspeicher und
wegen ihrer reinigenden Wirkung auf die Luft. Heute
sind sie hier teilweise sogar als Nationalpark unter
besonderen Schutz gestellt und mit besonderer Attraktivität für den Fremdenverkehr versehen.
Die Felsen des Hauptkammes, genaugenommen des
Böhmerwaldes, liegen in diesen Wäldern verborgen,

aus greisen Gneisen und Graniten, teils vom hier nie
genutzten Urwald überwuchert, von der Verwitterung
gerundet und moosbepelzt, meist nur unter beachtlichen Mühen zu erreichen und deshalb nur selten
besucht. Es sei ganz klar gesagt: Wenn man dort
ohnehin wohnt oder wegen anderer landschaftlicher
Reize hinfährt, dann findet man dort auch einige nette
Felsen, wie zum Beispiel die wirklich lohnenden
Rauchröhren am Großen Kaitersberg. Aber allein um
des Kletterns willen dorthin zu fahren, das sollte man
sich zugunsten lohnenderer Ziele vielleicht noch einmal
überlegen. Es sei denn, man hat sich vorgenommen,
ausnahmslos alle Felslandschaften unseres Landes
einmal zu besuchen . . .

Unterkunft
Am Kaitersberg Kötztinger Hütte, Jugendherbergen am Arber, in Zwiesel und in Frauenberg.

Führer
Hermann Froidl: Topoführer Bayerischer Wald.

Christian Hartl in Mezcal (IX/IX+) an den Felsen der Steinbühler Gseng.

Kaitersberg

Christian Hartl in der Route „Flächköpper" (VIII+) an den Rauchröhren.

Auf dem Kamm des massigen Kaitersberges im Fichtenwald verstreute Blocktürme und Massive von recht übersichtlichen Dimensionen.

Lage Zwischen Kötzting und Arrach und nur mit wackerem längeren Aufstieg zu Fuß zu erreichen. Im Gipfelbereich die Kötztinger Hütte.

Felsen Die Wändchen erreichen nur selten eine Höhe von über 20 m und bestehen aus festem Gneis, an dessen Oberfläche teilweise die gefälteten härteren Schichten herausgewittert sind. Das schon von Natur aus recht glatte Gestein kann bei Feuchtigkeit – und durch Fingerschweiß – die kühnen Kletternden rasch in Nöte bringen. Die teilweise aufdringlich dicht gesetzten Bohrhaken machen dann etwas Mut.

Ökologie Das Klettern scheint trotz der Lage im Nationalpark nicht in Frage gestellt zu sein, zumal der lange Zustieg die Zahl der Kletterer doch deutlich begrenzt.

Routen Am lohnendsten ist der an den RAUCHRÖHREN, etwa 1 km nördlich vom Hauptgipfel gelegene STEINTURM mit *Ostwand* (IV+), *Ostkante* (VI), *Südwand* (VII) und *Popper-Stopper* (VIII) sowie am STEINBÜHLER GSENG die *Riesenverschneidung* (IV–), *Roof Monster* (VIII) und die zeitweilig als „schwierigste Bayerwaldkletterei" gehandelte Route *Das Ende der Welt* (IX+).

1: Heiglwand, 2: Kreuzfelsen, 3: Hausblock, 4: Steinbühler Gseng und Riesenblock, 5: Rauchröhren, 6: Eck.

Arbergebiet

Während auf der Gipfelkuppe des Großen Arbers (1456 m), der höchsten Erhebung des Bayerischen Waldes, nur einige niedrige Felslein warten, sind die in der Urwaldszenerie um Arbersee und Riesloch aufragenden Wände um so größer.

Lage Nordöstlich von Bodenmais, in längeren Fußmärschen, teilweise besser von der Arberstraße, zugänglich.

Felsen Die Gipfelfelsen sind kahl, die bis 200 m hohen, in den Rückwänden der Karnischen eiszeitlicher Gletscher entstandenen Wände dagegen von Waldvegetation überwuchert (einigermaßen trocken am ehesten im August/September). Im Winter mit abenteuerlichen Eispanzern und Eiszapfengirlanden überzogen (bei Tauwetter wegen Eisschlag akute Lebensgefahr!).

Ökologie Naturschutzgebiet mit striktem Wegegebot. Die Duldung des Kletterns in diesem Kernbereich des Nationalparkes ist auf sehr rücksichtsvolle Beachtung aller jeweils geltenden und zu erfragenden Auflagen angewiesen.

Routen Ein Dutzend, besonders originelle. Am Westende der Gipfelkuppe am WAGNERKOPF *Uschikante* (II), *Verschneidung* (II). Die winterlichen ARBERSEEWÄNDE u. a. mit *Direkte Balkonführe* (120 m, Eis bis 90°), *Dachl Verschneidungs-Führe* (180 m, Eis bis 60°) *Fensterlführe* (100 m, Eis bis 90°), *Direkte Jungfernwand* (160 m, Eis bis 90°; im Sommer IV). An der RIESLOCHWAND *Bluff-Führe* (150 m, IV/A2), *Nachteulenführe* (50 m, V/A3).

Falkensteingebiet

Beachtliche Granittürme auf dem Scheitel des Berges und hohe Wandabstürze kennzeichnen diesen Kammbereich südöstlich des Arbers.

Lage Östlich oberhalb von Zwiesel (Bahnstation), nur in längeren Fußmärschen vom Zwieselhaus aus zu erreichen.

Felsen Vorwiegend Granit, an den 15 bis 40 m hohen Türmen mit Wollsackverwitterung, in den bis 150 m hohen Wänden auch stärker gebrochen, aber teilweise vegetarisch angereichert. Von der Bergwacht wurden 1981 in den wesentlichen Routen Bühlerhaken angebracht.

Ökologie Siehe Arbergebiet.

Routen In Gipfelnähe (1314 m), beim Falkensteinhaus, am GROSSEN FALKENSTEIN u.a. *Alte Südwand* (III), *Fichtenkante* (V). An den EINSIEDLERTÜRMEN *Verschneidung* (IV), *Schiffschaukel* (VI+). Unter der Gipfelkuppe des Kleinen Falkensteins (1190 m) an der AMEISENWAND *Alte* (IV–) und *Direkte* (V), an der RICHTERWAND *Iwanverschneidung* (V–), *Schwarzer Riß* (VI), *Singularis porcus* (VII+).

Weitere Felsen Auch auf den Kuppen der anderen hohen Gipfel wie Osser und Rachel kleinere Felsen. Bei Zwiesel alte Steinbrüche, so u.a. Kiesbruchturm und Bethmannsäge.

I: Großer Falkenstein, 2: Kleiner Falkenstein, 2a: Ameiswand, 2b: Einsiedlertürme, 3: Richterwand.

▽ **Christian Hartl in der Route „Tigerente" (IX–).**

Pfahl

◁◁ 1: Weißensteiner Pfahl.

◁ 1: Viechtacher Pfahl.

Der Quarz-Härtlingszug des Viechtacher Pfahls.

Während die anderen Felsgebiete gewissermaßen zur Standardausstattung der Mittelgebirge gehören, ist der südwestlich vom Hauptkamm des Gebirges auf 150 km Länge herauspräparierte Härtlingszug des Pfahl eine Besonderheit.

Lage Die höchsten Felsen des Pfahl liegen südöstlich von Regen, bei Viechtach (bis 15 m) und Weißenstein (bis 30 m).

Felsen Die meist als Gratrücken oder Zackenreihe hervortretenden, auffallend weißen Quarzfelsen bieten kurze, aber umso hübschere Kletterein an festem Gestein.

Ökologie Die Felsen wurden früher z.T. als Baumaterial genutzt. Von den verbliebenen Felsen ist der Weißensteiner Pfahl unter Naturschutz gestellt. Wegegebot.

Routen Besonders nett bei Weißenstein BURGBLOCK mit *Burgblockführe* (IV), *Südriß* (V–), *Südwestkante* (V) und KREUZTURM mit *Südkamin* (III+), *Südkante* (IV), *Ostverschneidung* (IV). Am VIECHTACHER PFAHL u.a. *Überschreitung* (IV und III) und allerlei Kleinkunst wie etwa der *Bauchdruckerkamin* (IV).

Weitere Felsen Bei Bischofsmais der originelle Teufelstisch.

Dreisesselgebiet

Der südöstlichste hohe Gipfel des Gebirges (1330 m), dicht an der österreichischen Grenze, in Sichtweite der Alpenberge.

Lage Etwa 30 km östlich von Freyung, von Haidmühle Autostraße bis kurz vor den Gipfel.

Felsen Mehrere bis 20 m hohe Granittürme in Wollsackverwitterung.

Ökologie Der bis nahe an die Baumgrenze reichende Gipfelbereich ist urwüchsiges Naturschutzgebiet mit Wegegebot.

Routen Am besten NASHORNTURM *Normalweg* (IV+), *Ostwand* (V/A1), WEIHWASSERKESSEL-TURM mit *Normalweg* (IV), *Sterbender König* (VI), HAUPTGIPFEL *Südkamin* (V+), ZWEITER TURM *Bonattikante* (IV/A2).

Weitere Felsen Bei Freyung die 50 m hohe BUCHBERGLEITEN mit dem Pfarrerwandl (V/A1, schrofig). Bei Grafenau mehrere 15 bis 40 m hohe, teilweise auf Privatgrund stehende Felsen wie der OHEFELSEN (Schutzgebiet) und ALTENSTEIN sowie der 15 m hohe OCHSENFELSEN bei Waldkirchen.

Nationalparks Das sind große Gebiete, in denen ein oder mehrere Ökosysteme durch menschliche Inanspruchnahme in der Substanz nicht verändert werden sollen, in denen Pflanzen- und Tierarten, geomorphologische und biologische Besonderheiten von besonderem Interesse für Wissenschaft, Bildung und Erholung oder Naturlandschaften von großartiger Schönheit vorhanden sind. Kurz gesagt, die Schokoladenstücke an Landschaft, unberührt oder zumindest sehr naturnah, einmalige Kostbarkeiten. Die oberste Behörde des betreffenden Landes muß Maßnahmen getroffen haben, um im gesamten Gebiet baldmöglichst Nutzungen zu beseitigen, damit die Erhaltung ökologischer, geomorphologischer oder ästhetischer Eigenarten durchgesetzt wird. Die Bevölkerung kann Nationalparks unter bestimmten Bedingungen zur Bildung und Erholung besuchen. Schwerpunkt der massentouristischen Angebote (z. B. der Wildgehege und Museen) sind dabei die Randbereiche, die zugleich Pufferfunktion haben. Wichtiger für den Sinn des Nationalparkes sind die still zu erwandernden Bereiche. In den besonders empfindlichen Kerngebieten bestehen Wegegebote, denn im Konfliktfall hat der Naturschutz Vorrang vor dem Tourismus.

Im 13 100 Hektar großen Nationalpark Bayerischer Wald, der 1970 als erster deutscher Nationalpark begründet wurde, besteht der bedeutendste Nutzungskonflikt mit der Forstwirtschaft. Sie hat hier über Veränderung der Baumartenanteile und Wildhege die stärksten Eingriffe vorgenommen. Und jetzt hat sie hier vorrangig daran zu arbeiten, die Denaturierungen infolge von forstlichen Eingriffen vergangener Jahrhunderte rückgängig zu machen – nach dem Motto „vom Wirtschaftswald zum Urwald". Noch schwerwiegender für den Bestand dieses Nationalparks ist allerdings die Schädigung der natürlichen Systeme durch die Luftverschmutzung mit ihren schleichenden Folgen der Boden- und Gewässerversauerung sowie Schwermetallmobilisierung und den daraus erwachsenden Massakern unter den Mikroorganismen, Pilzen und Flechten bis hin zum Waldsterben insgesamt.

Inntal

Mehrere lokal interessante Gruppen von Talhangfelsen oder Steinbrüchen.

Lage Nördlich von Passau im Inntal HALSERBLOCK und OBERHAUSLEITN, südlich von Passau bei Neuburg der Inntal-Klettergarten mit bis 25 m hohen Kalkfelsen, u. a. SKELETTFELSEN, DREI ZINNEN und EXTREMFELSEN, mit zahlreichen Sportkletterrouten bestückt, ebenso südöstlich von Deggendorf am 30 m hohen HENGSTOA. Nördlich von Deggendorf nordseitiger, recht schattiger Granit im eindrucksvollen METTENER STEINBRUCH über 30 Routen, so u. a. *Trojan* (IV+), *Hundesteuer* (VI–) *Equinox* (VII), *Corner Flake* (VII–) oder *Guernica* (IX). Neuerdings wegen Felssturz gesperrt.

Bayerisches Voralpenland

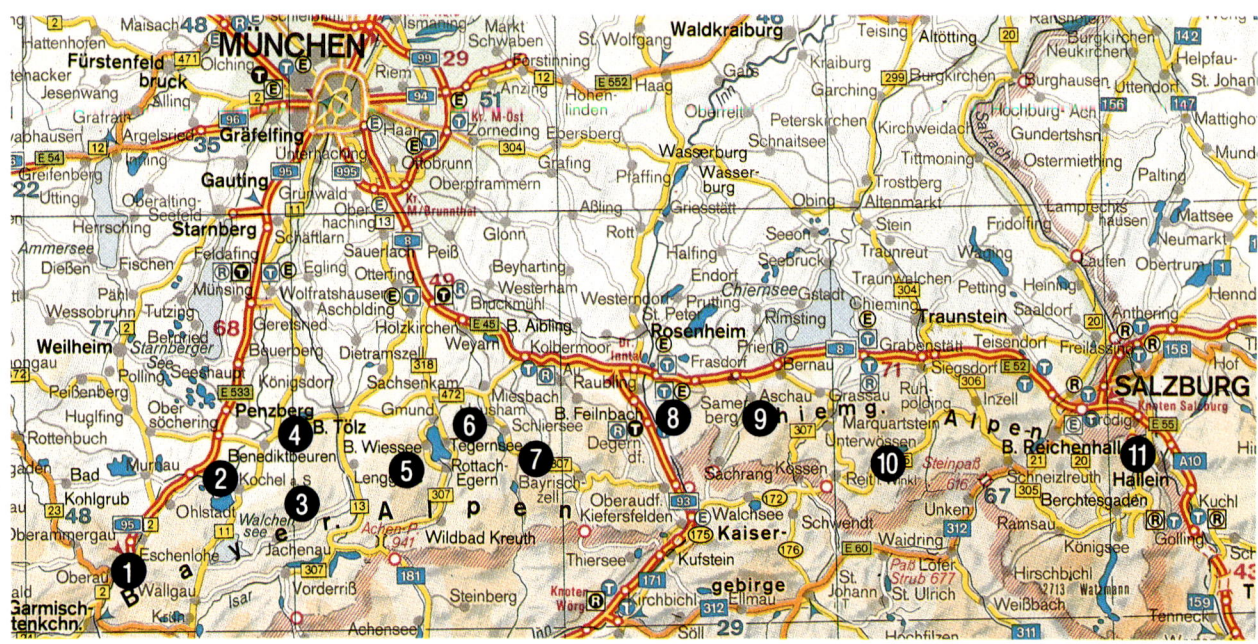

1: Oberau, 2: Kochel,
3: Walchenseeberge,
4: Steinbruch Bad
Heilbrunn, 5: Tegernseer
Berge, 6: Schlierseer Berge,
7: Rotwandgebiet,
8: Innberge, 9: Kampen-
wand,10: Östliche Chiem-
gauer Berge, 11: Latten-
gebirge und Karlstein.

**Gebiet Kochel, Walchen-
seeberge und Bad Heilbrunn:**

Auf der A95/E533 bis zur
Ausfahrt Penzberg und
weiter nach Bad Heilbrunn.
Oder bis zur Ausfahrt
Sindelsdorf und weiter nach
Benediktbeuren (Walchen-
seeberge), bzw. noch eine
Ausfahrt weiter bis Murnau/
Kochel und zum Kochelsee.
**Tegernseer und Schlierseer
Gebiet:** Auf der A8/E52 bis
zur Ausfahrt Holzkirchen
und auf der B318 bzw. 307

zum Tegernsee oder Schliersee. Für Roß- und Buchstein
nach Wildbad Kreuth, für
Plankenstein nach Rottach-
Egern. Für Taubenstein, Rotwand und Ruchenköpfe von
Schliersee zum Spitzingsee.
Innberge: Auf der A8/E52 bis
zum Inntaldreieck, auf der
Inntalautobahn weiter bis
zur Ausfahrt Brannenburg
und nach Nußdorf (Heuberg)
oder nach Degerndorf

(Wendelsteinbahn-Station).
**Kampenwand und Chiem-
gauer Berge:** Auf der A8/E52
bis zur Ausfahrt Frasdorf und
weiter nach Aschau (Kam-
penwand). In die östlichen
Chiemgauer Berge weiter bis
zur Ausfahrt Bernau bzw.
Siegsdorf und auf der B305
nach Reit im Winkl bzw. von
Siegsdorf nach Ruhpolding
oder auf der B306 nach Bad
Reichenhall (Lattengebirge).

Richtige Berge sind das eigentlich schon, diese ersten
Gebirgsketten der Alpen. Von den Hügeln und
Sanderflächen des Vorlandes aus wirken sie gewaltig,
aber verglichen mit dem dahinter aufragenden Hochgebirge bleiben sie doch ganz handlich.
Im Vorland wurden Seen und Flußauen von den
eiszeitlichen Gletschern und ihren Schmelzwässern
geschaffen, jedoch zugleich die festen Gesteine des
Untergrundes unter den Geröllen, Sanden und Tonen
fast überall gründlich verschüttet. Zum Leidwesen all
der Menschen dort, die gern an Steinen herumkrabbeln.

Denn sie haben zum Teil weitere Wege bis zu dem
Stoff, aus dem die Träume sind, als manche Leute fern
im Norden.
Die Felsen in den Vorbergen bestehen fast durchwegs
aus Kalk. Und sie halten sich in überschaubaren
Größenordnungen, so daß man hier auch bei Schlecht-
wetter oder Zeitmangel rasch wieder vom Steilgelände
herunterkommt. Deshalb werden die Voralpen gern als
Ziele für Frühjahrs- oder Herbsttouren gewählt. In den
letzten Jahren sind hier einige der rassigsten Kletter-
gartenziele Süddeutschlands entstanden.

Unterkunft

In allen Talorten zahlreiche Privatquartiere und Campingplätze.
Tegernseer Hütte (für Taubenstein), Rotwandhaus (für Rotwand
und Ruchenköpfe), Steinlingalm
(für Kampenwand). Im Bereich der
Östlichen Chiemgauer Alpen gibt
es zahlreiche private Hütten und
Unterkunftsmöglichkeiten.

Führer

Zebhauser: AVF Bayerische Vor-
alpen Ost.
Ders: AVF Chiemgauer Alpen.
Ders: Kletterführer Bayerische
Voralpen.
Eysell/Kolling/Ringmann: Baye-
rische Voralpen (Topo-Auswahl-
führer).

**Die Plankensteinnadel –
golden glänzend im letzten
Sonnenlicht.**

Gebiet Kochel

Heinz Zak im kompakten Plattenkalk der Wände bei Kochel.

Südwestseitiger Extremklettergarten oberhalb des Kochelsees, mit einzelnen, kurzen Massiven, in Waldgelände versteckt.

Lage Westlich oberhalb vom Walchensee-Kraftwerk bei Kochel.

Felsen 9 Massive aus kompaktem, rauhem Kalk, meist eine halbe Seillänge lang, erschlossen vor allem von Sepp Gschwendtner.

Routen Kaum unter VII, dafür aber bis IX und alle mit Bohrhaken bestückt. SONNENWAND u. a. mit *Moby Dick* (VIII+), *Paradepfeiler* (VII–) und *Irretissima* (VII+). An der ROCKYWAND wetterunabhängig, z. B. *Everdry* (IX–), *Wer ko der ko* (IX+).

Gebiet Oberau

Straßenbegleitende Wand, an der man endlich auch mal beim Klettern im Gebirge die stadtüblichen Lärm- und Abgaspegel nicht zu vermissen braucht.

Lage Unmittelbar an der B 2 zwischen Autobahnende der A 95 und Oberau.

Felsen Steile, griffarme und überhängende Platten, bis 35 m hoch, mit den üblichen Einrichtungen versehen.

Die Politur belegt, daß sich offenbar genug Menschen finden, auch an einem so ungastlichen Ort freiwillig für längere Zeit herumzuhängen.

Routen Im rechten Wandteil an gutem Steinbruchfels einige nette gemäßigte Routen (IV und III), an der Hauptwand grimmig schwierige Kreationen (VII bis IX) von Stefan Glowacz.

Isartal München

Im Süden Münchens, in *Buchenhain* bei Baierbrunn, am Westufer der Isar gelegenes Konglomeratwändchen mit geschichtsträchtigen und entsprechend auf Hochglanz polierten Boulderproblemen. Noch reichhaltiger, wenn auch als Betonmasse nicht halb so romantisch, ist die gleichfalls westlich der Isar an der Thalkirchener Straße gelegene *Kletteranlage Thalkirchen* des Alpenvereins. Ihre gleichfalls noch zugänglichen Vorläufer waren der *DAV-Holzturm* auf der Praterinsel und die recht übersichtlichen Betonbrocken in *Unterföhring* und auf dem *Olympiagelände*.

Die bisher aufwendigste künstliche Kletteranlage wurde in München-Thalkirchen errichtet und erfreut sich großer Beliebtheit.

Walchenseeberge

Beachtliche Vorberge mit allerlei ansehnlichen Felswänden.

Lage Zwischen Benediktbeuren und Lenggries (von dort für Bequeme mit der Brauneck-Seilbahn).

Felsen Kalkstein von meist minderer Festigkeit.

Routen Am lohnendsten die BENEDIKTENWAND (1801 m) mit eindrucksvollen Nordanstiegen, u. a. *Maximiliansweg* (200 mH, II), *Oberes* (III) und *Unteres* (IV) *Schiefes Band* (300 m), *Kokattweg* (200 mH, IV+) und die großzügige Kombination *Rampe und Rippe*

(350 mH, 600 m bzw. 13 Seillängen Kletterstrecke; IV), aber auch mit strammen Südrouten wie der *Südostwand* (bis VI–). Außerdem nette Routen an der PROBSTENWAND (1618 m), z. B. *Ostwand* (200 mH, III+), an den ACHSELKÖPFEN (bis 1707 m), am VORDEREN und HINTEREN KIRCHSTEIN (1670 m) sowie an der DEMMELSPITZE (1158 m). Am JOCHBERG (1567 m) nordseitig die längsten Wasserfall-Eiskletereien der Republik, z. B. *Rechter Gully* (Insgesamt 500 mH, davon 10 SL Eis bis 70–90°).

Steinbruch Bad Heilbrunn

Alter, süd- und westexponierter und lokal sehr beliebter Sandsteinbruch, bis 40 m hoch, bei Bad Heilbrunn nahe der B 472 Richtung Bichl. Überwiegend

leichte bis mittelschwere Plattenkletterei, einige wenige schwierige. Die meisten Routen sind mit soliden Bohr- und Bühlerhaken abgesichert.

Die Benediktenwand, vom Latschenkopf aus gesehen.

Tegernseer und Schlierseer Berge

Südlich und südwestlich vom Tegernsee gibt es neben felslosen Wanderbergen auch einige kecke Klettergipfel.

Felsen Die Felsvorkommen bestehen hier im wesentlichen aus den nicht sehr mächtigen, bei der Auffaltung der Alpen steilgestellten Schichten des plattigen Oberrätkalks. Die lohnenden Felsobjekte finden sich überwiegend südseitig.

Routen Westlich vom Wildbad Kreuth, nördlich vom Gasthof Bayerwald am BUCHSTEIN (1714 m) in der Südwand brüchige, schrofige erste Linien, wie z.B. *Alte Südwand* (200 m, III+, ernsthaft), und stramme, feste Plattenkletterei, wie z.B. in Fallinie der Hütte *Der kleine Prinz* (bis VIII) und *Via Weißbier* (VII–) als

letzter Schrei. An der vorgelagerten, niedrigeren ROSSSTEINNADEL u.a. ein hübscher Normalweg über die luftige *Westkante* (III, furchtbar poliert), *Nordkamin* (IV+) und Steileres, wie u.a. *Südwand* (VI+/VII–) oder *Südostkante* (VII), in festem Fels. Am weiter östlich gelegenen, nur mit langem Zustieg erreichbaren PLANKENSTEIN (1765 m) sehr schönes, vielseitiges Felsgelände im Gipfelbereich, u.a. *Kleine* (III) und *Große* (V–) *Westplatte* (50 mH, III+ bzw. V–), *Südostband* (IV–), *Vorgipfel-Südwand* (V), *Westkante* (VI+), *Neue Südwand* (VII–), *Nordwand* (50 mH, III), *Miesbacher Riß* (A1/VI– bzw. VII+) sowie *Plankensteinnadel-Ostkante* (VI–) und *Westkante* (VI–/A1 oder VI+) und die hübschen *Ostgrattürme*.

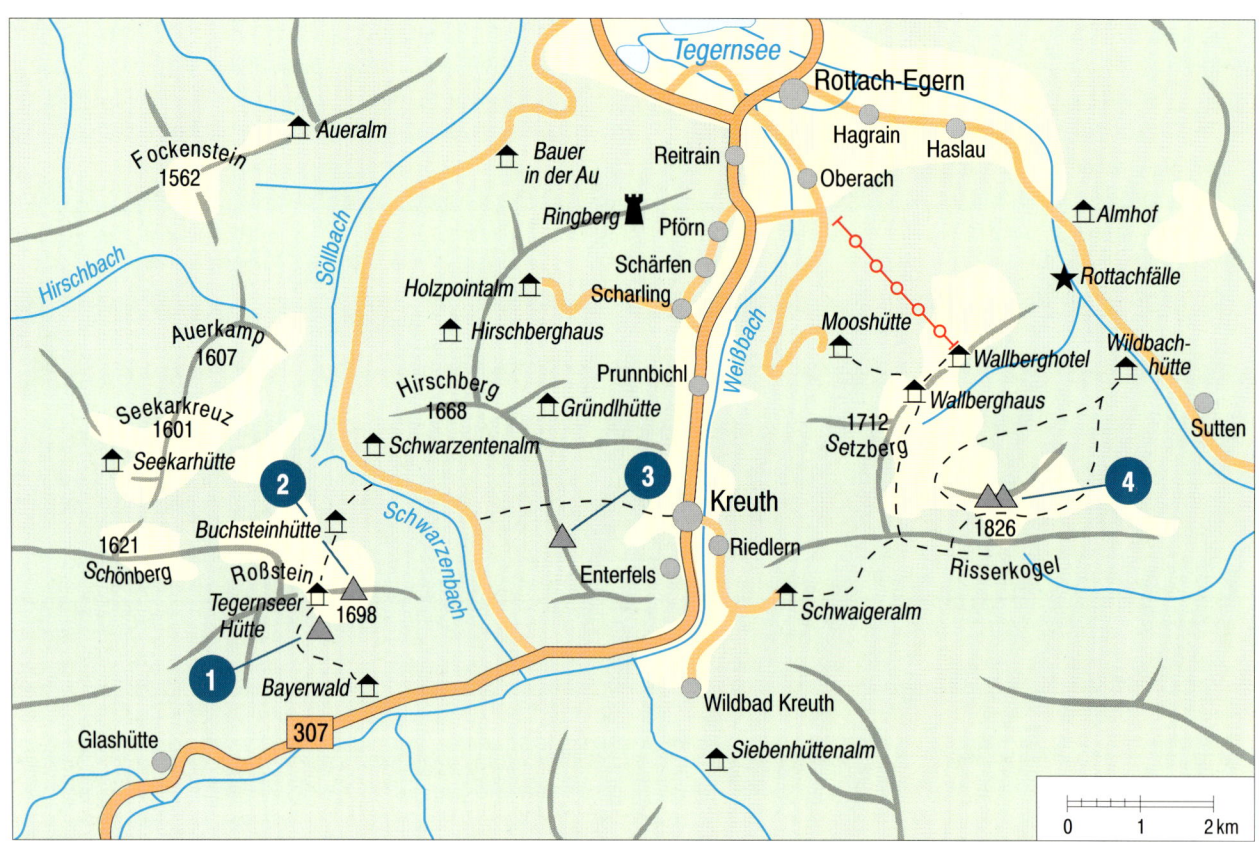

1: Roßsteinnadel, 2: Buchstein, 3: Leonhardistein, 4: Plankenstein.

Innberge

Lage Südlich von Rosenheim beiderseits des Inn.
Felsen Überwiegend jüngere, steilgestellte Kalkschichten.
Routen Westlich vom Inn am WENDELSTEIN (1837 m) west- und südseitig bis 150 m hohe Wände, u.a. *Westgrat* (II, direkt am Grat IV) und *Westwand* (150 mH, VI–/A1), *Gschwandtpfeiler Südriß* (100 m,

VI–/A1) und die originelle Untertagekletterei in der nur teilweise touristisch erschlossenen *Wendelsteinhöhle* (III) in der Ostwand. Besonders markant am östlich vom Inn gelegenen HEUBERG (1398 m) G. Haiders und J. Lehnes wuchtiger *Höllwandpfeiler* (200 mH, VI/A2) sowie weniger hohe Felspartien an den Türmen KUNDL und BACKOFEN.

Rotwandgebiet

Die Westwand der Ruchenköpfe.

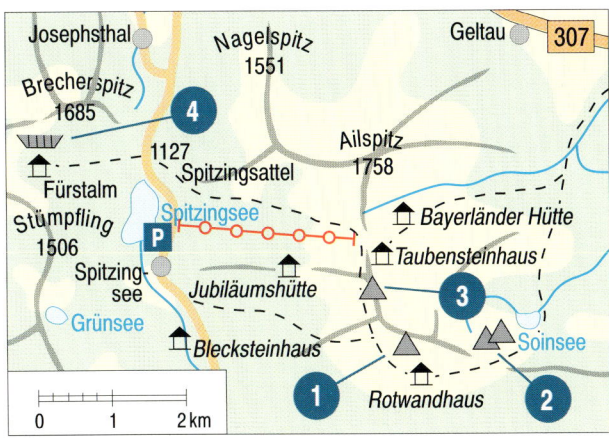

1: Ruchenköpfe, 2: Rotwand, 3: Taubenstein, 4: Krottenburg.

Lage Südöstlich vom Schliersee, vor dem Mangfallgebirge.

Felsen Weitgehend fester Kalk.

Ökologie Die in den 60er und 70er Jahren verfolgten Pläne, das liebliche Rotwandgebiet durch Seilbahn- und Straßenbau ausgiebig für den Massenverkehr zu erschließen, wurden von Bürgerinitiativen und alpinen Vereinen in jahrelanger zäher Überzeugungsarbeit zu Fall gebracht.

Routen Lohnend der von Spitzing per Bergbahn erreichbare TAUBENSTEIN u. a. mit *Südgrat* (II), *Direkter Westwand* (VI+) oder *Schiefer Riß* (VI) und die von dort wandernd erreichbare fünfgipflige ROT-WAND (bis 1885 m, am *Rotwandköpfl* brüchige *Südwand*, V+) sowie die östlich davon gelegenen RUCHENKÖPFE (1805 m) mit dem abgegrabbelten *Westgrat* (II), der vorwiegend genüßlichen (oberen) Südwand u. a. mit *Neuer Südwand* (IV–) und *Dülferriß* (40 m, IV) sowie den extremeren Routen der Westwand wie *Bayerländerriß* (V+) und *Westverschneidung* (70 m, VI–). Als neueres Gehfaulen-Gebiet westlich vom Spitzing-sattel, oberhalb der Firstalmen das *Gebiet Krottenburg* (in RVA-Karte „Krettenburg") mit allerlei von VI+ aufwärts.

Sonnenuntergang am Plankenstein.

Kampenwand

An der kurzen, aber sehr lohnenden Gmelchturm-West-kante (VI–).

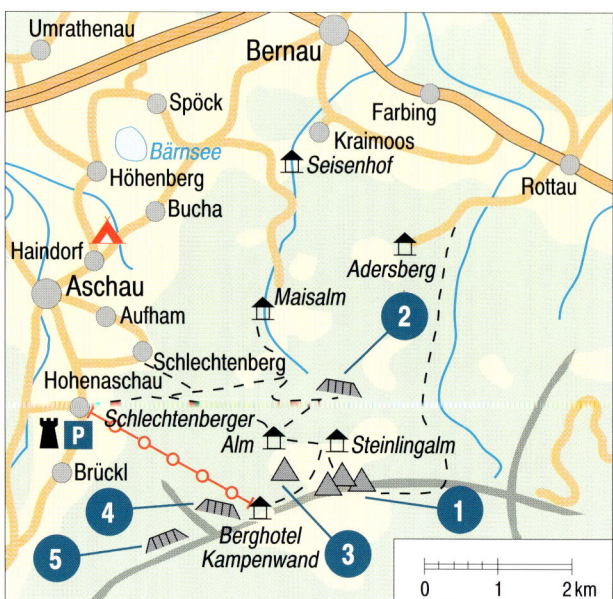

1: Kampenwand, 2: Gedererwand, 3: Staffelstein,
4: Scheibenwand, 5: Sonnwendwand.

Der Zackengrat weit oben über der Wasserweite des Chiemsees gilt als Paradegipfel der Vorberge. Von München bei Benutzung der Bergbahn eine Halbtagestour – wenn nicht schon der Stau daraus etwas ganz anderes macht.

Lage Südöstlich von Aschau, südlich vom Chiemsee.

Felsen Der Hauptgipfel erreicht 1669 m mit Wandhöhen bis etwa 120 m, die zahlreichen Nebengipfel und Grattürme meist weniger. Das Gestein ist senkrecht gestellter, in der Substanz solider Wettersteinkalk, teils schön plattig, aber auch hier und da grasdurchsetzt und bei Nässe dementsprechend tückisch. Zumal von den erdigen Passagen immer auch etwas auf den blitzblank polierten Fels verschleppt ist und dort als Schmierfilm wirkt.

Ökologie Die Bergbahn und ihr touristisches Umfeld verdeutlichen, daß die Kletterer als solche nicht die Hauptbelastung für dieses natürlich schützenswerte Gebiet sind.

Routen Sehr vielfältig, von den *Normalwegen* auf die einzelnen Gratgipfel (meist um II oder III) über die klassischen Klettereien wie den schrecklich beliebten – und inzwischen auch schon mit schrecklich glitzernden Bohrhaken ausgestatteten – *Westgrat*, der – nach

Kategorien von Mittelgebirgsgebieten gedacht – eine Kombination ist von *Westgipfel-Westgrat* (II oder III), *Westgipfel-Ostgrat* (I), *Gmelchturm-Nordverschneidung* (IV–) und -*Ostkante* (III), *Teufelsturm-West-* (III) und -*Ostkante* (II+) sowie *Hauptgipfel-Nordwestverschneidung* (IV+). Im gleichen Schwierigkeitsbereich liegen *Hauptgipfel-Südwand* (V–) oder *Ostgipfel-Zellerkamine* (IV). Etwas anspruchsvoller die Gmelchturm-Westkante (VI–). Es gibt zahlreiche schon frühzeitig teils haken-technisch eröffnete und erst später mit Weichgummi-sohle und Zusatzsicherung durch Klemmkeile oder gar Bohrhaken „befreite" Routen wie den *Merkliriß* (V/A1 oder VI+). Und natürlich finden sich hier ebenso die neben den Classics auf Platten geschraubten Linien (wo vor dem Bruch des Bohrhakentabus aus gutem Grund niemand klettern mochte) wie etwa *Dort oben sitzt Godot* (IX–).

Weitere Kletterziele Tiefer an den Hängen STAFFEL-STEIN und SEILBAHNTURM und nebenan GEDERER WAND (mit ZWÖLFERTURM), SCHEIBENWAND und die pralle SONNWENDWAND (1512 m), wo noch mancher unbefreite Wackelhaken-Alpinsechser von den Meistern des IX. und X. Grades mit gutem Grund beharrlich gemieden wird.

Lattengebirge

Südlich von Bad Reichenhall, nett die ROTOFENTÜRME (1369 m, auch bekannt als „Schlafende Hexe").

Weitere Klettermöglichkeiten Der bei Bad Reichenhall

gelegene Klettergarten KARLSTEIN an der Knogel-Südwand. Die etwa 50 Routen schrecken den Neuling mit ihren griffarmen, kompakten Platten.

Östliche Chiemgauer Berge

Hier gibt es einige der lohnendsten Kletterziele der Voralpen.

Lage Am Bergstock nördlich der B 305 zwischen Reit im Winkl und Ruhpolding.

Felsen Überwiegend fester Wettersteinkalk der Triaszeit.

Ökologie Naturschutzgebiet.

Routen Einer der markantesten, wenn auch etwas versteckten und nicht sehr bekannten Klettergipfel ist der zwischen Ruhpolding und Reit im Winkl aufragende HOCHKIENBERGSTOCK mit seinem Nordostgipfel, der HÖRNDLWAND (1684 m). Aus der Zeit um die Jahrhundertwende stammt dort der *Neue Schmidkunzweg* in der Westwand (III–), Max Zellers *Ostertalkamin* (III+) und dem *v. Redwitz-Kamin* (IV). Weiter gibt es allerlei Kühnheiten der Recken der 20er und 30er Jahre, wie z. B. des Kaiserchronisten Fritz Schmitts *Schmittriß*

(V), Willi Merkls und Fritz Bechtholds Kombination *Nordriß–Schwarzer Riß–Konischer Riß–Binderriß* (VI–) und die *Siemenswand* (V), aber auch spätere Hakenrasseln wie *Gelbe Wand* (A1/V+). An der den Hauptgipfel bildenden GURNWAND (1692 m) u. a. von 1920 Bechthold-Merkls *Nordostkante* (IV) und von 1926 Schmitt-Mitterers *Nordkante* (V+). Westlich von Bad Reichenhall erhebt sich die Pyramide des HOCHSTAUFEN (1771 m) mit u. a. der hübschen Krabbelei über den *Ostgrat* (I) sowie mit *Wiederroute* (III) und *Welzenbachanstieg* (IV) durch die *Nordwand* (IV). An den Grenzkammgipfeln DÜRRNBACHHORN (1776 m), REIFELBERGE (auch HIRSCHECK, 1883 m) und SONNTAGSHORN (1961 m) hohe, brüchige Nordabstürze (meist III). Am Sonntagshorn gipfelnah eine 200 m tiefe Höhle (nur für Experten, Ausrüstung für Abseilen, Jümars usw.).

◁ **Die Hörndlwand und Gurnwand, von der Jochbergalm aus gesehen.**

▷▷ **Blick auf die Kampenwand in den Chiemgauer Alpen. Der Kletterer befindet sich in der Gmelchturm-Westkante.**

Bayerische Alpen

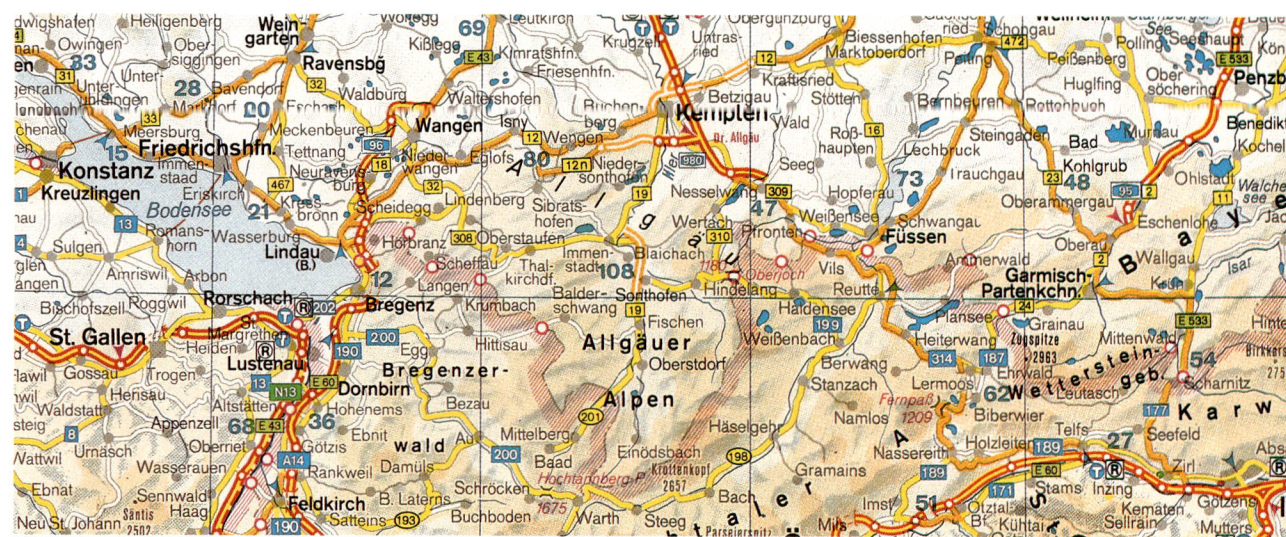

Schmal ist der Anteil unseres Landes am echten Hochgebirge, aber mit einigen beachtlichen Felsbergen ausgestattet. Über dem Ensemble der eiszeitlich geprägten Trogtäler mit ihren Berghangwäldern und Wiesenböden, mit Seen und Wildbächen und dazwischengestreuten altehrwürdigen Bauernhäusern (und Straßen und Häuschen und noch mehr Häuschen) thronen auf ihren weithin latschenbepelzten Sockeln die Bergstöcke, teils als felsige Gratkämme, teils als verkarstete Hochplateaus.

Diese Berge bestehen überwiegend aus Kalkschichten des Erdmittelalters, vor allem der Triaszeit. Die auffällig gebankten Triaskalke sind Ablagerungen eines tropischen Flachmeeres, bezeugt durch versteinerte Meerestiere wie Korallen und Megalodonten und die für Flachwasser- und Wattablagerungen charakteristische feine Kräuselschichtung. Die Mächtigkeit der Kalke ist hier erheblich größer als in den Voralpen. Im Wetterstein erreicht sie 800 Meter, in den Berchtesgadener Alpen über 1000 Meter. Außerdem sind sie nachträglich meist weniger stark zerbrochen und verschoben. In den Warmzeiten wurden sie vom Karst angeknabbert und von Flüssen zertalt, in den Eiszeiten nagten Gletscher steilwandige Kare hinein.

Der Kleinformenschatz dieser Berge ist durch die mechanische und die chemische Verwitterung geprägt. Entlang den offenen Rissen lockert die Frostsprengung den Gesteinsverband und bricht immer neue Stücke heraus. In den massigen Kalken dagegen bestimmt die Gesteinsaufzehrung durch Lösungsvorgänge von Regen und Schmelzwasser das Bild. Sie führt auf den Flächen zur Entstehung der wasserarmen Karrenfelder. In steileren Wänden werden in die Platten Rillenkarren und Löcher ziseliert, zwischen denen oft messerscharfe Grätchen stehenbleiben. Das Ergebnis ist ein extrem rauher, Schuhe und Finger verschleißender Fels – im Gegensatz zu dem vom mitgerissenen Schutt geglätteten Fels der Schluchten und Wasserrinnen.

Hier gibt es erhabene Felsgestalten, vor denen sich Menschlein weit verlorener vorkommen können als in den außeralpinen Gebieten. Und wo zusätzlich zu Fingerkraft und Feinstbalance noch ganz andere Fähigkeiten gefordert sind. Routenfinden im naturbelassenen Gelände etwa. Ausdauer und Haushalten mit den Kräftereserven. Und Streßstabilität auch dort, wo man nicht jederzeit aussteigen und nach Hause gehen kann. Und wo die Beschäftigung mit Kletterwändchen im Format der Mittelgebirgsgebiete verspielt wirkt und ein wenig skurril.

Herbststimmung im Karwendel. In Bildmitte die Westliche Karwendelspitze; der erste Schnee ist bereits gefallen.

SALZBURG
Frasdorf
Bernau
Siegsdorf
Inzell
Ruhpolding
Grassau
Marquartstein
Unterwössen
Chiemg. Alpen
Aschau
Samerberg
Raubling
Miesbach
Hausham
Gmund
Schliersee
B. Feilnbach
Tegernsee
Rottach-Egern
Bayrischzell
Oberaudorf
Kiefersfelden
Sachrang
Kössen
Walchsee
Kaisergebirge
Kufstein
Thiersee
Wildbad Kreuth
Steinberg
Wörgl
Kundl
Brixlegg
Alpbach
Söll
Ellmau
Brixen
Hopfgarten
Kitzbühel
Kelchsau
Jochberg
Kitzbüheler Alpen
Schwaz
Wattens
Zell
Gerlos
Neukirchen
Hollersbach
Mittersill
Niedernsill
Uttendorf
Paß Thurn 1274
St. Johann
St. Ulrich
Waidring
Paß Strub 677
Lofer
Unken
Reit i. Winkl
Schwendt
Steinpaß 616
Hochfilzen
Leogang
Saalbach
Saalfelden a.St.M.
Maria Alm
Hirschbichl
Weißbach
Ramsau
Schneizlreuth
B. Reichenhall
Berchtesgaden
Königssee
Watzmann
Grödig
Hallein
Kuchl
Golling
Scheffau
Tennengeb.
Tenneck
Werfen
Bischofshofen
Dienten
Dientner S. 1357
Filzensattel 1291
Maishofen
Taxenbach
Bruck a.d.Gr.
Fusch a.d.Gr.
B. Fusch
Kaprun
Dorfgastein
St. Gilgen
St. Wolfgang
Hintersee
Strobl
Salzkammergut
Bad Ischl
Totes G
Altaussee
B. Aussee
B. Goisern
Paß Gschütt 964
Gosau
Hallstatt
Obertraun
Rußbach
Abtenau
Annaberg
Dachstein 2996
Dachsteingebirge
St. Martin
Radstadt
Ramsau a. D.
Aich
Gröbming
Schladming
Hüttau
St. Johann i. P.
Flachau
Wagrain
Untertauern
Hochgolling 2863
Radstädter Tauern 1738
Schladminger Tauern
Obertauern
Großarl
Tauern Tunnel
Tweng
Mauterndorf
Mariapfarr
Schwarzenbru
Weißenbach
Kreuzberg
Hochkönig
Wald
Enzingerboden
Hof
Fuschl
Alpen

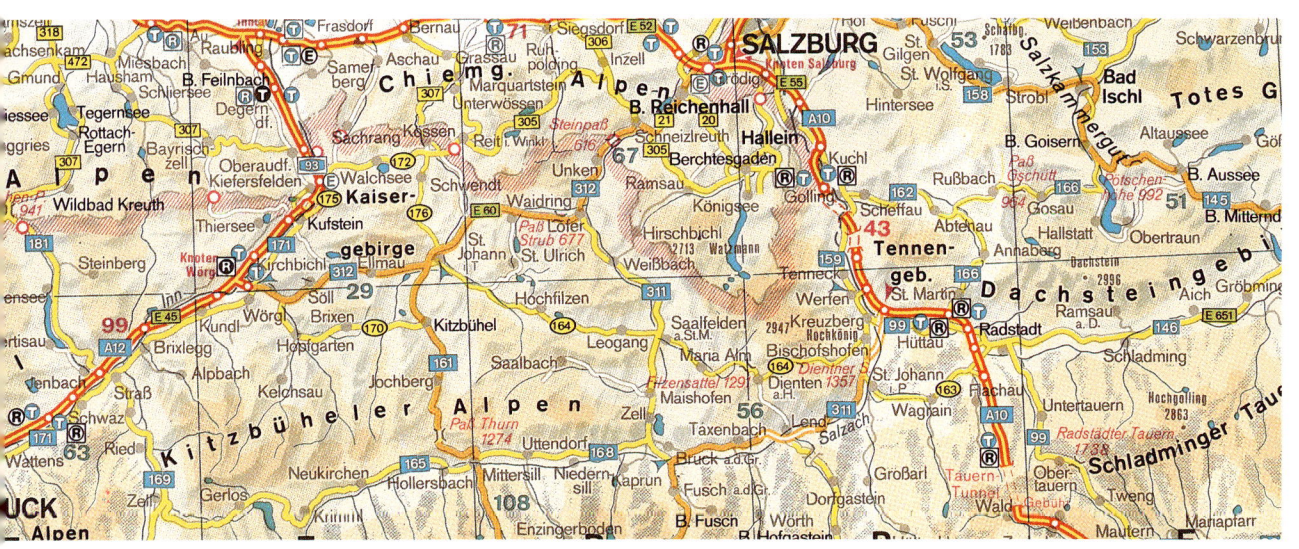

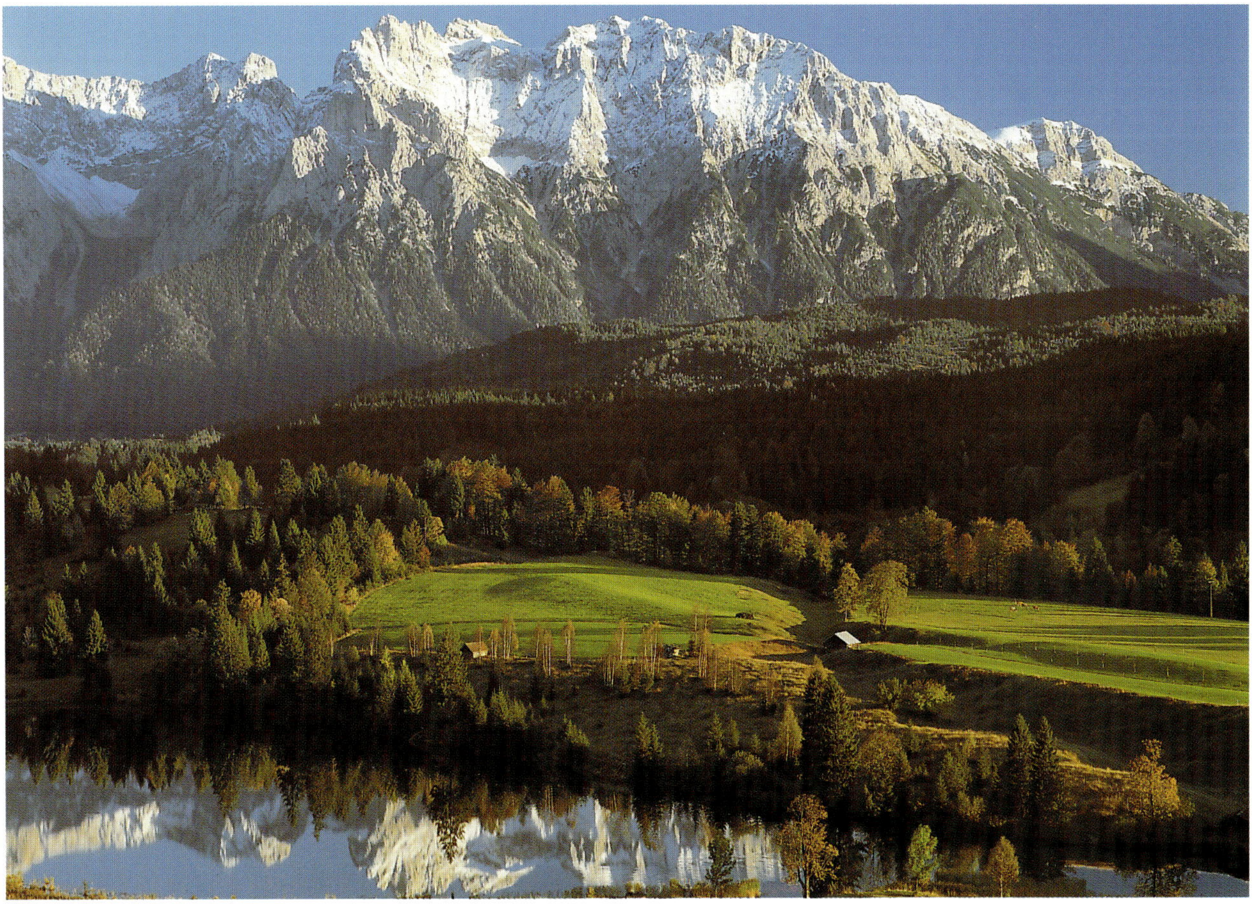

Allgäuer und Ammergauer Alpen

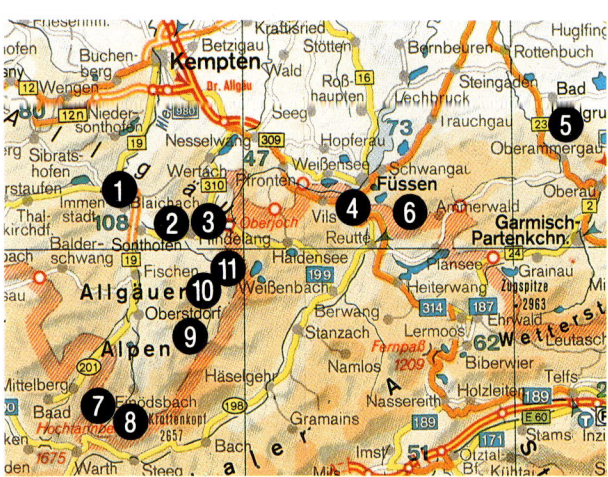

1: Nagelfluhkette. 2: Grünten, 3: Gebiet Hindelang-Oberjoch, 4: Gebiet Füssen, 5: Oberammergau, 6: Ammergauer Alpen, 7: Gebiet Mindelheimer Hütte, 8: Mädelegabelgruppe, 9: Höfats-/Schneckgruppe, 10: Nebelhorn-/Daumengruppe, 11: Wilden-/Hochvogelgruppe.

Mit der Bahn über Kempten–Sonthofen–Oberstdorf. Mit dem Auto über die A7/E532, aus dem Raum München Schnellstraße B12 über Landsberg und Kaufbeuren bis Kempten. Von dort auf der B19 über Sonthofen nach Oberstdorf oder auf der oft gnadenlos verstauten B310 nach Füssen (aus dem Raum München deshalb besser direkt über Peiting). Für die westlichen Ammergauer Anreise wie nach Füssen, für die östlichen wie ins Wetterstein und ab Oberau auf der B23 nach Oberammergau.

Grüner als die anderen Berge der Nördlichen Kalkalpen ist das Allgäu, meist nur in den höheren Kammlagen felsig, und auch das nur in oft anspruchsvoller Qualität. Die nach Sonne und Felsbeschaffenheit privilegierten Südseiten liegen überwiegend im Nachbarland Österreich, während die deutsche Seite mit deutlicher alpinen Zielen ausgestattet ist. Ob die Gemäuer der Hochregion nun durch splittrige, selbst bohrhakenfeindliche Kompaktheit oder durch tiefgreifende Zerrüttung oder durch eingeschaltete tonigmergelige Schichten oder durch üppige Steilwiesenschrofen alpine Akzente setzen – solche Eigenschaften verlangen Erfahrung und Detailkenntnis, behutsamen Umgang mit dem Material und vorsichtiges Steigen deutlich unter der Leistungsgrenze. Das alles zusammengenommen macht das Hochallgäu ganz schön sportkletterresistent. Zumal die Zustiege meist auch noch einige Stunden Fußweg verlangen. Dafür hat es gute Chancen, eine Zuflucht zu bleiben für Romantiker, die Einsamkeit und Idylle brauchen und genießen. Östlich an das Allgäu angeschlossen ist das Ganghofer-Country Ammergau. Mit viel Wald und Wasser und Wild und Wildhütern und Jägern und Königsschlössern. Dieses Grenzgebirge zwischen Allgäuer Alpen und Wetterstein wirkt bei einigen Zweitausendern und höheren Felswänden durchaus schon alpin. Nach dem Gesamtcharakter und den meist moderaten Wandhöhen erinnert es jedoch eher an die Voralpen. Der geringe Erschließungsgrad und die nahezu vollständige Ausweisung als größtes zusammenhängendes Naturschutzgebiet der Republik machen die Ammergauer Berge zum ursprünglichsten deutschen Alpenteil.

Unterkunft

Alpenvereinshütten im Hochallgäu Kemptener Hütte (Krottenkopf), Waltenberger Haus (Trettachspitze) und Rappenseehütte (Rotgundspitze) sowie Prinz-Luitpold-Haus (Hochvogel, Fuchskarspitze) und Edmund-Probst-Haus (Nebelhorn, Daumen). In den Ammergauern Fritz-Putz-Hütte (Säuling) und Kenzenhütte (Geiselstein). In Hindelang ab 1993 Jugendbildungsstätte des Alpenvereins. Jugendherbergen in Oberstdorf, Füssen und Oberammergau. In den Talorten breites Angebot an Privatquartieren und Campingplätzen.

Führer

Zettler/Groth: AVF Allgäuer Alpen. Marcus Lutz: AVF Ammergauer Alpen.
Achim Pasold/Günter Durner: Klettern in Allgäu und Ammergauern (Topo-Auswahlführer).

Der Geiselstein, vom Wanker Fleck aus gesehen.

Nagelfluhkette

Eine Besonderheit der Nagelfluhkette ist die Siplinger Nadel.

Die südwestlich von Immenstadt verlaufende Bergkette ist aus jungem Konglomeratgestein aufgebaut. Die Bezeichnung Nagelfluh rührt daher, daß der aus verbakkenen Geröllen bestehende Fels aussieht, als sei er mit Nägeln beschlagen. Das Gestein ist ausgesprochen botanikfreundlich und auch die reichlichen Niederschläge des Alpenrandes sorgen für üppiges Allgäugrün. Größere Felspartien finden sich außer an der SIPLINGER NADEL auch in den Nordabstürzen am HOCHGRAT (1834 m) und RINDALPHORN (1822 m). Kletterversuche in dieser Gegend sind mit allerlei Fußwegen verbunden und bringen obendrein wegen der Felsqualität interessanten Stoff für Schauergeschichten.

Gebiet Burgberg/Grünten

Der östlich von Immenstadt, nördlich oberhalb von Burgberg gelegene Gipfel (1738 m) ist aus Kreidekalken aufgebaut und weist nahe dem am Südwesthang gelegenen Grüntenhaus (1535 m), u. a. am BURGBERGER HÖRNDL mit dem *Südgrat* (150 m, IV–), an der STUHLWAND und dem ROSSBERG, hübsche Kletterreien der mittleren und oberen Schwierigkeitsgrade auf. Im Bereich seines Sockels gibt es weitere, teilweise lohnende Wände, am interessantesten die mit Überhängen gespickte STARZLACHKLAMM. Die Routen sind dort überwiegend mit soliden Bohrhaken abgesichert.

Gebiet Hindelang/Oberjoch (Weihar)

Nördlich der bei Hindelang an der Oberjochstraße gelegenen neuen Jugendbildungsstätte des Alpenvereins gibt es mehrere kompakte Wände wie KRAFTWAND, IFENBLICK und FLIWATÜT, dicht bei dicht mit über 100 bis 2 Seillängen, meist aber nur eine Seillänge hohen Routen (überwiegend von VI bis IX) erschlossen, so u. a. *Tom and Jerry* (V+ und VI), *Rapunzel* (VII+/VIII–), *Trico Traco* (VIII–) und *Life is Life* (X–).

Gebiet Oberammergau

Am Ostende der Ammergauer Berge, nördlich vom Kloster Ettal zeigen das mit Klettersteig bestückte ETTALER MANNDL (1605 m) mit Klettersteig und die kompakten südseitigen Felsen der im Winter und Frühjahr wegen Wildschutz verbotenen LAABER DOLOMITEN ansehnliche Formate, dort mit u. a. *Rechte Hauptwand* (VII+), *Delicator* (VII+), *Fakirriß* (VII) und *Ettaler Käse* (VIII). An der 200 Meter hohen FALKENWAND *Weg der Freundschaft* (VIII oder VI/A1), *Direttissima* (A3/V) und viele plattige Baseclimbs.

Gebiet Mindelheimer Hütte

Die im Allgäuer Grenzkamm zum Kleinen Walsertal hin aufragenden SCHAFALPENKÖPFE (bis 2321 m), nahe der vorbildlich auf Energiesparen und Nutzung von erneuerbaren Energiequellen hin eingerichteten Mindelheimer Hütte, sind als Klettergipfel durch den Bau des *Mindelheimer Klettersteiges* deutlich und nachhaltig entwertet worden. Vor der Anlage des Steiges war die Überschreitung eine beliebte Kletterei (bis III) gewesen. Nach dem Bau des Klettersteiges wurde hier des öfteren gesägt . . .

Gebiet Füssen

Neuerschlossene talnahe Wände und Wändchen mit Mittelgebirgscharakter.

Lage Wenig südlich von Füssen/Allgäu.

Felsen Insgesamt 7 Felspartien, mit Wandhöhen bis 4 Seillängen. Im Gegensatz zu vielen grasigen Allgäubergen ist hier durchaus brauchbarer Kalkfels zu finden. Nicht zuletzt wegen der Einwirkungen der eifrigen Erschließer Marcus Lutz und Jürgen Geiser.

Kletterregeln Hauptproblem scheint zu sein, das Klettern nicht durch wildes Parken in Verruf zu bringen.

Routen Am eindrucksvollsten die oberhalb von Ziegelwies aufragende, mit kraftraubenden Überhängen ausgestattete FÜSSENER WAND u. a. mit *Reinhard-Karl-Gedächtnisweg* (VI+), *Tag der Arbeit* (VIII–), *Muffensausen* (IX–). Schöne Reibungsklettereien an den weiter östlich gelegenen, geneigten SCHWANSEE-PLATTEN.

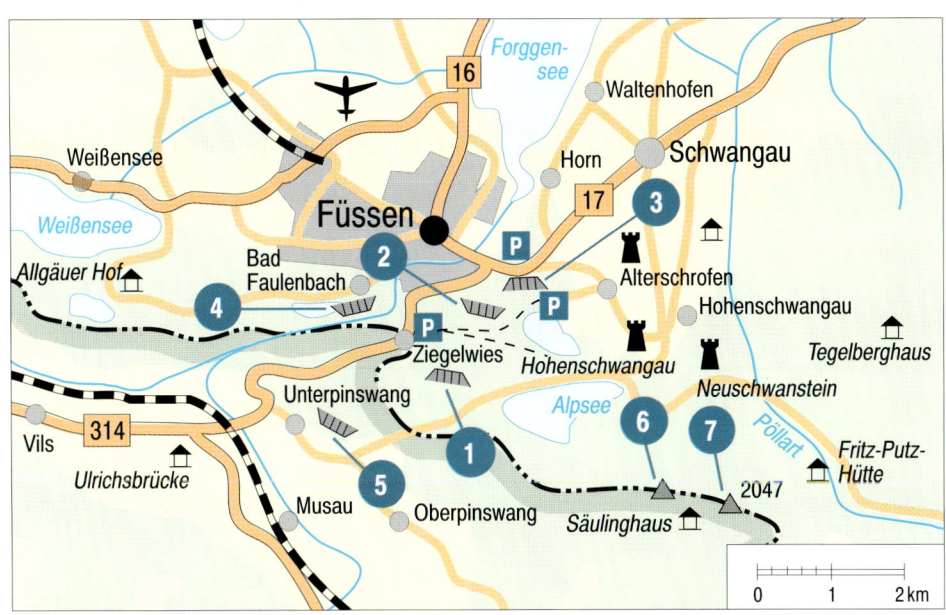

◁ 1: **Füssener Wand,**
2: **Untere und Obere**
Schwanseeplatten, 3: Schatz-
kistl, 4: Schwärzer Wand,
5: **Unterpinswanger Wand,**
6: **Pilgerschrofen, 7: Säuling.**

▽ In der Route „Muffen-
sausen" (IX–) an der
Füssener Wand.

Wilden- und Hochvogelgruppe

Die weithin einsamen Berge im hier von Südwesten nach Nordosten ziehenden Grenzkamm.

Lage Östlich von Oberstdorf bzw. südlich von Hindelang, östlich vom Prinz-Luitpolt-Haus.

Felsen Hauptdolomit mit durchaus eindrucksvollen Wandhöhen, aber von stark wechselnder Beschaffenheit. Wer sich durch ausschließliches Herumsteigen an ausgeputztem Superfels in der beruhigenden Nähe von Bohrhaken verwöhnt hat, wird merken, daß alpines Klettern noch ganz andere Dimensionen von Können verlangt und sich hier vielleicht nicht so wohlfühlen.

Routen Am SÜDLICHEN HÖLLHORN (2150 m) u.a. der großartige *Südgrat* (IV–), am KLEINEN WILDEN (2309 m) u.a. der eindrucksvoll alpine *Blenkkamin* (IV), am GROSSEN WILDEN (2381 m) u.a. *Südgipfel-Westwand* (VI– und V), an der KREUZSPITZE (2322 m) die *West-Ost-Überschreitung* auf dem Steig (hübsche Krabbelkletterei, auch ohne Drahtseilbenutzung nur I), und der *Nordgrat* (II). Am HOCHVOGEL (2594 m) u.a. *Normalweg* (hübsch, Stellen I), *NW-Gipfel-NW-Kante* (100 m, III+), die eindrucksvoll brüchige und steinschlaggefährdete *Südwestwand* (IV) und der *Westpfeiler* (IV+). An den hübschen BALKENSPITZEN (2250 m) u.a. *Überschreitung* (bis IV) und *Gelbe Platte* (VI–). An der von eindrucksvoll gefalteten Schichten geprägten FUCHSKARSPITZE (2314 m) *Südgipfel-Westgrat* (150 m, III+), *Südgrat* (III) und *Übergang zum Nordgipfel* (III– und II) und die ernsthaft-schönen Westanstiege von W. Wechs am Nordgipfel wie *Westverschneidung* (180 m, III), *Gelbe Wand* (200 m, IV+) und *Schwarze Wand* (200 m, V–) sowie die *Madonna-Gütscharkante* (80 m, V–).

Nebelhorn-/Daumengruppe

Die markanten Hausberge der Kurorte Oberstdorf und Hindelang.

Felsen Über einem Sockel aus weichen Juragesteinen werden die Gipfel von Hauptdolomit unterschiedlicher Festigkeit gebildet.

Routen Für eine zügige Überschreitung vom seilbahnverbauten NEBELHORN (2224 m) über den GROSSEN DAUMEN (2280 m) und BREITENBERG (1887 m) bietet sich die lange, luftige Gratkletterei des begehrten *Hindelanger Klettersteigs* an. Die bedeutendsten Kletterein dieser Gegend bietet der KLEINE DAUMEN (2191 m) mit u.a. *Westgrat* (II), *Nordwand-Nordostkante* (300 m, IV) und *Nordwand* (400 m, V) sowie der östlich oberhalb von Hinterstein aufragende BSCHIESSER (1996 m) mit seiner prächtigen *Südkante* (150 m, V und IV).

Höfats-/Schneckgruppe

Der idyllische Horror über dem Oytal, mit schnittigen Grasgraten und lieblichen Blümchen und höllisch steilen Flanken.

Felsen Das Gestein stammt aus der Jurazeit und wird durch Hornstein- und Aptychenkalke geprägt, im Detail oft sehr fest, aber im kleinräumigen Wechsel mit zerrütteten und tonigen Passagen und sehr vegetationsfreundlich. So wundert es nicht, daß hier zu den traditionellen und sehr praktischen Requisiten der wenigen Besteiger Eispickel, Steigeisen und schwertlange Haken gehören. Und daß Regen und überhaupt Nässe in ganz besonderem Maße zu fürchten sind.

Ökologie Dieses Gebiet ist aufgrund des quarzhaltigen Gesteins ein besonders artenreiches Naturschutzgebiet mit striktem Pflückverbot für jegliche Pflanzen. Die üppige Schrofenvegetation – u.a. mit dem früher wegen seiner Bekanntheit schrecklich verfolgten Edelweiß – wurde hier erstmals durch die Edelweißwachten der Bergwacht aktiv vor ihrer Vertilgung geschützt. Inzwischen ist es dank der intensiven pädagogischen Bemühungen der alpinen Vereine offenbar gelungen, in den Köpfen der meisten Menschen die Einschätzung zu verankern, daß man Naturliebe nicht mit der Größe der zusammengeweideten Blumensträuße beweist, sondern daß sie sich viel angemessener darin äußert, daß man den Bergen ihre Blumen leben läßt. Schon ganz und gar, wenn sie auf so heikel zugänglichen Standorten wachsen.

Routen Besonders bekannt sind der schroffschrofige Zackengrat der HÖFATS (2259 m), u.a. mit *Normalweg durch die Wanne* (I), *Überschreitung* (bis IV) oder auch die aus der Zeit des heroischen Alpinismus stammenden *Kleine-Höfats-Südwand* (150 m, V+) und *Ostgipfel-Nordwand* (300 m, V+). Als besonders eindrucksvolles Beispiel für die – heutzutage von den erklärtermaßen nach höchster Schwierigkeit Strebenden meist peinlich vermiedene – knallharte alpine Anforderungsdimension Brüchigkeit sind am SCHNECK (2269 m) u.a. die *Nordwand* (IV+) und die *Ostwand* (VI) und am HIMMELHORN (2114 m) der *Nordwestgrat* (IV+) und der *Rädlergrat* (V+) zu nennen.

Und wie schrieb doch der Altmeister Otto Eidenschink in seinem alpinen Lehrbuch (Richtiges Bergsteigen, München 1951): „Ja gerade in morschem Gestein zeigt sich der wahre Könner." . . .

◁ **Rotkopf und Schneck (rechts), von Nordwesten aus gesehen.**

▷ **Die Trettachspitze von der Hochfrottspitze, aus gesehen.**

Mädelegabelgruppe

Die Gipfel des südlichsten Teiles des Allgäuer Grenzkammes bieten meist leichte, aber alpine Klettereien.

Lage Südlich von Oberstdorf, oberhalb von dem erholsamerweise für Privatautos gesperrten Einödsbach.

Felsen Die markantesten Felsbildungen dieses Bereiches liegen im hier nicht ganz festen Hauptdolomit.

Routen Vom auf Fußgängerbedürfnisse hin ausgebauten *Heilbronner Weg* (derzeitige Schwierigkeit etwa 0,1/A0) gibt es Abstecher auf den Grenzgipfel MÄDELEGABEL (2645 m; I), und auch die ROTGUNDSPITZE-*Südwand* (200 m; IV und III) liegt direkt am Wege. Mehr zusätzlichen Zustieg verlangt die schlanke TRETTACHSPITZE (2595 m) u.a. mit dem 1855 von den Brüdern Jochum begangenen *Nordostgrat* (150 m, III–), dem *Nordwestgrat* (II), der *Südwestwand* (200 m, III) und *Ostwand* (370 m, IV), aber auch mit schwierigeren Routen wie der vom Eigernordwand-Erstbegeher A. Heckmair eröffneten *Südostwand* (V–), der *Südkante* (V+) und in der beachtlichen Westwand dem *Schwarzen Riß* (300 m; V+, direkt VI).

Ammergauer Alpen

Lage Südöstlich von Füssen, über den Wasserflächen von Forggensee und Bannwaldsee, mit dem ach so romantischen Schloß Neuschwanstein als besonderer Attraktion.

Felsen Eine ganze Menge Kalkstein sehr unterschiedlicher Qualität, verteilt auf zahlreiche meist kleinere Objekte, besonders im südlichen Teil des Gebirges. Die Nordflanke besteht dagegen aus jüngeren, tonreichen Gesteinen.

Ökologie Der gesamte deutsche Teil der Ammergauer Alpen ist Naturschutzgebiet, was allerdings unverständlicherweise nicht einen bis in jüngste Zeit betriebenen Forststraßenbau verhindern konnte. Die Kletterwände liegen deutlich autofern. Die Zustiege lassen sich jedoch mit Bus oder Rad verkürzen.

Routen Die reichhaltigste und mit Abstand lohnendste Auswahl findet sich am teilweise alpin dimensionierten, aber in den gängigen Routen verwöhnend mit Sicherheitshaken ausgerüsteten GEISELSTEIN (1884 m), u. a. mit Klassikern wie den *Westrinnen* (II, poliert, bei Nässe aalglatt), von 1903 Diestel/Leuchs *Südwestwand* (III–), von 1908 H. Maisels *Alte Südwand* (200 m, IV+), von 1927 Deye/Jurichs *Südverschneidung* (220 m, IV+), von 1921 O. Herzogs *Alte Ostwand* (420 m, V–) und von 1920 Herzog/Schneider/Solleder/Lischers *Alte Nordwand* (500 m, V). Aber auch zahlreiche jüngere Kreationen, vor allem von M. Lutz, wie z. B. *Wasserspiele* (135 m, VI+), *Alptraum* (110 m, VIII–), *Im achten*

△ **In der klassischen Südverschneidung (IV+) am Geiselstein.**

◁ **1: Geiselstein, 2: Gumpenkarspitze, 3: Gabelschrofen, 4: Kenzenkopf, 5: Pilgerschrofen, 6: Säuling, 7: Zunderkopf.**

Himmel (250 m, IX–) und *Bauchweh* (VII). Etwas herber sind die weniger festen und teilweise schrofigen Klettereien am GABELSCHROFEN (2010 m), u. a. *Westwand* (150 m, III+) und an der GUMPENKARSPITZE (1910 m) mit u. a. *Nordgrat* (III) und *Südwestkaminen* (200 m, IV). Gleichfalls lohnende Klettereien gibt es am SÄULING (2047 m), u. a. *Ostkante* (180 m, VI/A1 oder

VII), *Westgrat* (= *12-Apostel-Grat*; IV), am westlich breit vorgelagerten PILGERSCHROFEN (1759 m), u. a. die lange *Schertel-Nordwand* (300 m, VI+ u. VI–), und am östlich angelagerten ZUNDERNKOPF (1721 m) u. a. *Direkte Nordwand* (300 m, V) und *Nordverschneidung* (VI–) sowie in der Südwand des KENZENKOPF (1745 m), u. a. *Eckverschneidung* (160 m, VI+).

Klettersteige

„Treppensteigen" auf dem Hindelanger Klettersteig.

Die Steigerung der künstlichen Kletterei bis zur fast völligen Beseitigung der Kletterschwierigkeiten hat eine lange Tradition. Denn wenn Felsen aus beruflichen oder technischen Gründen bestiegen wurden, dann wollte man nur rauf und nicht die Schwierigkeit des Anstiegs genießen. So wundert auch nicht, daß man gerade in der Anfangszeit des Alpinismus mit der Wahl der Mittel gar nicht zimperlich war und oft schon von den Pionieren Leitern, künstliche Tritte und dergleichen benutzt wurden – egal ob es nun bei der Besteigung des Montblanc oder von markanten Felstürmen im Elbsandsteingebirge oder in der Pfalz oder sonstwo war.

Es liegt in der Natur der Sache, daß die Bewegungsabläufe bei der Begehung von Klettersteigen monotoner sind als beim sportlichen Klettern, das sich an die ganze Vielfalt der Felsoberfläche anpaßt. Aber immerhin sind doch etwas Gelenkigkeit, bei größerer Steilheit des Geländes außerdem Kraft und einige Kenntnisse und Übung bezüglich Sicherungsmethoden nötig. Deshalb wurden zur Übung der Begehungstechniken alpiner Steiganlagen auch schon früh einige Klettersteige in außeralpinen Klettergebieten eingerichtet, so etwa der Hohenglückssteig und der Norissteig im Frankenjura. Und ebenso sind auch diese zu ihrer Zeit nicht unumstritten gewesen. Insofern ist der Konflikt mit dem sportlichen Klettern, das sich erst später als eine bewußte Annahme der Herausforderung der Unwegsamkeit von Felsen entwickelte, uralt.

Trotzdem gibt es jetzt eine neuere Variante dieses Konfliktes. Wenn nämlich ein Felsbereich als Kletterroute einmal bekannt und beliebt geworden ist, dann tut es weh, wenn der Bau eines Klettersteiges eben diese Route zerstört und sie all jenen wegnimmt, die dort die Felsen in einer naturnahen und sportlich interessanten Begehung erleben wollen.

Natürlich gibt es auch andere Interessen. So etwa die von Menschen, die zwar keine Lust haben, sich auf die Berge intensiver vorzubereiten, eine komplizierte Ausrüstung zu erwerben, diese benutzen zu lernen und mitzuschleppen, die aber trotzdem die rasche Besteigung einiger auffälliger Felsobjekte und ihr Ambiente genießen möchten. Bei denen sind Klettersteige recht beliebt. Und weil solche Sorte Leute gar so selten nicht ist, sind sie es auch bei Fremdenverkehrsvereinen.

Natürlich ist hier eine Interessenabwägung nötig. Und einfach so platt nach den Zahlenverhältnissen zwischen Klettersteigbegehern und Kletterern kann sie auch nicht laufen. Die mutwilligen Beschädigungen von Steiganlagen, wie sie im Allgäu bis in jüngere Vergangenheit erfolgt sind, sollten den Erbauern solcher Steige bewußt machen, daß ihr Steig an solchen Stellen gegenüber den Kletterern eine Aggression darstellt und böses Blut macht. Und daß die Klettersteigbauer ihren Steig nicht wirksam schützen können und daher auf die allgemeine Akzeptanz angewiesen sind. Und daß einen Eisenstift abzuschlagen oder abzusägen viel einfacher und billiger ist als einen anzubringen . . . Deshalb ist die Anlage von Klettersteigen über bestehende, beliebte Kletterrouten allemal unklug und ihre Beschränkung auf für Kletterer uninteressante Bereiche weise Politik.

Obendrein sind Bau und Betrieb von Klettersteigen immer mit erheblichen Eingriffen in die heute meist geschützte Felslandschaft verbunden. Deshalb hat sich auch der Alpenverein schon seit Jahren gegen die Anlage neuer Klettersteige ausgesprochen. Schließlich gibt es sowieso schon allein in den Alpen mehr Klettersteige als ein Mensch je in seinem Leben gehen mag.

Wetterstein-Gebirge

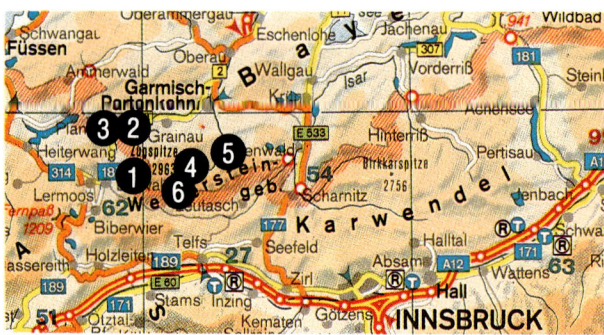

1: Zugspitzmassiv, 2: Riffel-
wandkamm, 3: Waxenstein-
kamm, 4: Blassenkamm,
5: Wettersteinkamm,
6: Oberreintal.

Mit der Bahn bis Garmisch-
Partenkirchen. Von dort
Zugspitzbahn und ab Eibsee
Seilbahn auf die Zugspitze.

Seilbahn auf das Kreuzeck
und zum Osterfeldkopf (Alpspitze). Mit dem Auto von
München über die A95/E533
und zuletzt auf der B2/23
über Oberau nach Garmisch,
dann auf der B23 in Richtung
Fernpaß und auf der B2 Richtung Mittenwald (von hier
auch ins Karwendel).

Mit der Zugspitze liegt hier der höchste Gipfel Deutschlands – und zugleich der am schlimmsten verschandelte. Mit fünf Bahnen behängt, von Tunneln durchbohrt, mit Häusern überbaut, ein abschreckendes Beispiel für die verheerenden Auswirkungen des Images von Superlativen. So verschandelt, daß man ihn eigentlich nicht für Besteigungen anraten kann.

Aber ebenso wie anderswo stellt der auf den höchsten Gipfel konzentrierte Massenansturm zugleich andere Gipfel ruhig. Gerade die über den stillen Tälern und verwunschenen Karen und die mit den riesigen und prallen Felswänden.

Von der bayerischen Metropole München her ist das Wettersteingebirge besonders gut zugänglich, mit Bahn und Autobahn bis an den Hauptort und den Fuß der Berge heran, aber trotzdem ist es wegen des Tourismusmagneten Zugspitze ein weitgehend romantisch leeres Hochgebirge.

Lage Südlich vom mondänen Kurort Garmisch-Partenkirchen.

Felsen Die Klettergipfel bestehen aus den hier viele hundert Meter mächtigen, gebankten Ablagerungen der Triaskalke, auch als Wettersteinkalk bezeichnet. Die für das Klettern interessanten Berge liegen südlich der Straße Garmisch – Mittenwald. Entsprechend dem Grenzverlauf gibt es im deutschen Alpenanteil auch hier nur relativ wenige der besonders angenehmen Südwandrouten und dafür mehr der düsteren, alpinen Nordwände. Immerhin dürfte es schon einige Beharrlichkeit und Mühe kosten, die hier gebotenen Kletterrouten alle kennenzulernen. Als besonderes Schmuckkästchen sei das Oberreintal hervorgehoben.

Ökologie Der untere Teil des Reintals, das Oberreintal und die Nordseite des Wettersteinkammes sind Naturschutzgebiet. Jedoch sind die Bergwälder des Wettersteingebirges so stark vom Waldsterben gezeichnet wie wenige sonst im deutschen Alpenraum. Und wenn die dieses Siechtum auslösenden Emissionen von Industrie, Kraftwerken und Verkehr nicht in absehbarer Zeit in den Griff zu bekommen sind, muß mit großflächigen Vermurungen der dicht besiedelten und von wichtigen Verkehrslinien durchzogenen Talböden gerechnet werden. Eine andere Schädigung dieser Landschaft liegt im Entzug von Wasser durch eine Fernwasserleitung von Farchant zum Ballungsraum München.

Unterkunft

Alpenvereinshütten:
Höllentalangerhütte im Höllental, Knorrhütte im Reintal, Kreuzeckhaus, Münchner Haus auf der Zugspitze, Meilerhütte an der Dreitorspitze, Oberreintalhütte, Reintalangerhütte.

Jugendherbergen:
In Garmisch und Mittenwald. Im Talbereich Zeltplätze und Zimmer aller Sorten.

Führer

Stefan Beulke: AVF Wettersteingebirge.
Andreas Kubin/Josef Heinl: Wettersteingebirge (Topo-Auswahlführer).

Heinz Zak in der Musterstein-Südwand.

Zugspitze und Plattumrahmung

Der lange Jubiläumsgrat führt vom Hochblassen zum Zugspitzgipfel.

Während die Südseite der ZUGSPITZE (2964 m) verbaute, schuttige Hänge zeigt, wird der gewaltige nordseitige Abbruch zum Höllental von einem eindrucksvollen *Klettersteig* durchzogen, teilweise jedoch auch als Entsorgungsgelände für Müll und Latrinen mißbraucht. Ein großartiger, beliebter, durch Drahtseilversicherungen erleichterter Aufstieg führt von Osten, vom Hochblassen, her über den wahrhaft lausig langen, dennoch beliebten *Jubiläumsgrat* (II/A0 bzw. bis IV), der immer häufiger auch im Winter begangen wird. Die westlichen und südlichen Randerhebungen des Zugspitzplatts sind diesseits der deutschen Grenze als Kletterziele unbedeutend.

Waxensteinkamm

In dieser nördlichen, weitgehend brüchigen Kammfortsetzung ist besonders die *Gesamtüberschreitung* bekannt (10–14 Std., bis III), außerdem am ZWÖLFERKOPF (2232 m) die klassische Plattenkletterei der Hannemannführe über die *Nordostkante* („*Zwölferkante*", 350 mH, IV). Am GROSSEN WAXENSTEIN (2277 m) u. a. *Südflanke* (900 m, II) und *Nordwestpfeiler* (VI–, brüchig).

Blassenkamm

Außer dem Jubiläumsgrat (s. o.) nordseitig auch schwierige Anstiege, wie an der MITTLEREN HÖLLENTALSPITZE (2745 m) Lehne/Haags *Schwarze Wand* (300 mH, A2/VI) und am HOCHBLASSEN (2706 m) die *Nordkante* (400 mH, VI–/A0 bzw. VII) und *Jung und Alt* (VI). An der formschönen ALPSPITZE (2629 m) wurde die früher als Kletterziel beliebte klassische *Nordwandroute* (III) mit dem Geld der Seilbahngesellschaft zu zwei Mißgeburten von Vie Ferrate kaputtgebaut, in denen Unmengen von überflüssigem Eisen versuchen, den Begehern jegliche Felsberührung abzutrainieren. Andererseits haben die verführerisch seilbahnnah gelegenen Routen am HÖLLENTORKOPF (2150 m), wie u. a. *Nordkante* (350 mH, IV), *Nordostwand* (150 mH, V+/A0), *Westkante* (V+/A0) und *Südwestwand* (100 mH, V/A0 bzw. VI), *Schraubstock* (5 SL, VIII–) und *Grasblumenblühen* (VI) so richtige Gehfaulenpopularität gewonnen.

Wettersteinkamm

Der vom Südrand des Platts nach Osten ziehende Grenzkamm besitzt mit seinen langen Nordabstürzen eine der höchsten Felswände der Ostalpen: den *Kleinwanner* mit u. a. von 1905 Schulze/Schneiders *Alte Nordwand* (1080 m, IV), von 1908 die relativ feste *Assn-Schmids-Route* (1100 mH, III) oder von 1947 die objektiv gefährliche *Schließler/Spindler-Route* (bis VI). Am noch höheren HOCHWANNER (2746 m) u. a. von 1904 die klassische *Alte Nordwand* (1400 mH, III–) und von 1923 die direkte *Bauer/Gruber-Route* (bis V+/A0). Im östlichen Teil des Kammes ist diesseits der Grenze vor allem die PARTENKIRCHENER DREITORSPITZE (2633 m) von Bedeutung, mit *Nordgrat* (II) von der Meilerhütte, dem *Westgrat* (IV) und dem langen, im Oberreintal fußenden *Eichhorngrat* (1000 mH, V–/A0 oder V). Der weiter östlich gelegene MUSTERSTEIN (2478 m) bietet zusammen mit der langen WETTERWAND eine großzügige Gratüberschreitung (III). Beliebter sind am MUSTERSTEIN ebenso wie an der zu Recht berühmten und vielgepriesenen SCHÜSSELKARSPITZE (2537 m) und der SCHARNITZSPITZE (2463 m) die großartigen sonnigen Plattenmauern auf der (österreichischen) Südseite, die allesamt von jüngeren Routenkreationen durchzogen werden.

Riffelwandkamm

Der von der Zugspitze nach Norden ziehende Kamm ist an der GROSSEN RIFFELWANDSPITZE (2626 m) brüchig, aber mit langen alpinen Anstiegen ausgestattet, wie u. a. von 1919 Leixl/Hoferers *Nordwand* (500 mH, V–), von 1938 Schober/Kleisls *Direkter Nordwand* (600 mH, VI–) und von 1967 Lindauer/Leutenbauers *Nordpfeiler* (VI). Besseren, aber wegen der langen Zustiege trotzdem selten aufgesuchten Fels bieten die KLEINE RIFFELWANDSPITZE (2536 m), u. a. mit dem *Nordostpfeiler* (V+), und die RIFFELKÖPFE (bis 2459 m), mit u. a. von 1908 A. Schmids *Riffelkante* und *Überschreitung* (IV), von 1933 Deye/Peters *Ostwand* (VI–/A0) und von 1938 Schober/Münchs *Südostwand* (250 mH, VI–/A1), oder auch der RIFFELTORKOPF u. a. mit *Nordwestwand* (V–), *Direkter Nordwestwand* (V+) und *Plattentwist* (VI+).

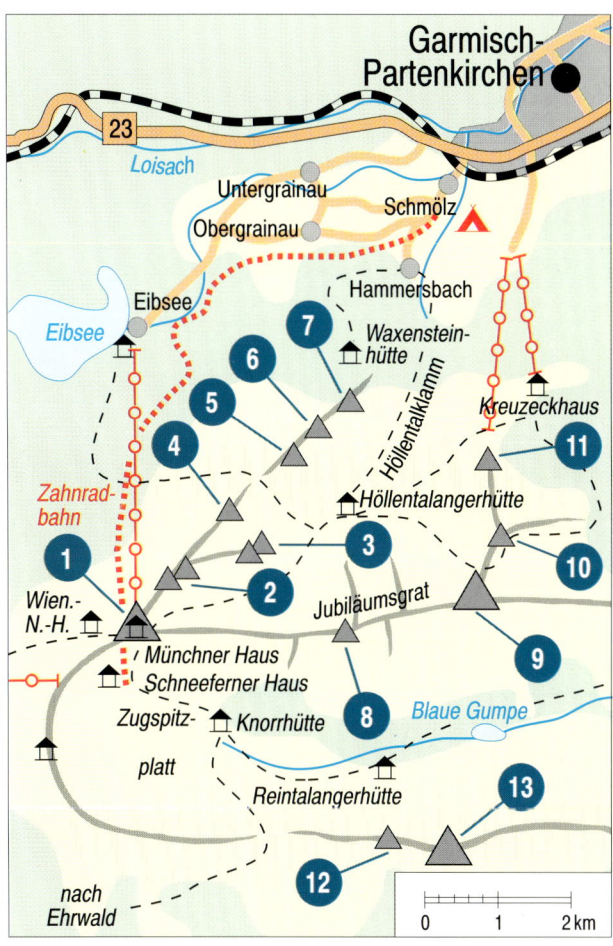

▷ 1: Zugspitze, 2: Riffelwandspitzen, 3: Riffelköpfe, 4: Riffeltorkopf, 5: Großer Waxenstein, 6: Zwölferkopf, 7: Kleiner Waxenstein, 8: Mittlere Höllentalspitze, 9: Hochblassen, 10: Alpspitze, 11: Höllentorkopf, 12: Kleiner Wanner, 13: Hochwanner.

▽ Blick auf das noch winterlich verschneite Zugspitzmassiv.

Oberreintal

Im Oberreintal, nahe der schön gelegenen Hütte, im Hintergrund der Oberreintalturm.

Das Eldorado des Wettersteins für alpine Extremkletterer, für das mit dem nach wie vor langen Zustieg eine gewisse Exklusivität gesichert ist. Prächtige Routen am OBERREINTALTURM (1940 m), so von 1920 E. Solleders beliebte *Südwestkante* („Fahrradlkant'n"; 250 mH, V–), von 1946 Brych/Fischers *Direkte Westwand* (250 mH, VI–/A0 bzw. VI+) oder auch Moderneres wie von 1982 Gilgenrainer/Beulkes *Heiße Nummer* (VIII–) oder von 1983 S. Glowaczs und B. Schmids *Sommernachtstraum* (VII–). Am UNTEREN SCHÜSSELKARTURM (2300 m) von 1938 Schober/Münchs imponierende *Nordwand* (250 mH, VI– bzw. VI+) oder von 1982 Gilgenrainer/Beulkes *Niemandsland* (VII–). Auf der Ostseite des Felskessels prangen der plattige OBERE BERGGEISTTURM (2250 m), u.a. mit der kompakten *Südwestwand* (190 mH, VI/A1 bzw. VII), der UNTERE BERGGEISTTURM (2000 m) mit L. Rittlers und T. Schmids *Gelbem U* von 1928 (300 mH, V/A0 bzw. VI) und der OBERREINTALDOM (2371 m) mit u.a. der ernsten *Gondaverschneidung* (220 mH, VI–/A1 oder VI+).

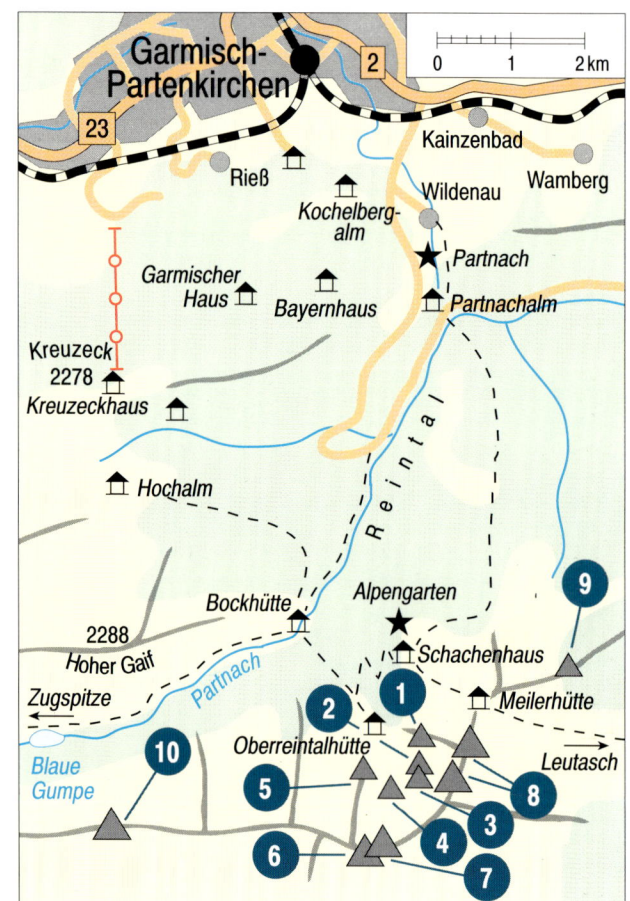

1: Oberreintaldom, 2: Oberer Berggeistturm, 3: Unterer Berggeistturm, 4: Schüsselkarturm, 5: Oberreintalturm, 6: Scharnitzspitze (2463 m), 7: Schüsselkarspitze (2553 m), 8: Dreitorspitzen (2633 m), 10: Hochwanner (2744 m).

Jubiläumsgrat

Dieser schmale First
zwischen den sonnigen Krümelgriesplatten
und den schwindelndschroffkalten Schattentiefen,
über diese immer neu nachwachsenden Gratgipfel und Türme
und die immer neu sich auftuenden Schartenabgründe,
wo ein Drahtseil den Weg weist oder ein roter Strich
oder nur Trittspuren und Steigeisenkratzer.
Diese luftige Krabbelkletterei über den langen Grat im Licht,
mit den Wolkenfahnen und Tiefblicken und Fernsichten,
Kilometer um Kilometer um Kilometer um Kilometer
in großartiger Monotonie,
die nie scharf fordert und doch stetige Wachheit verlangt
in der Wahl der Griffchen und grusbestreuten Reibungstritte,
für Stunden um Stunden.
Dieser schmale First
über die immer neu nachwachsenden Gratgipfel und Türme
und die immer neu sich auftuenden Schartenabgründe
zur höchsten und häßlichsten Dauerbaustelle der Republik.

Am Jubiläumsgrat, „Kilometer um Kilometer in großartiger Monotonie . . .“

Karwendel

Von München über die A95/ E533 bis zum Autobahnende in Eschenlohe und weiter auf der B2 nach Mittenwald (nordwestliches Karwendel). Ins nordöstliche Karwendel auch über die A8/E52 bis Holzkirchen und entweder auf der B13 über Bad Tölz zum Sylvensteinspeicher oder auf der B307 über den Tegernsee zum Achenpaß.

Verschrieen als brüchig ist das Karwendel. Und deshalb machen heutzutage die meisten Kletterer einen weiten Bogen darum. Mit seinen weiten Schuttkaren und Talböden, mit Wald und Matten unter schrofigen oder düsternaßbröckelnden Felsmauern wird es eher als überwiegend einsames Wandergebiet angenommen. Der deutsche Anteil am nordwestlichen Zipfel dieses großen Gebirges ist nur verhältnismäßig klein, aber ein für diese Bergketten typischer Happen allemal.

Lage Östlich von Mittenwald.

Felsen An der nordöstlichen Karwendelkette mit ihren beachtlichen Nordabstürzen stehen weiße, meist massige, gebankte, teilweise mit fossilen Korallen durchsetzte Wettersteinkalke an. Die nördlich anschließende Soierngruppe dagegen besteht aus den brüchigen jüngeren Kalken der Lechtaldecke.

Ökologie Das gesamte Karwendel ist grenzübergreifend Naturschutzgebiet. Die Seilbahn zum Dammkar harmonisiert damit nicht unbedingt. Auch wurden in diesem Teil des Karwendels allen Schutzverordnungen zum Trotz bis in die jüngste Zeit noch immer neue Forststraßen in die ohnehin kranken Wälder geklotzt. Solche Barbarei sollte allerdings für Kletterer eher eine Aufforderung sein, sich selbst besonders naturschonend zu verhalten.

Routen Die Kletterziele in der nördlichen Karwendelkette sind teilweise seilbahnnahe Bequemtouren, wie an der NÖRDLICHEN LINDERSPITZE (2374 m) u.a. die *Himmelskante* (V+/A2), am GERBERKREUZ (2303 m) der *Krinnerkamin* (V–), *Westsüdwestgrat* (300 m, V–), *Südwestgrat* (IV) oder *Südpfeiler* (VI/A0) sowie an der WESTLICHEN KARWENDELSPITZE (2385 m) die *Nordostkante* (100 mH, IV). Weiter die VIERERSPITZE mit *Südwestgrat* (III), *Nordwand* (V), *Nordwestwand* (200 mH, VI–/A1 oder VII–) und *Nordwestkante* (VI), der KOFLERTURM, die KREUZWAND und DAMMKAR-NADELN, u.a. mit *Direkter Nordwestwand* (380 mH, VI+). Abgelegener und alpiner sind dann schon die TIEFKARSPITZE (2436 m) mit dem *Nordwestgrat* (III+), die GROSSKARSPITZEN, der WÖRNER (2476 m), u.a. mit der eindrucksvollen *Überschreitung* (IV+ und III), die HOCHKARSPITZE (2484 m) mit *Ostgrat* (III+), *Nordostwand* (IV) und *Nordpfeiler* (600 mH, V), die SCHLICHTKARSPITZEN (bis 2477 m) u.a. mit der karwendeltypisch brüchigen *Nordrippe* (600 mH, V–), die wuchtige *VOGELKARSPITZE* (2523 m) mit *Ostgrat* (III+) und *Nordwand* (V+ und IV) und der großartige Eckpfeiler der ÖSTLICHEN KARWENDELSPITZE (2537 m), u.a. mit *Westgrat* (IV) und *Nordwand* (700 mH, V). Dagegen sind die Klettermöglichkeiten in der brüchigen Soierngruppe im wahrsten Wortsinne nur bescheiden.

Unterkunft

Zahlreiche Privatquartiere und Pensionen in den Talorten. Das Karwendelgebirge ist mit einem guten AV-Hüttennetz erschlossen, die meisten Hütten liegen auf österreichischem Gebiet.

Führer

Klier/März: AVF Karwendelgebirge.

**Blick auf die Lacken-
karspitze.**

Berchtesgadener Alpen

1: Watzmannmassiv,
2: Reiteralpe, 3: Untersberg,
4: Göllmassiv, 5: Hochkalter-
massiv, 6: Steinernes Meer.

Mit der Bahn von Freilassing
über Bad Reichenhall nach
Berchtesgaden. Mit dem

Auto von A 8/E 52-Ausfahrt
Bad Reichenhall auf der B 20
nach Berchtesgaden (zu
Watzmann, Göll, Unters-
berg) oder auf der B 21 nach
Unterjettenberg und auf der
B 305 in die Ramsau (zur
Reiteralpe).

D as Juwel des deutschen Alpenanteils! Mit Königssee, Watzmann und Steinernem Meer das Herz-
stück des großartigsten Nationalparks, den wir besitzen.
Die Watzmann-Ostwand liegt darin, zwei Kilometer
hoch und damit die höchste Felswand der Ostalpen.
Eine gigantische Felswildnis mit ihrem Labyrinth von
Plattenbändern und Abbrüchen, mit ihrem Steinschlag
und ihren Lawinen und Wasserfällen, bei Wettersturz
rasch eine Falle. Die weniger hohen, aber steileren
Plattenmauern ihrer Trabanten gehören ebenso in
dieses Wunderland wie die im Vorfeld herumstehenden
schroffen Bergmassive. Einen schier unerschöpflichen
Spielraum bieten sie für alle, die die Herausforderung
Felsklettern auch in den größeren Dimensionen wagen.

Lage Am südöstlichen Zipfel der Republik, mit Berchtesgaden als Hauptort und Bahnstation.

Ökologie Zwar wurde in den 30er Jahren am Sockel
des Watzmanns für Olympiade-Skipisten Wald abge-
holzt und in den 50er Jahren der Jenner mit einer
Kabinenbahn dem Massentourismus geopfert, wurde
noch in den 60er Jahren von der Kühroint im bereits
ausgewiesenen Naturschutzgebiet eine breite Forststraße ins Schneeloch hinauf durch den Wald geklotzt
und noch 1991 für Landwirtschaft im Nationalpark Wald
gerodet. Aber im wesentlichen sind die landschaftlichen
Kostbarkeiten bisher trotz des teilweise enormen
Besucheransturms intakt geblieben. So bewegen z. B.

die Fahrgastschiffe auf dem hochsensiblen Königssee
die Menschenmassen vorbildlich umweltsanft mit
sauberen und leisen Elektromotoren. Auch hat bisher
das Management des Nationalparks die Balance zwischen Bewahren und Anfassenlassen gut gefunden.
Denn dort wird sehr bewußt gesehen, welche wichtigen Lernvorgänge nur in der direkten Begegnung mit
solch einem herrlichen Naturraum möglich sind. Aber
natürlich bleibt dieses Gebiet auch immer eine Herausforderung an alle, die da kommen, es pfleglich zu
behandeln und heil weiterzugeben an alle, die nach
ihnen kommen werden. Und es wird hier immer
wieder Kämpfe gegen geschäftstüchtige Projekte-
macher geben, wie sie vor einigen Jahren gekämpft
wurden gegen den Umbau des ökologisch empfindlichen Berchtesgadener Landes in einen Austragungsort
für ein Olympisches Winterspielspektakel. Immer noch
ungelöste echte Probleme gibt es mit alten Privilegien
der Waldweide, mit gewinnorientierter Überweidung
der Almen und mit Störungen durch Militärmanöver.

Felsen Richtig ernstzunehmende Berge sind dies,
Paradestücke der gesamten Nördlichen Kalkalpen. Sie
bestehen aus über 1000 Meter mächtigen Triaskalken,
auf einer Basis von kleinsplittrigem Ramsaudolomit.
Dabei gibt es im Berchtesgadener Land sowohl gratartig
zugeschärfte Bergstöcke als auch solche mit weiten
Ebenheiten in der Gipfelregion, die dann vor allem mit
schroffen Randabstürzen imponieren.

Unterkunft

Alpenvereinshütten:
Watzmannhaus (Watzmann), Ostwandhütte am Königssee (Watzmann), Kärlinger Haus (Steinernes Meer), Neue Traunsteiner Hütte (Reiteralpe), Blaueishütte (Hochkalter), Purtschellerhaus (Hoher Göll), Stahlhaus und Stöhrhaus (Untersberg).

Naturfreundehäuser:
Alpeltalhütte (für Göll-Westwand) und Schneibsteinhaus.

Jugendherbergen:
In Berchtesgaden-Strub. Im Talbereich zahlreiche Privatquartiere und Campingplätze.

Führer
Zeller/Schöner: AVF Berchtesgadener Alpen.

Genußkletterei an herrlich festem, wasserzerfressenen Plattenkalk im Steinernen Meer.

Reiteralpe

**Während einer Begehung
der Grundübelhorn-
Südkante (VI– oder V–/A1)
in der „Stiefel"-Zeit.**

Die rassigsten Klettereien schärferer Richtung gibt es hier, an den Westabstürzen der südlichen Berge die klassischen, wie das GROSSE MÜHLSTURZHORN (2234 m) mit u.a. Huber/Mitterers *Alte Südkante* (350 m; V+/A0 bzw. VII–) von 1930, von 1936 T. Kurz's und A. Hinterstoißers berühmte *Direkte Südkante* (350 m; VI/A2 oder VIII–), von 1964 Schertle/Werners *Direkte Südwand* (V+/A2 oder VII+) und von 1986

Halliger/Brandner/Horns gnadenlos ernsthafte, sicherungsarme Plattenroute *Gnadenlos* (VII–). Am GROSSEN GRUNDÜBELHORN u.a. die klassisch-genüßliche, 1913 von Feichtner/Langtaler eröffnete *Südkante* (VI– bzw. V–/A1) oder des Watzmann-Ostwand-Kenners F. Rasps *Südkamine* (IV) oder Bülter/Grölls *Südverschneidung* (VI+/A1). Vorwiegend in jüngerer Zeit ertüftelt wurden Anstiege in den weiter nördlich gelegenen (teilweise militärisch beschlagnahmten) Randabstürzen. So der von A. und H. Erdenkäufer erstbegangene *Gerstfeldpfeiler* (V+/A1 bzw. VII) sowie weitere Routen an der ALPAWAND und am HINTEREN FEUERHORN. Am WARTSTEIN (1759 m) u.a. von 1935 die sehr lohnende *Wartsteinkante* (250 m; V+/A1 oder VI) von Hinterstoißer/Kurz und an der breiten WARTSTEINWAND (1728 m) u.a. von 1966 der nette *Scharnsteinpfeiler* (V+), von 1973 Schrag/Trippacher *Sepp-Rieser-Gedächtnisführe* (350 m; VI–/A2 bzw. VIII–) oder die 1987 durch A. und Th. Huber bravurös im klassischen Stil von unten fast vollständig Rotpunkt eröffnete Route *Vom Winde verweht* (300 m; X– und IX).

Watzmannmassiv

Am bedeutendsten ist der WATZMANN (2713 m). Zwischen Südspitze und Mittelspitze erreicht die *Ostwand* ihre volle Höhe. Sie wird durchzogen von dem altehrwürdigklassischen, jetzt im Sommer durch Ausaperung oft problematischen, 1881 von J. Grill („Kederbacher") mit O. Schück eroberten *Kederbacherweg* (3000 Klettermeter; IV), dem erst 1947 von Aschauer/Schuster gefundenen *Berchtesgadener Weg* (1800 mH, 3000 Klettermeter; III) und dem direkteren, 1923 von Feichtner und Gefährten eröffneten *Salzburger Weg* (bis IV+/A0). Weniger hoch, aber gleichfalls großartig ist die Ostwand der Mittelspitze über die herrlichen Plattenbänder der *Lapuch/Wieder-Route* (700 mH, III–) und am HOCHECK (2657 m) der prächtige, erst 1970 entdeckte (und schon damals Rotpunkt eröffnete) *Hocheck-Ostpfeiler* (600 mH; V+). Sehr schöne kürzere Kletteranstiege auch am KLEINEN WATZMANN (2307 m) u.a. der *Normalweg* (II), die 1908 von Bart/Wieder eröffnete *Alte Westwand* (400 mH; III+), die 1920 von Aschauer/Kurz begangene *Direkte Westwand* (400 mH, V und IV oder IV+/A0), der *Westwandriß* (Kurz/Dreher 1934; VI), die *Westverschneidung* (Enzinger/Schertle 1962; VI/A3 oder VII–) und die *Jubiläumsverschneidung* (Brandner/Kraft 1981; VI–). An den WATZMANNKINDERN hübsche kurze und weniger schwierige Klettereien, so u.a. *Überschreitung* (IV und III), aber daneben südseitig auch wildalpine lange Routen.

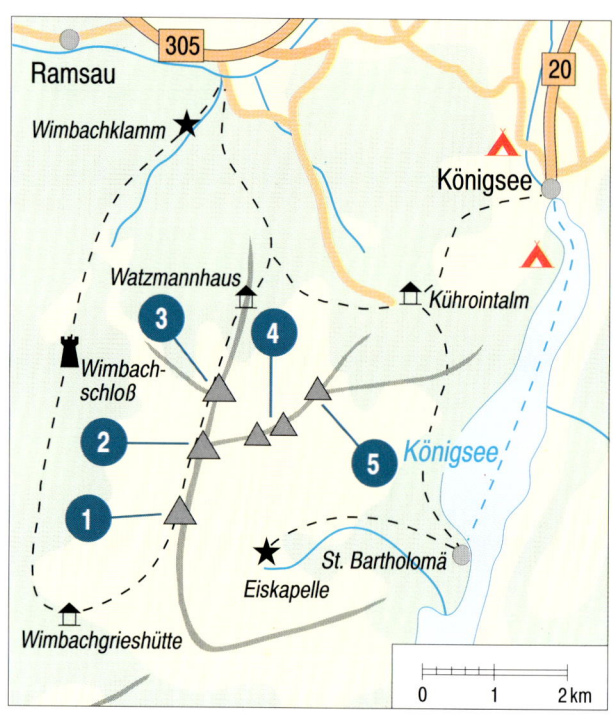

**1: Watzmann-Südspitze, 2: Watzmann-Mittelspitze,
3: Hocheck, 4: Watzmannkinder, 5: Kleiner Watzmann.**

Untersberg

Lohnende Routen in den Randabstürzen des von Latschen überzogenen Karrenplateaus, besonders am BERCHTESGADENER HOCHTHRON (1993 m). Am einfachsten der *Grubenpfad* (I); aber auch schwieriger: U. a. von 1907 Barth/Niedermayers *Südwand* (230 m; III+) von 1907, der *Barthkamin* (IV+), von 1934 bzw. 1936 Hinterstoißer/Kurz's *Südwestwand* (200 m; V+/A0 oder VI) und *Pfeilersüdwand* (V+/A1 oder VII), der *Direkte Südostpfeiler* (V+) von H. Reischl und K. Schimke, oder die eindrucksvolle *Gelbe Mauer* (V+/A1) oder auch die 1962 erhämmerte, nach wie vor „unbefreite" Schertle/Steinkötter-Hakenrassel der *Direkten Pfeilersüdwand* (A3/V+), aber auch neuere Kreationen wie etwa Graßl/Kollers *Eiskalt* (VIII).

Die Watzmann-Ostwand – mit knapp 2000 Meter Wandhöhe die höchste Wand der Ostalpen.

Göllmassiv

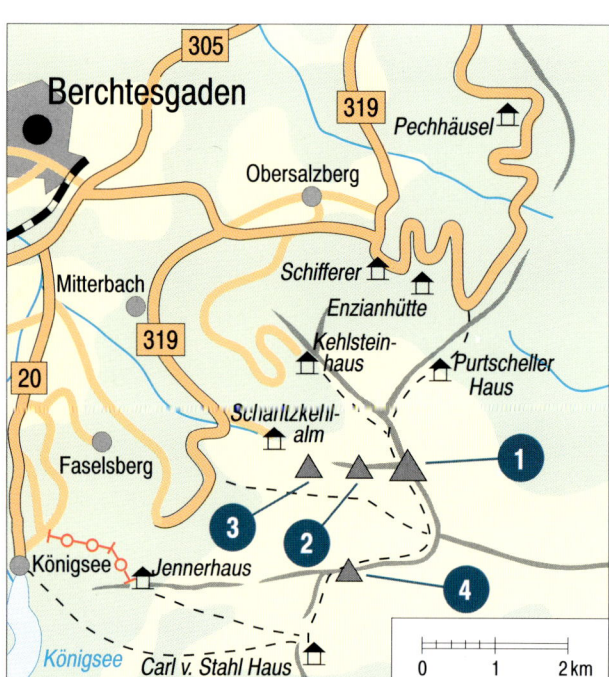

Auch hier gibt es sowohl großartige klassische Anstiege, wie in der Westwand des HOHEN GÖLL (2522 m) der 1923 von Aschauer/Kurz durchstiegene *Große Trichter* (V+ oder V–/A1) oder der 1943 von Gauder/Helmingers *Kleine Trichter* (V/A1 oder VII), als auch neuere Entwicklungen wie der 1971 von Mack/Babl (erst später frei) gekletterte *Westwandpfeiler* (VII–/A2 oder IX–). Und in jüngster Zeit noch allerlei mehr Extremes am Göll und seinen Trabanten PFLUG-HÖRNDL und ALPELTALKÖPFEN. Nicht zu vergessen die hervorragenden Baseclimbs.

◁ **1: Hoher Göll (2522 m), 2: Pflughörndl (2047 m), 3: Alpltalköpfe (1924 m), 4: Hohes Brett (2338 m).**

Im Steinernen Meer finden sich herrlich wasserzerfressene Genußkletterplatten.

Hochkaltermassiv

Neben dem beliebten *Normalweg* auf den HOCHKAL-
TER (2607 m; II und I) und der klassischen *Blaueisum-
rahmung* (über 1000 Klettermeter, bis IV) auch schon

lange und erst neuerdings dazu Erfundenes in den
oberen Schwierigkeitsbereichen, wie z. B. Hallinger/
Köppls *Miraculix* (VII/A1) am KLEINKALTER.

Steinernes Meer

Dies ist die Gegend, in der auf den zerklüfteten kahlen
Karrenfeldern auch biedere Wandersleute die ganze
Wunderwelt der Verwitterungsformen des Kalkes
schauen können. Beim Aufstieg zum FUNTENSEE-
TAUERN (2578 m) oder zum schmalen Felsriff des

Klettergipfels SCHOTTMALHORN (2232 m, *Normalweg*
II+, *Südkante* IV–, lohnend) etwa, oder zum HUNDS-
TOD (2595 m) oder am FELDKOGEL (1886 m) und
GLUNKERER (1932 m), wo teilweise bizarre Zirben
wurzeln. 🏃

◁ **Blick auf den Hohen Göll und das Hohe Brett.**

Klettern in Deutschland

Das ist nicht nur der Reichtum der Felslandschaften in diesem Teil der Erde.
Das ist auch die typisch deutsche Gründlichkeit.
Ob sie sich nun äußert in der Kleinkariertheit oft ideologisch überhöhter Streiterei
über verschiedene Spielformen des Kletterns
oder in der kompromißlosen Prinzipienreiterei,
mit der nicht nur an einem Ort
etwas so grundsätzlich Sinnvolles wie Naturschutz betrieben wird,
oder in der Verbissenheit,
mit der Kletterer um den Zugang zu ihrer Felsenheimat kämpfen.

All solchen Überzogenheiten gegenüber,
für die wir hierzulande offenbar auffällig anfällig sind,
wünsche ich uns allen ein wenig mehr Gelassenheit und Toleranz
und etwas mehr leben und leben lassen.

Die Kletterer müssen Abschied nehmen von der Erwartung,
an den Felsen die Freiheit grenzenlos erleben zu dürfen,
denn die Lebensgemeinschaften dort sind nur begrenzt belastbar
und sie brauchen behutsamen Umgang und manchmal auch völlige Ruhe.
Die Vollblutnaturschützer dagegen müssen lernen,
daß sie Natursuchenden wie den Kletterern angemessenen Raum lassen müssen,
weil sie Naturschutz nur *mit* den Menschen dort draußen verwirklichen können
und Leute wie die Kletterer dabei als Verbündete brauchen
gegen Unwissenheit und kühl kalkulierende wirtschaftliche Interessen.

Aber von solchen praktischen Erwägungen abgesehen –
es muß doch Raum bleiben zum Klettern an Felsen,
genauso wie es in einem Lande Raum geben muß
für die Musik von Mozart oder Beethoven
oder für ein leises Lied.
Ganz einfach deshalb, weil es Menschen glücklich macht.

Kletterführer für die einzelnen Regionen

Norddeutschland:

Nur mündliche Überlieferung.

Nordrhein-Westfalen:

Auswahl in: Hans-Dieter Brunner, Martin Lochner: Deutschland Vertikal (West), Flash-Verlag, München 1987.

Thomas Fischer, Topo-Führer Ruhrgebiet, Rock-Technics Design, 1988.

Richard Goedeke, Weser-Leine-Bergland, 2. Auflage 1978, Dörenther Klippen von S. 292–312.

Wolfgang Heckmann, Die Felsen des Hönnetales, IG Hönnetal 1978, 128 Seiten, mit 2 Karten, 30 Topos und 15 SW-Fotos.

Goswin Kühn, Robert Bechem u. a., Kletterführer Nordeifel, Köln 1967, 80 Seiten mit 15 Grundrißskizzen, 1 Karte und 5 SW-Fotos. Neuauflagen.

Dieter Siegers, Kletterführer Eifel.

Franz Stratmann, Paul Steinacker, Die Bruchhauser Steine, 2. Aufl. Oelde 1981, 202 Seiten, mit 36 SW-Fotos (z.T. mit eingezeichneten Routen), 3 Karten und Plänen, 4 Grundrißskizzen und 11 Topos.

Weser-Leine-Bergland:

Rudolf Behrens, Die Felsen Niedersachsens, Hannover 1939, 110 Seiten mit 11 SW-Fotos und einigen Grobskizzen; Neuauflagen von Holm Uibrig 1956, 1965.

Peter Brunnert, Hans Weninger, Hoch im Norden, Topo-Auswahlführer Norddeutschland (ca. 10% der Felsen) Panico, Köngen 1990, 224 Seiten mit 139 Topos und 17 SW-Fotos.

Peter Brunnert, Kletterführer Reinhäuser Wald, kopiertes MS, ca. 1985; zu Reinhäuser Wald siehe auch Zeitschrift Rotpunkt.

Richard Goedeke, Die Felsen des Weser-Leine-Berglandes, hrsg. von der Jugend des DAV Norddeutschland 1971, 291 Seiten; 2. Aufl. 1978 (mit Hainberg, Reinhäuser Wald und Dörenther Klippen), 370 Seiten mit 48 SW-Fotos, 35 Karten und Lageplänen, 78 Topos.

Richard Goedeke, Weser-Leine-Bergland, Kletterführer (vollständig), Verlag J. Berg, München 1991, 327 Seiten mit 23 Farb- und 24 SW-Fotos, 21 Kartenskizzen und 341 Topos sowie neuer p-Skala (Sicherung) und detaillierten histor. Angaben.

Götz Wiechmann, Auswahl- und Ergänzungsführer des Weser-Leine-Berglandes, 206 Seiten mit 87 Routen- und 9 Lageskizzen, Selbstverlag 1986, neu aufgelegt als: Leben in den Felsen, Selbstverlag 1991, mit 10 Lage- und 151 Felsskizzen sowie 19 SW-Fotos.

Harz:

Auswahl in: Rudolf Behrens, Die Felsen Niedersachsens, Hannover 1939, darin u. a. Hausmannsklippen, Schubenstein, Hopfensäcke und Schierker Feuersteine sowie im Okertal Adlerklippen, Großer Kurfürst, Rabowklippe.

Jens Bernhardt, Auswahlkletterführer Ilsenburger Raum, MS 1990, mit 10 Grundrißskizzen.

Richard Goedeke, Die Felsen des Harzes, hrsg. v. der Jugend des DAV Norddeutschland, 1978, 276 Seiten mit 24 Kartenskizzen und Lageplänen sowie 74 Topos.

Auswahl in: Karsten Kügler, Deutschland Vertikal – der Osten, Flash-Verlag, München 1991, 44 Seiten mit Topos über Ostharz und Vorland.

Adolf Max, Gerhard Laub, Die Felsen des Okertales, Goslar 1960, 2. Aufl. Max/Goedeke, 1969, 197 Seiten mit 20 SW-Fotos und ca. 30 Skizzen.

Hans Pankotsch u. a., Kletterführer Zittauer und andere Gebirge (darin 55 Seiten Kletterfelsen Ostharz, Teufelsmauer, Halberstädter Berge und Gebiet Halle und Leipzig), 1. Aufl. 1969, 285 Seiten (noch mit Regenstein), 3. Aufl. 1980, 343 Seiten mit Lageplänen und Grundrißskizzen.

Rainer Schubert, Die Kletterfelsen um Halle, DAV-Sektion Halle 1990, 35 Seiten mit einem Topo, 4 Lage- und 4 Grundrißskizzen.

Ralf Siegmund, Klettern im Oberharz am Schierker Feuerstein, Wernigerode 1990, 12 Seiten mit 2 Grundrißskizzen und 5 Topos.

Götz Wiechmann, Klettern im Westharz, Selbstverlag 1989, 215 Seiten mit 12 Lage- und 89 Routenskizzen, 4 Farb- und 7 SW-Fotos.

Elbsandsteingebirge:

Bernd Arnold, Der Elbsandsteinführer, Topo-Auswahlführer mit 300 (der ca. 12 000) Routen, Panico, Köngen 1990, 303 Seiten mit 71 Ansichtsskizzen und zahlreichen (oft historischen) SW-Fotos und Faksimiles historischer Berichte.

Bernd Arnold, Der Elbsandsteinführer Band II (mit Falkenstein!), Panico, Köngen 1992.

Dietmar Heinicke u. a., Kletterführer Sächsische Schweiz, neu aufgelegt Berlin 1991, mit Lageplänen, Grundrißskizzen und neuerdings auch einigen Fotos

Band 1 Bielatal, Erzgebirgs-Grenzgebiet, 312 Seiten,

Band 2 Wehlener Gebiet, Rathener Gebiet, Brand, 349 Seiten,

Band 3 Schrammsteine, Schmilkaer Gebiet, 341 Seiten,

Band 4 Affensteine, Kleiner Zschand, 260 Seiten,
Band 5 Gr. Zschand, Wildensteiner und Hinterhermsdorfer Gebiet, 262 Seiten,
Band 6 Gebiet der Steine, Sächsische Kletterregeln, 293 Seiten.

Zittauer Gebirge und Oberlausitz:
Hans Pankotsch u. a., Zittauer und andere Gebirge, 3. Aufl. Berlin 1980, S. 34–135, mit Lageplänen und Grundrißskizzen, Neuauflage in Vorbereitung.

Wilfried Zahn u. a., Königshainer Berge, MS ca. 1990, Veröff. 1992.

Karsten Kügler, Deutschland Vertikal – der Osten, Flash Verlag, München 1991, zu Zittauer Gebirge und Lausitz S. 102–117.

Erzgebirge:
Karsten Kügler, Deutschland Vertikal – der Osten, Flash Verlag, München 1991.

Hans Pankotsch u. a., Zittauer und andere Gebirge, 3. Aufl. Berlin 1980, zu Erzgebirge S. 136–187; Neuauflage in Vorbereitung.

Lutz Schneider, Kletterführer Steinicht, Plauen 1992.

Thüringer Wald:
Thomas Engler, Klettern im Thüringer Wald, 1992. (400 Routen)

Klettern in Südthüringen, Topografischer Auswahlführer, 1991.

Auswahl in: Karsten Kügler, Deutschland Vertikal – der Osten, Flash-Verlag, München 1991, S. 40–77 (Topos).

Auswahl in: Lothar Mann: Klettern in Deutschland, BLV, München 1991, S. 52–73, (Fotos/Topos).

Hans Pankotsch u. a., Zittauer und andere Gebirge, 3. Aufl. Berlin 1980, zu Thüringer Wald S. 201–262, mit einigen Lage- und Grundrißskizzen.

Hessisches Bergland:
Rainer Griebel, Kletterführer Steinwand/Rhön, Selbstverlag 4. Aufl. 1988, 64 Seiten mit 13 SW-Fotos, teilweise mit eingezeichneten Routen.

Scharfenstein, MS DAV Sektion Kassel, unveröffentlicht.

Rhein-Main-Gebiet:
Schorsch Blitz, Helmut Adam, Kletterführer Odenwald, Darmstadt 1948, 52 Seiten mit einigen Routenskizzen und Karikaturen.

Rolf Fäth, Kletterführer Steinbruch Hainstadt, 20 Seiten mit 5 Topos und 4 Farbfotos, liebevoll handgestrickt, 1987.

Hilgers, Gerolsteiner Dolomiten, DAV Trier 1977, 8 Seiten, einige Skizzen.

H. W. Köhler, Klettergartenführer Morgenbachtal, hrsg. v. der DAV-Sektion Wiesbaden 1961, 3. Aufl. 1973, 40 Seiten, viele SW-Fotos.

Nicholas Mailänder, Klettern im Odenwald, Topo-Auswahlführer, Panico, Köngen 2. Aufl. 1987, 131 Seiten mit 49 Topos, einigen Kartenskizzen und Zutaten.

Nicholas Mailänder, Klettern im Rhein-Main-Gebiet, Topo-Auswahlführer, Panico, Köngen 1986, 144 Seiten mit 11 Kartenskizzen, 46 Topos und allerlei munterem Beiwerk.

Südpfalz:
Udo Daigger, Hans-Jürgen Cron, Südpfalz – Klettern im Buntsandstein, Karlsruhe 1989, 424 Seiten mit 15 Kartenskizzen, 93 Topos und origineller Symbolik zur Routenqualität, Neuauflage 1992.

Hans-Peter Huppert, Wolfgang Kraus, Richard Mühe, Kletterführer Südpfalz, Topo-Auswahlführer zu 77 Felsen, Selbstverlag, 110 Seiten.

Gerhard Leukroth, Hans Laub, Udo Daigger u. a., Kletterführer Südpfalz, Pirmasens 1975, 243 Seiten mit vielen Lage-, Ansichts- und Grundrißskizzen; Neuauflage 1978, 309 Seiten.

Michael Schindler, Kletterhandbuch Pfalz 1989, Selbstverlag, Annweiler 1989, Beschreibung von 50 Felsen bzw. 218 Routen nach 15 Eigenschaften (mit detaillierten Listen).

Fichtelgebirge:
in: Oskar Bühler, Kletterführer Frankenjura, Selbstverlag, 5. Aufl. Nürnberg 1983, S. 387–403.

Bernhard Thum, Topoführer Fichtelgebirge und Steinwald, Selbstverlag 1988, 96 Seiten, 50 Topos (u. a. auch Boulder-Parcours), einige SW-Fotos.

Frankenjura:
Hans-Dieter Brunner, Kletterführer Südlicher Frankenjura, Flash-Verlag, München 1989, 88 Seiten mit 40 teils mehrteiligen Topos und einigen SW-Fotos.

Oskar Bühler, Kletterführer für den nördlichen Frankenjura, Selbstverlag, 6. Aufl. Nürnberg 1991, 424 Seiten, mit 17 Karten- und Lageskizzen, 2 SW-Fotos. In der 5. Auflage (1983) auch südlicher Frankenjura.

Bernhard Thum, Topoführer Nördlicher Frankenjura, Selbstverlag, Nürnberg 4. Auflage 1992, 244 Seiten mit 3 Lageskizzen und 120 teils mehrteiligen Topos sowie 15 Farb- und 6 SW-Fotos.

Schwäbische Alb:
Georg und Wolfgang Frey, Schwäbisches Kletterbuch, J. Fink-Verlag, Stuttgart 1973, 116 Seiten mit einigen Kartenskizzen und ca. 10 Topos.

Eugen Hahn, Alb-Kletterführer, hrsg. v. Südwestdeutscher Sektionenverband des DAV, Stuttgart 1953, 96 Seiten, einige Kartenskizzen.

Achim Pasold, Topoführer Schwäbische Alb, Panico, Köngen 1981–83, 5 Bändchen à ca. 90 Seiten mit einigen SW-Fotos, Band 1 Lenninger Alb, Band 2 Uracher Alb, Band 3 Donautal, Band 4 Blaubeuren, Band 5 Östliche Alb.

Achim Pasold, Klettern im Donautal, Panico, Köngen 1985, 128 Seiten mit vielen Lageskizzen und Topos zu den 20 Hauptfelsen sowie unterhaltsamem Beiwerk.

Ralph Stöhr, Schwäbische Alb Band 3, Panico, Köngen 1991, 175 Seiten, mit ausführlichem Naturschutzteil.

Achim Pasold u. a., Klettern auf der Lenninger Alb, Panico, Köngen 1986, 126 Seiten mit Zutaten, in Schwäbische Alb Band 2 (1992).

Achim Pasold u. a., Klettern auf der Schwäbischen Alb, Panico, Köngen 1986, Topoführer zu 34 Hauptfelsen mit einigen SW-Fotos und Unterhaltungsteil; Neuauflage als Schwäbische Alb Band 2, geplant für 1992.

Achim Pasold, Karl-Heinz Matthies u. a., Klettern auf der Östlichen Alb, Panico, Köngen 2. Auflage 1987, 118 Seiten mit Lage- und Routenskizzen zu den 50 Hauptfelsen, 12 SW-Fotos.

Achim Pasold u. a., Klettern im Blautal, Panico, Köngen 1986, 118 Seiten, Topos zu 38 Felsen und informative Zutaten; 4. Auflage 1991, zusammen mit Ostalb als Schwäbische Alb Band 1, 229 Seiten, knubbelvoll mit Kleindruck und Topos und SW-Fotos.

Roggental und Hausener Felsen, hrsg. von den Naturfreunden, Göppingen 1971.

Schwarzwald:

Auswahl weiterer Gebiete in: Hans-Dieter Brunner, Martin Lochner, Deutschland Vertikal, München 1987, S. 250–293, mit Topos.

Christian Fütterer, Steffen Schlönvogt, Die schönsten Klettergebiete im Nordschwarzwald, Karlsruhe 1990, 94 Seiten mit 6 Karten- und Lageskizzen, 26 Topos und 12 SW-Fotos.

Rolf Gundermann, Bergwacht-Kletterführer Battertfelsen, Bergwacht Baden-Baden, 2. Aufl. Baden-Baden 1988, 239 Seiten mit vielen Lageskizzen, Wandfotos und Topos.

Ekkehard Herbst, Battert-Kletterführer, DAV-Sektion Baden-Baden 1975, 98 Seiten mit 2 Karten und Lageplan, 17 Wandfotos und 14 Topos.

Swen Weichler, Kletterführer Mittlerer Schwarzwald, Band 1, Selbstverlag, 3. Auflage 1991, 120 Seiten mit vielen Skizzen und Topos.

Bayerischer Wald:

Hermann Froidl, Topoführer Bayerischer Wald, Selbstverlag, München 1988, 115 Seiten mit vielen Skizzen und Topos und einigen SW-Fotos.

Klaus Stallinger, Die besten Climbs von Regensburg bis Passau, Selbstverlag.

Bayerisches Voralpenland und Chiemgauer Alpen:

Auswahl in: Hans-Dieter Brunner, Martin Lochner, Deutschland Vertikal (West) Flash-Verlag, München 1987, S. 191–215, mit Topos.

Jörn Eysell, Sabine Kolling, Stefan Ringmann, Bayerische Voralpen Topos, Odyssee-Alpinverlag, 2. Aufl. Germering 1991.

Helmut und Emmeram Zebhauser, Kletterführer Bayerische Voralpen und Chiemgauer Alpen, Bergverlag Rother 6. Auflage München 1983, 293 Seiten mit 59 SW-Fotos und 40 Skizzen.

Marianne und Helmuth Zebhauser, AVF Chiemgauer Alpen, Bergverlag Rother, 2. Aufl. München 1988, 321 Seiten mit 66 SW-Fotos, 26 Skizzen und 1 Karte 1:50 000.

Allgäuer und Ammergauer Alpen:

Günter Durner, Achim Pasold, Klettern in Allgäu und Ammergauern, Panico, Köngen 1992, Topoführer mit 243 Seiten über 10 alpine Gipfel und 25 niedrigere Gebiete.

Dieter Seibert, Marcus Lutz, AVF Ammergauer Alpen, Bergverlag Rother, 3. Auflage München 1990, 240 Seiten mit 44 SW-Fotos, 18 Topos und Karte 1:50 000.

Ernst Zettler, Heinz Groh, AVF Allgäuer Alpen, Bergverlag Rother, 8. Auflage, München 1971, 426 Seiten mit 36 SW-Fotos und 1 Übersichtskarte.

Wettersteingebirge:

Stefan Beulke u. a., AVF Wetterstein, Bergverlag Rother, 4. Auflage München 1991, 602 Seiten, mit 44 SW-Fotos, 130 Topos und Karte 1:100 000.

Andreas Kubin, Josef Heinl: Wettersteingebirge (Topo-Auswahlführer), Odyssee-Alpinverlag, Germering 1988.

Karwendelgebirge:

Walter Klier, Fritz März, AVF Karwendelgebirge, Bergverlag Rother, 12. Auflage München 1984, 635 Seiten, mit 70 SW-Fotos, 29 Topos und Karte 1:100 000.

Berchtesgadener Alpen:

Zeller/Schöner/Kühnhauser, AVF Berchtesgadener Alpen, Bergverlag Rother, 16. Aufl. München 1990, 555 Seiten, mit 53 SW-Fotos, 83 Topos und Übersichtskarte 1:100 000.

Übersicht über Kletterverbote (Stand 1992)

**Abkürzungen: NP = Nationalpark, NSG = Naturschutzgebiet, ND = Naturdenkmal,
NWR = Naturwaldreservat, LWG = Landeswaldgesetz**

Norddeutschland

Helgoland
generelles Kletterverbot.

Bad Segeberg
generelles Kletterverbot.

Eifel, Sauerland und Teutouburger Wald

Nordeifel
NSG Blens und Hohensyburg ganzjährig gesperrt.

Hönnetal bei Balve
NSG Hönnetal sämtliche Felsen im gesamten NSG ganzjährig gesperrt. Felsen außerhalb des NSG können beklettert werden.

Siebengebirge
Stenzelberg ganzjährig gesperrt. Ausnahmegenehmigung für Mitglieder der Sektionen Siegburg und Bonn.

Teutoburger Wald
Externsteine ganzjährig verboten.

Weser-Leine-Bergland

Süntel
NSG Hohenstein alle Felsen ganzjährig gesperrt, Ausnahme: SW- und S-Wand zwischen Saugasse und grünem Altar.

Nördlicher Ith
Alle Coppenburger Klippen und Bessinger Klippen von Hamelner Wand bis Adam und Eva, NSG und NWR Saubrink ganzjährig gesperrt, Dielmisser Klippen sowie Wesertal (alle Wände am Breitenstein bei Rühle, an der Steinmühle bei Brevörde und die Fürstenberger Wände) ganzjährig gesperrt.

Steinberg bei Delligsen
Steinbruch nahe Delligser Klippen, Mülldeponie/NSG, ganzjährig gesperrt.

Deister
Saupark (NSG), alle Felsen ganzjährig gesperrt.

Reinhäuser Wald
sämtliche Klippen ganzjährig gesperrt.

Harz

Nordharz
Rabow-Klippe, Okertal/Stadt Oker, gesperrt vom 1.2.–31.7.
Gabbrowand im Radautal, Ilsestein im Ilsetal ganzjährig gesperrt.

Südharz
Steineberg-Klippen (NSG) bei Scharzfeld ganzjährig gesperrt, Butterbergklippe bei Barbis.

Brockengebiet und Umgebung Schierke
Hohneklippen, Zeterklippen, Buchhorstklippe, Sonnenklippe und alle anderen Felsen im oberen Bereich des Brockens außer Schierker Feuersteinen und Vogelherdklippe (NSG, z. T. Kernzone des NP). Felsen außerhalb des NP frei.

Neinstädter Teufelsmauer
alle Felsen ganzjährig gesperrt.

Bodetal
alle Felsen ganzjährig gesperrt.

Elbsandsteingebirge
75% sämtlicher Klettergipfel liegen im NP Sächsische Schweiz, 25% im LSG. Alle Massive (Felsen, die von hinten bzw. oben erreicht werden können) mit drei Ausnahmen (Lilienstein-Westecke, Großer Zschirnstein-Südwand und Königstein-Abratzky) ganzjährig gesperrt, Barbarine (wegen Einsturzgefahr) ganzjährig gesperrt, Schrammsteinnadel (wegen Einsturzgefahr) ganzjährig gesperrt.

Zittauer Gebirge und Oberlausitz

Oybiner Gebiet
Totenturm, Morsche Zinne, Bewachsener Turm, Eltenturm, Hausgrundspitzel, Zackenkrone und Einsamer Turm gesperrt vom 15.12.–30.6.

Jonsdorfer Gebiet
Dachstein ganzjährig gesperrt, Gelber Turm, Kiefernwald, Brummerlochspitze, Drillinge, Fensterturm und Semperhexe gesperrt vom 15.12.–30.6.

Lückendorfer-Weißbachtal-Gebiet
Uhusteine (nördlich und südlich), Weißbachturm, Weißbachspitze, Mehlsack und Straßbergturm gesperrt vom 15.12.–30.6.
Für die 68 noch zu bekletternden Gipfel wurde die Dauer der Betretung für die Zeit von 1 h nach Sonnenaufgang bis 1 h vor Sonnenuntergang festgelegt. Die freigegebenen Kletterziele müssen auf dem kürzesten Weg oder Pfad – mit grünem Pfeil gekennzeichnet – erreicht bzw. verlassen werden.
Diese Sperrungen kamen im Januar 1992 völlig überraschend ohne ausreichenden Nachweis, Alpenverein und andere Organisationen werden sich um eine einvernehmliche Regelung bemühen.

Rhein-Main-Gebiet

Taunus
Lorsbacher Wand (Walterstein bei Lorsbach) gesperrt vom 1.2.–30.6.

Nahetal
Rotenfels bei Bad Münster ganzjährig gesperrt.
Odenwald
Steinbruch Zwingenberg und Schriesheimer Steinbruch ganzjährig gesperrt.

Südpfalz
Langenfelsen bei Rinnthal, Wilgartswieser Rauhfels (Bavariafels), Pferchfeldfelsen bei Schindhard, Bakkelstein bei Hauenstein, Glasfelsen (Ney und Schlemmer) bei Erfweiler, Rödelstein bei Vorweidenthal, Hirtsfels bei Schönau, Bruchweiler Geierstein, Rötzensteinpfeiler bei Gosserweiler, Leberstein bei Waldrohrbach und Lämmerfelsen bei Dahn (nur Massiv zwischen Hirtfels und Theoturm sowie Theoturm und Himmelsleiter) gesperrt vom 1.2.–1.8.

Findet kein Brutgeschäft statt, werden die Felsen früher wieder freigegeben. In der gesamten Südpfalz herrscht Magnesiaverbot.

Fichtelgebirge
Nußhardt, Kleines Labyrinth und Luisenburg (jeweils NSG) ganzjährig gesperrt.

Frankenjura
Nördlicher Frankenjura
(Die Nummern hinter den Felsen bezeichnen Kletterrouten im „Kletterführer für den Frankenjura" v. O. Bühler 5. Aufl.).
Fischbrunner Wand westlich von Hirschbach (Stadt Hersbruck) ganzjährig gesperrt. NSG Staffelberg bei Staffelstein (520) ganzjährig gesperrt. Ganzjährige Ausnahmegenehmigungen (es darf kein Magnesia verwendet werden!) für Lichtenfelser Weg, Nordkante, Volker-Wirth-Gedenkweg, Hans-Waschleb-Gedenkweg, Höhlen-Direttissima, Einstiegsvariante, Neustadter Weg, Querkeles-Quergang, Unvollendete, Klausenweg, Dreierweg, Staffelsteiner Turm, Bergseite, Talseite, Talkante und Räuschlesweg. Befristete Ausnahmegenehmigung für die „Die Unbekannte" zwischen 1.7.–31.12.
Uhufelsen (Kleinziegenfelder Tal, Lkr. Lichtenfels) 1.2.–31.7. gesperrt.
Dohlenwand (295)/Wiesenttal-Doos (Markt Wiesenttal, Ebermannstadt), Hammerschmiedturm (498)/Kleinziegenfelser Tal (Stadt Weismain), Heidenkirche (nur 248, 248 f.g.h)/Wiesenttal-Burggailenreuth (Stadt Ebermannstadt), Matterhornwand/Wiesenttal (falls sich die Ansiedlung des Wanderfalkens bestätigt), Hohe Wand (506)/Wallersberg (Stadt Weismain), Kainachtaler Wand (449)/Kaiserbachtal (Stadt Hollfeld) Röthelfels bei Ursprung (Stadt Ebermannstadt, Lkr. Forchheim): Wandbereich nordwestlich des Westabstieges des Röthelfelsen einschließlich der Kletterroute Nr. 210 „Weiße Wand" gesperrt vom 1.2.–3.6.
Walberla/NSG Ehrenbürg ganzjährig gesperrt.

Ausnahmegenehmigungen für Felsgruppe am Westhang des Rodenstein auf bestehenden Kletterrouten ohne Magnesia.
Folterkammer (Schlawackenberg/Landkreis Amberg-Sulzbach) gesperrt.
Südlicher Frankenjura
Unteres Altmühltal
Schellnecker Wand (575) gesperrt vom 1.2.–31.7., falls sich die Brutansiedlung bestätigt.
NSG Klamm-Kastlwand (562–568) und NSG Donautal/Weltenburger Enge (578–591) ganzjährig gesperrt. Ausnahmegenehmigung für die lokale Sektion des Alpenvereins und die Bergwacht „zur Förderung der bergsteigerischen Ausbildung". Eidechsenwand (587), Stille Wand (586), östl. Teil der langen Wand (583) bis zur Figur des Hl. Nepomuk gesperrt von 1.2.–31.7., falls sich die Brutansiedlung bestätigt. Möglicherweise können sich Änderungen ergeben.
Laabertal
Schönhofen (Steilwand) gesperrt vom 1.2.–15.7.

Schwäbische Alb
Oberes Donautal
Alle Felsen donauabwärts der Schwabennadel, Felsgruppe Gutenstein/Inzigkofen mit Ausnahme der „Donaucalanques" (*), alle Felsgruppen am Teufelsloch mit Ausnahme der „Asphalttigerwand" (*), Felsgruppen am Bröller mit Ausnahme von „Rabenwand" (*) u. „Bad Men Rock" (*), gesamtes Lenzenfelsmassiv, alle Felsgruppen im Fall- und Reiftal, damit auch Bischofmütze, Totenkopf u. Katzenkopf, Felsen im Hirschental, damit auch der Spaltfels, Rauher Stein, Hornfels, Felsgruppen donauaufwärts zwischen Leibertinger Straße und Kreisgrenze, Wildensteiner Felsen mit Ausnahme des „Teufelsdaumen", Felsengruppen zwischen Kreenheinstetter Tobel und Bandfelsen ganzjährig gesperrt.
Bei den mit (*) gekennzeichneten Ausnahmen ist ein Abseilen zum Schutz der Felskopfvegetation zwingend vorgeschrieben!
Landkreis Zollern-Albkreis
Schafberg/Lochenstein (NSG) ganzjährig gesperrt, Ausnahme: beschränkte Klettermöglichkeit am Lochenstein, Hinweisschilder beachten.
Landkreis Albdonaukreis
Fels und Ruine Hohenstein sowie Hoher Fels ganzjährig gesperrt, Gemeinde Blaustein vom 15.2.–15.6. gesperrt.
Blautal
Steinbergfels, Fels am weißen Kreuz, Kogelstein, Kühnenbuchfels, Geißenklösterle, Brucker Grat (ND), Bismarck, Altentaler Kogel mit Nebenfels, Wannenwändle, Nägelesfels, Sauwändle gesperrt vom 1.2.–30.6.
Klötzle Blei, gesperrt an Samstagen, Sonn- und Feiertagen, links des Südrisses immer.

Geislinger Alb und Eybach
Walfisch bis Schober, Lange (Große) Hausener Wand, Himmelfels, Albanus gesperrt von 15. 2.–15. 6.

Felsen bei Ochsenwang/Hepisau, Neidlingen, Wiesensteig
Felsenkessel Pferch, Heimensteinmassiv, Heimensteinsockel/Pfeiler über Hechtelverschneidung, Weiße Wand, Felsgruppe bei Pfannenburg (ND) ganzjährig gesperrt. Heimensteinsockel, Heimensteinnadel gesperrt vom 16. 2.–31. 8.

Neuffen/Beuren
Neuffener Parkplatzfels 1, Neuffener Parkplatzfels 4, Bamberghöhle mit Fels, Weidelesfelsen mit Vilkanschlot, Marienfelsen mit Klingenteichfels u. Beurener Fels (ND): Ausstiegsverbot auf den Albtrauf.

Ostalb
Heubach/Schwäbisch Gmünd, Rosenstein, Ostfels (Sedelfels) gesperrt vom 15. 2.–3. 6.

Bartholomä
Am Hirschfels, Wentalweible, Wentalkogel (Bischof) ganzjährig gesperrt.

Herbrechtingen/Heidenheim
Steinerne Jungfrau ganzjährig gesperrt, Falkenstein gesperrt vom 15. 2.–15. 6.

Landkreis Ludwigsburg
Hessigheimer Felsengärten (NSG): Alle Routen, die zum Neckar hin gerichtet sind, ganzjährig gesperrt. Hinweisschilder beachten.

Landkreis Tübingen
Steinbruch Märchensee bei Wendelsheim (NSG), Bergrutsch am Hirschkopf/Mössingen-Talheim (NSG), Schafberg und Wenzelstein.

Landkreis Reutlingen/Bad Urach/Uracher Alb/Ermstal
Alter Sonnenfelsen, Sonnenfelsen, Gelber Felsen, Felsen am Gütersteiner Wasserfall, Felsen am Uracher Wasserfall, Eppenzillfelsen, Felsen Ruine Hohenurach, Lauereckfels, Römersteinfels, alle Felsen auf der orografisch rechten Seite des Ermstales oberhalb der Ruine Steige außerhalb der Ruine Baldeck und der Baldecknadeln, alle Felsen auf der orografisch linken Talseite des Ermstales oberhalb der Sirchinger Nadeln, alle Felsen im Fischburgtal, im Mühltal und im Seetal bei Seeburg (entweder NSG, ND oder LWG) ganzjährig gesperrt.
Rutschenfelsmassiv (NSG Rutschen) gesperrt vom 16. 9.–14. 6. Teilweise auch ganzjährig.

Glems/Dettinger Alb
Höllenlöcher, Nägelefels, Sonnenfels, Alter Sonnenfels, Olgafels ganzjährig gesperrt.

Landkreis Esslingen
Lenninger Tal: Schrofelfels mit Höhlen, Kesselfinkenloch, Konradfels, Gelber Fels bei Teck/Hauptfels östlich der Knödlerroute, Himmelreich und Lämmlesfels, Mittagfels, Rechte/Südliche Tobelfelsen, Hohgreutfelsen, Wasserfelsen, Gutenberger Höhlen- und Sportplatzfels, Reiterle-Felsgruppe, Mädles-Felsgruppe, Spitzfelsgruppe mit Nebelfelsen, Dontalfelsen, Zwischenfelsen mit Nebenfels, Kristallfelsen, Geißweilerfelsen, Felsen bei der Mondmilchhöhle, Westliche Dontalfelsen, Müllerfels, Lange-Steige-Talfelsen, Felsmassiv am Edelmannsberg, Strohweilersteigefelsen u. Schreckenfelsmassiv (entweder ND oder NSG) ganzjährig gesperrt.
Linke/Nördliche Tobelfelsen/Fels A und Fels B (ND), Schwarze-Wand-Massiv, Sylphenwand mit Kesselwandmassiv (ND): gesperrt von 15. 2.–15. 6. Ausstiegsverbot auf den Albtrauf, außer bei den Routen „Alte Kesselwand", „Knödler", „Briefkästle", „Gerader Ausstieg", „Gipserriß".

Schwarzwald
NSG Battert (Baden-Baden)
Geröllfeld unter der Badener Wand gesperrt.
Falkenfelsen (Bad Herrenalb)
untere Gruppe gesperrt vom 1. 5.–15. 6.
Lautenfelsen (Gemarkung Gernsbach-Lautenbach)
Großer Lautenfels, Kleiner Lautenfels und Lochfelsen ganzjährig gesperrt.
Beckenfelsen (bei Weisenbach)
ganzjährig gesperrt.

Bayerischer Wald
Steinbruch Metten bei Deggendorf (wegen Felssturz) ganzjährig gesperrt.
Kaitersberg, Landkreis Cham, 1. 2.–30. 6. gesperrt, falls sich die Brutansiedlung des Wanderfalken bestätigt.
Hinweis der Regierungen von Oberfranken, Niederbayern und der Oberpfalz: Das Klettern in Naturschutzgebieten und auf Felsformationen, die als Naturdenkmäler bzw. geschützter Landschaftsbestandteil ausgewiesen wurden, ist zwar nicht generell erlaubt, wird aber gegenwärtig in Oberfranken noch geduldet. Dies setzt aber vorbildliches Verhalten aller Kletterer nach der DAV-Maxime „Sanft Klettern" voraus. In allen unter Schutz stehenden Gebieten ist es streng verboten, Felsen zu putzen oder freizulegen und neue Routen zu erschließen. Für die Zu- und Abstiege dürfen nur vorhandene Wege benutzt werden, das Querfeldeinlaufen ist verboten. Es ist unerläßlich, sich anhand der jeweiligen Schutzverordnungen vor Ort zu informieren!

Register

Titelbild

Bavaria Bildagentur, München

Legenden

Seite 4: In der Route „Spiel mit dem Feuer" [IXb] am
Freien Turm/Elbsandsteingebirge.

Seite 10: Wolfgang Güllich in der Route „Heiße Finger"
(IX) am Student im Pegnitztal/Frankenjura.

Seite 85: In der Gamsfelsen-Südwand, an den Greifensteinen im Erzgebirge.

Seite 204: Heike Ortlieb in der Route „Maßarbeit" (IX–)
an der Stadeltenne/Frankenjura.

Bildnachweis

Archiv K. Albert S. 126 oben.

Archiv B. Arnold S. 65.

H. Bauregger S. 177, 201, 202.

C.-H. Bellinger S. 28, 29.

Archiv O. Bühler S. 125.

W. Derwein S. 183, 186, 188.

Archiv C. Hartl S. 110 unten, 165, 166, 167.

A. Hartmann S. 194.

G. Heidorn S. 4, 10, 15, 16, 44, 45, 63, 68, 71, 127,
132, 133, 138, 141, 171, 175 oben, 175 unten, 176,
178/179, 192, 193.

T. Heymann S. 147.

W. Huber S. 20, 23.

M. Lutz S. 185.

D. Seibert S. 184, 187.

N. Schneider S. 197.

R. Stöhr S. 27, 143, 144, 150.

B. Thum S. 13, 14, 33, 99, 102, 109, 111, 114, 117, 118,
120, 123, 124, 129, 131, 204.

W. Zahn S. 78.

H. Zak S. 172 oben, 180, 191.

Alle übrigen Fotos R. Goedeke.

Karten

Die Kartenausschnitte im Maßstab 1:1 Million wurden
mit freundlicher Genehmigung des RV Verlages Mün-
chen-Stuttgart aus der RV-Euro-Länderkarte Deutschland, Österreich, Schweiz reproduziert.
Kartenskizzen im Maßstab 1:100 000: 4M GmbH, Gräfel-
fing bei München, unter Mitarbeit von Oliver Sass.
Die beiden Vorsatzkarten wurden mit freundlicher
Genehmigung des Schroedel Schulbuchverlags
reproduziert.

Umschlaggestaltung

Heinz Kraxenberger, München

Gestaltungskonzept/Typographie

Christine Paxmann, München

Redaktion

Anette Köhler, Verlag J. Berg, München

Satz/Layoutrealisation

AVAK Publikationsdesign, München

Lithographie

Fuchs Repro GmbH, Laufen

Druck

Wenschow-Franzis Druck GmbH, München

Bindung

Oldenburg, München

Autor und Verlag haben sich um zuverlässigste Information bemüht.
Fehler und Unstimmigkeiten lassen sich jedoch nicht völlig ausschließen. Eine Garantie für die
Richtigkeit der Angaben kann deshalb nicht gegeben werden.
Eine Haftung für Unfälle und Schäden wird aus keinem Rechtsgrund übernommen.

Folgende Gebiete werden mit Übersichtskarten im Maßstab 1:1 Million vorgestellt